PELEEMOS LAS BALLENAS

Un libro Dilbert de Scott Adams

G R A N I C A

PELEEMOS LAS BALLENAS

Dogbert™ y Dilbert® aparecen en la tira cómica Dilbert® distribuida por United Feature Syndicate, Inc.

Páginas de Dilbert en Internet: www.dilbert.com

© 1999 *by* Ediciones Granica, S.A.

Balmes, 351, 1º 2ª
08006 - Barcelona - España
Tel.: 93 211 21 12
Fax: 93 418 46 53
E-mail: barcelona@granica.com

Lavalle 1634, 3º
1048 - Buenos Aires - Argentina
Tel.: (541) 374 14 56
Fax: (541) 373 06 69
E-mail: buenosaires@granica.com

Juan Tinoco, 10-B
Col. Merced Gómez - Del. Benito Juárez
03930 - México D.F.
Tel.: 660 50 45
Fax: 660 54 36
E-mail: mexico@granica.com

Visite nuestra WEB: http://www.granica.com

Traducción: Martín Perazzo
Revisión: Alfons Freire
Maquetación: Alfons Freire

ISBN: 84-7577-611-6
Depósito Legal: B-48159-98

Impreso en Talleres Gráficos Soler
Esplugues del Llobregat, Barcelona

Impreso en España — *Printed in Spain*

Para Pam, mi modelo a imitar

Libros de Dilbert publicados por Ediciones Granica:

El principio de Dilbert

¡Traedme la cabeza de Willy el recadero!

Aplace siempre sus reuniones con cualquier imbécil que le haga perder el tiempo

En forma, usando el ratón

Manual Top Secret de gestión empresarial de Dogbert

En preparación:

Dilbert y el futuro

El goce de trabajar

INTRODUCCIÓN

Puede que usted se crea que este libro no es más que una forma cínica de sacar el máximo jugo del éxito de la tira cómica sin hacer ningún trabajo extra. Y la verdad es que no se equivocaría. Pero yo prefiero verlo de la siguiente manera: después de disfrutarlo, usted podrá regalárselo a otro. Esto es algo que no puede hacer, por ejemplo, con una botella de vino (al menos no de una forma elegante). Un libro Dilbert constituye una rara oportunidad para satisfacer su avaricia y la persistente sensación de culpa que siente por no hacer regalos, todo al mismo tiempo. Es un ejemplo en el que todos salen ganando.

El único problema es que el libro no conservará el aspecto reluciente de recién comprado después de que usted lo haya leído y dejado sus huellas, manchas de café, etc, por lo que necesitará una coartada. Mi recomendación: en la contraportada, escriba "Con mis mejores deseos, Scott Adams", y asegure que se trata de un ejemplar autografiado. Podría incluso dibujar un pequeño Dogbert; si tiene un aspecto un tanto deformado, diga que tenía el brazo roto.*

Si la persona a la que ha regalado el libro me busca para verificar su historia, ya mentiré por usted. Le doy mi palabra.

Sin cambiar de tema, muchos lectores me han escrito para saber cómo apuntarse a un "club de fans" de Dilbert/Dogbert, a un listado de correo, a un culto o a una fuerza paramilitar. De momento, lo único que tenemos es un listado de correo, que le aportará dos ventajas: 1) recibirá nuestro boletín Dilbert de forma gratuita si nos da la gana, y 2) cuando Dogbert conquiste el mundo, usted formará parte de la nueva clase dirigente.

Si quiere recibir nuestro boletín por correo electrónico, envíe su dirección de correo electrónico a:

scottadams@aol.com

Si quiere recibir el boletín por correo normal, envíe su dirección postal a:

Dilbert Mailing List
United Media
200 Madison Avenue
New York, NY 10016
Estados Unidos de América

Scott Adams

* Si el Dogbert le sale mejor que a mí, lo odiaré toda la vida.

DOGBERT, HAY ALGUIEN EN LA PUERTA.
DING DONG
HOLA. SOY DE LA EMPRESA DE DERRIBOS "LA GRAN BOLA". TENGO UNA ORDEN PARA DERRIBAR ESTA CASA.
PARECE QUE SE HA EQUIVOCADO DE DIRECCIÓN. ESTA ES LA AVENIDA WALNUT, NO LA CALLE WALNUT, QUE ESTÁ EN LA OTRA PUNTA DE LA CIUDAD.
¡QUÉ MALA PATA! NO TENGO TIEMPO PARA IR HASTA ALLÁ.
¿LE MOLESTARÍA SI EN SU LUGAR, DERRIBAMOS ESTA CASA?
LA VERDAD ES QUE SERÍA UN POCO MOLESTO. PRUEBE LA CASA DE LOS JOHNSON, QUE VIVEN AL LADO.
¿QUÉ HA SIDO ESE RUIDO?
AL PARECER, LOS JOHNSON NO ESTÁN EN CASA.

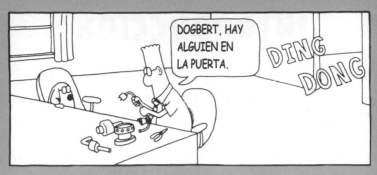

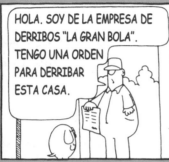

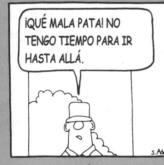

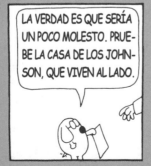

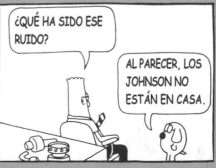

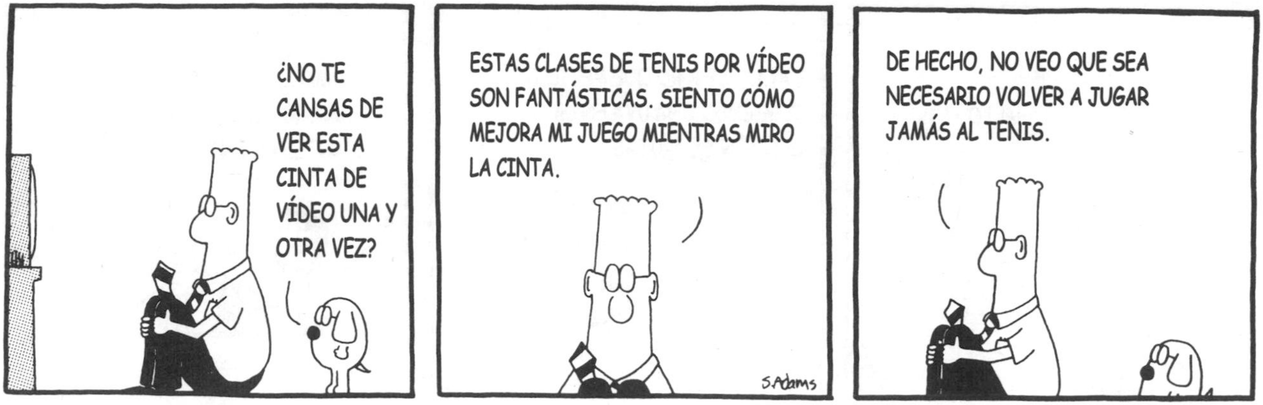
¿NO TE CANSAS DE VER ESTA CINTA DE VÍDEO UNA Y OTRA VEZ?
ESTAS CLASES DE TENIS POR VÍDEO SON FANTÁSTICAS. SIENTO CÓMO MEJORA MI JUEGO MIENTRAS MIRO LA CINTA.
S. Adams
DE HECHO, NO VEO QUE SEA NECESARIO VOLVER A JUGAR JAMÁS AL TENIS.

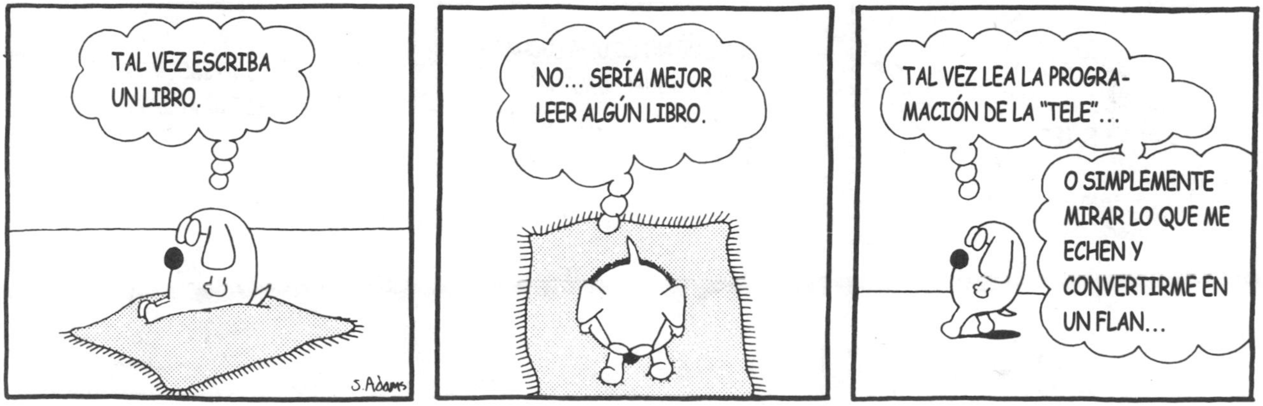
TAL VEZ ESCRIBA UN LIBRO.
S. Adams
NO... SERÍA MEJOR LEER ALGÚN LIBRO.
TAL VEZ LEA LA PROGRAMACIÓN DE LA "TELE"...
O SIMPLEMENTE MIRAR LO QUE ME ECHEN Y CONVERTIRME EN UN FLAN...

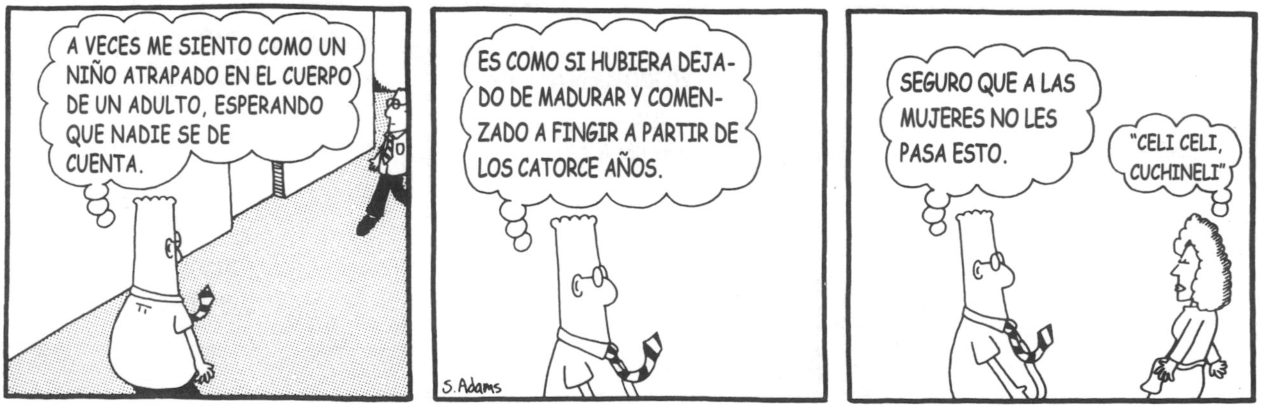
A VECES ME SIENTO COMO UN NIÑO ATRAPADO EN EL CUERPO DE UN ADULTO, ESPERANDO QUE NADIE SE DE CUENTA.
ES COMO SI HUBIERA DEJADO DE MADURAR Y COMENZADO A FINGIR A PARTIR DE LOS CATORCE AÑOS.
S. Adams
SEGURO QUE A LAS MUJERES NO LES PASA ESTO.
"CELI CELI, CUCHINELI"

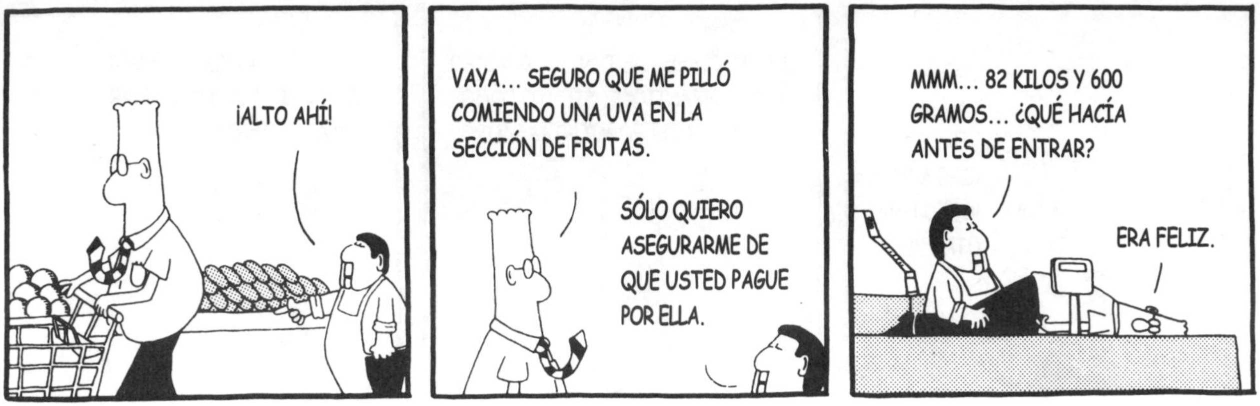
¡ALTO AHÍ!
VAYA... SEGURO QUE ME PILLÓ COMIENDO UNA UVA EN LA SECCIÓN DE FRUTAS.
SÓLO QUIERO ASEGURARME DE QUE USTED PAGUE POR ELLA.
MMM... 82 KILOS Y 600 GRAMOS... ¿QUÉ HACÍA ANTES DE ENTRAR?
ERA FELIZ.

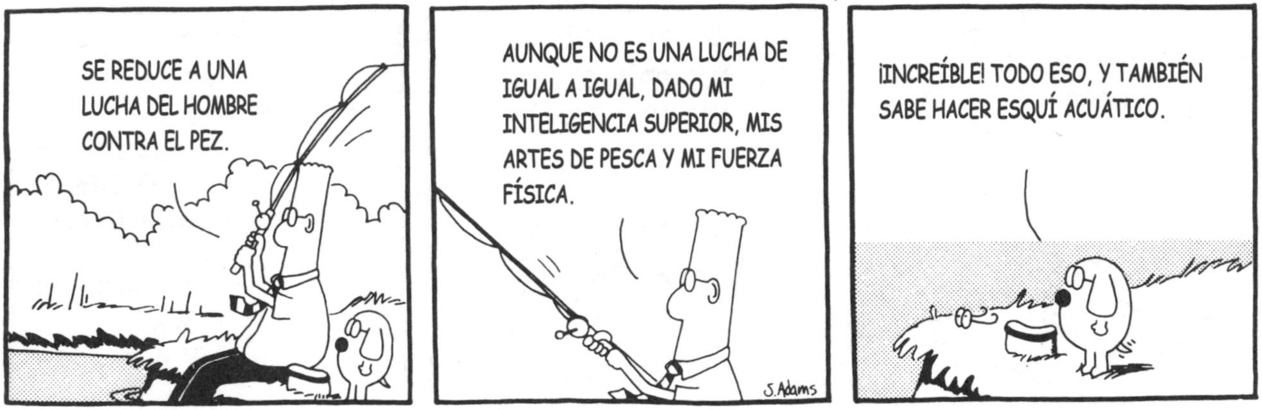
SE REDUCE A UNA LUCHA DEL HOMBRE CONTRA EL PEZ.
AUNQUE NO ES UNA LUCHA DE IGUAL A IGUAL, DADO MI INTELIGENCIA SUPERIOR, MIS ARTES DE PESCA Y MI FUERZA FÍSICA.
S. Adams
¡INCREÍBLE! TODO ESO, Y TAMBIÉN SABE HACER ESQUÍ ACUÁTICO.

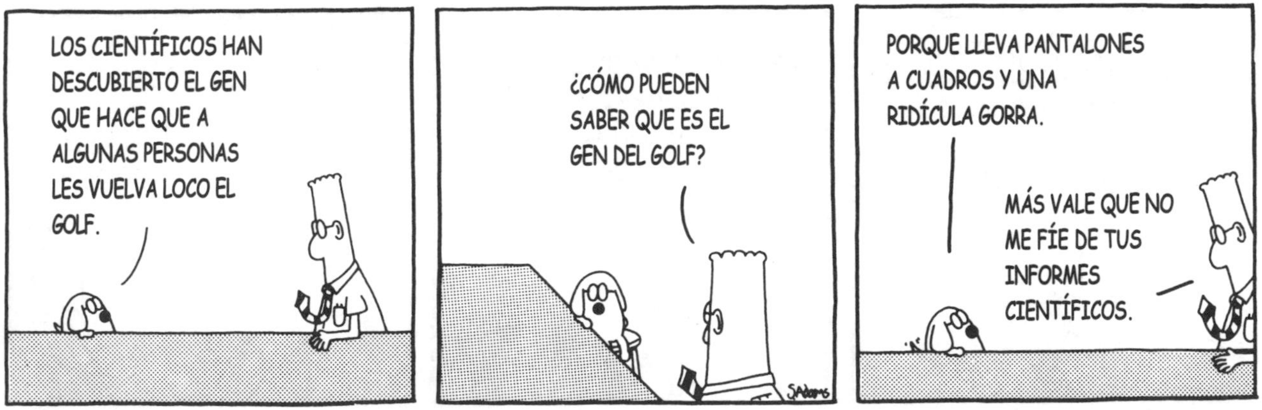
LOS CIENTÍFICOS HAN DESCUBIERTO EL GEN QUE HACE QUE A ALGUNAS PERSONAS LES VUELVA LOCO EL GOLF.
¿CÓMO PUEDEN SABER QUE ES EL GEN DEL GOLF?
S. Adams
PORQUE LLEVA PANTALONES A CUADROS Y UNA RIDÍCULA GORRA.
MÁS VALE QUE NO ME FÍE DE TUS INFORMES CIENTÍFICOS.

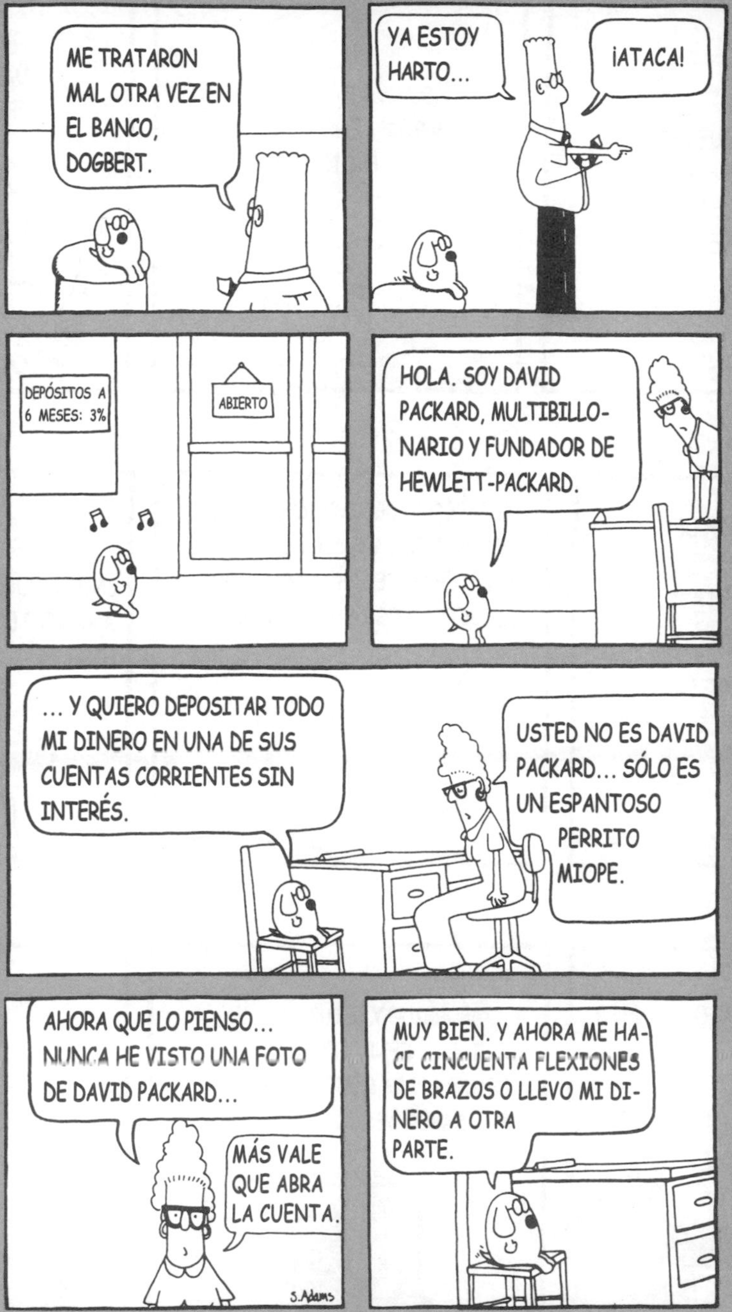
ME TRATARON MAL OTRA VEZ EN EL BANCO, DOGBERT.
YA ESTOY HARTO...
¡ATACA!
DEPÓSITOS A 6 MESES: 3%
ABIERTO
HOLA. SOY DAVID PACKARD, MULTIBILLO-NARIO Y FUNDADOR DE HEWLETT-PACKARD.
... Y QUIERO DEPOSITAR TODO MI DINERO EN UNA DE SUS CUENTAS CORRIENTES SIN INTERÉS.
USTED NO ES DAVID PACKARD... SÓLO ES UN ESPANTOSO PERRITO MIOPE.
AHORA QUE LO PIENSO... NUNCA HE VISTO UNA FOTO DE DAVID PACKARD...
MÁS VALE QUE ABRA LA CUENTA.
S. Adams
MUY BIEN. Y AHORA ME HA-CE CINCUENTA FLEXIONES DE BRAZOS O LLEVO MI DI-NERO A OTRA PARTE.

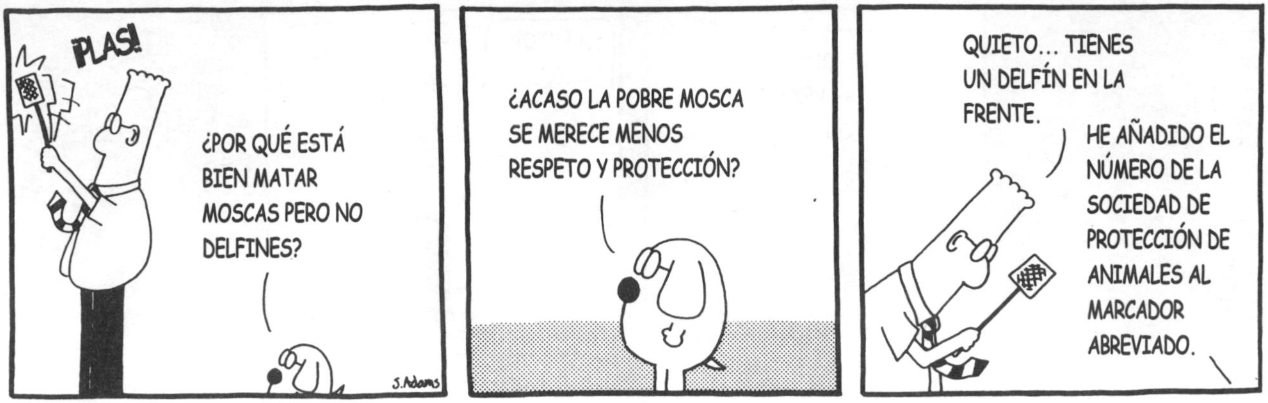
¡PLAS!
¿POR QUÉ ESTÁ BIEN MATAR MOSCAS PERO NO DELFINES?
¿ACASO LA POBRE MOSCA SE MERECE MENOS RESPETO Y PROTECCIÓN?
QUIETO… TIENES UN DELFÍN EN LA FRENTE.
HE AÑADIDO EL NÚMERO DE LA SOCIEDAD DE PROTECCIÓN DE ANIMALES AL MARCADOR ABREVIADO.
S. Adams

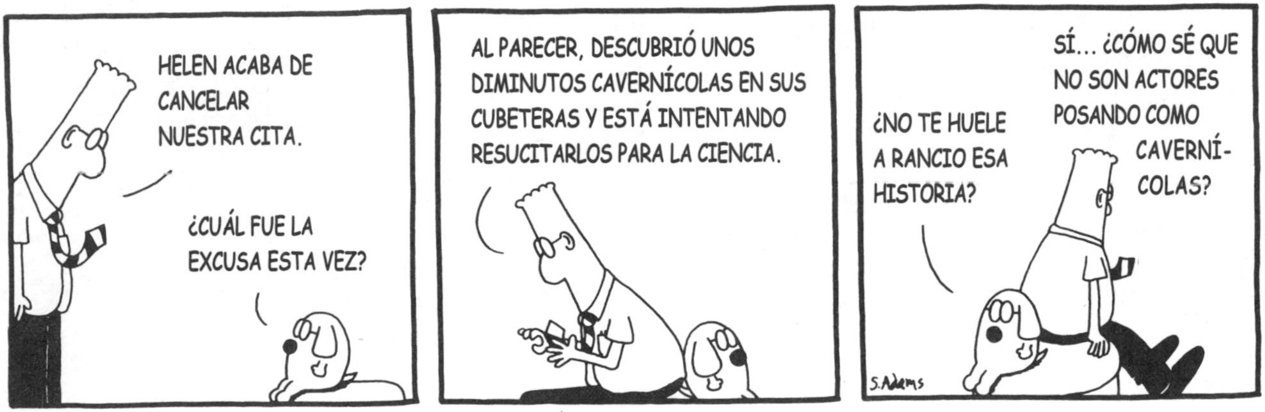
HELEN ACABA DE CANCELAR NUESTRA CITA.
¿CUÁL FUE LA EXCUSA ESTA VEZ?
AL PARECER, DESCUBRIÓ UNOS DIMINUTOS CAVERNÍCOLAS EN SUS CUBETERAS Y ESTÁ INTENTANDO RESUCITARLOS PARA LA CIENCIA.
¿NO TE HUELE A RANCIO ESA HISTORIA?
SÍ… ¿CÓMO SÉ QUE NO SON ACTORES POSANDO COMO CAVERNÍ-COLAS?
S. Adams

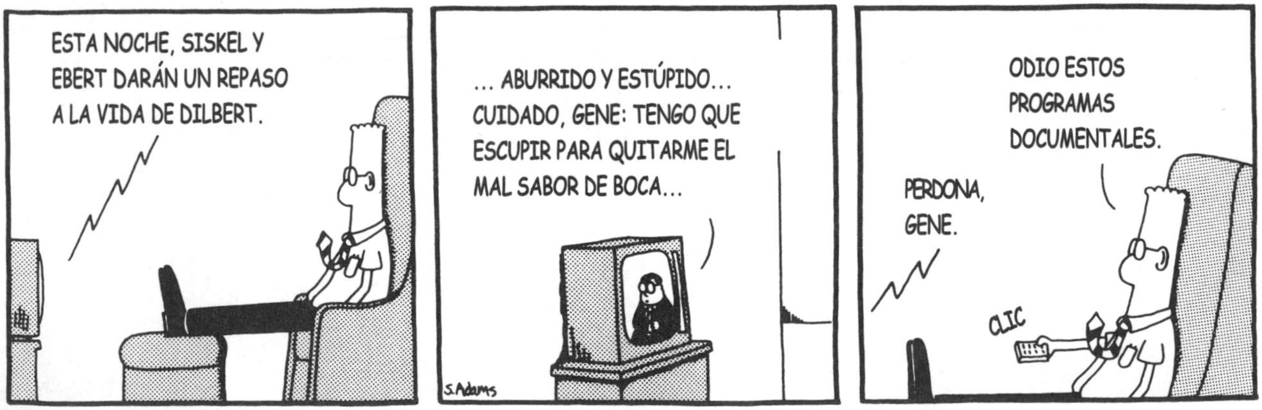
ESTA NOCHE, SISKEL Y EBERT DARÁN UN REPASO A LA VIDA DE DILBERT.
… ABURRIDO Y ESTÚPIDO… CUIDADO, GENE: TENGO QUE ESCUPIR PARA QUITARME EL MAL SABOR DE BOCA…
S. Adams
ODIO ESTOS PROGRAMAS DOCUMENTALES.
PERDONA, GENE.
CLIC

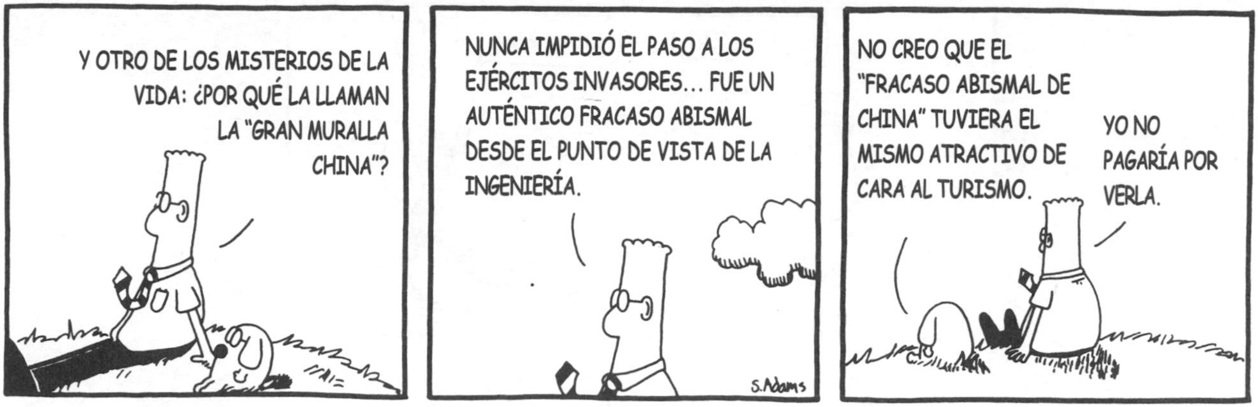
Y OTRO DE LOS MISTERIOS DE LA VIDA: ¿POR QUÉ LA LLAMAN LA "GRAN MURALLA CHINA"?
NUNCA IMPIDIÓ EL PASO A LOS EJÉRCITOS INVASORES... FUE UN AUTÉNTICO FRACASO ABISMAL DESDE EL PUNTO DE VISTA DE LA INGENIERÍA.
NO CREO QUE EL "FRACASO ABISMAL DE CHINA" TUVIERA EL MISMO ATRACTIVO DE CARA AL TURISMO.
YO NO PAGARÍA POR VERLA.

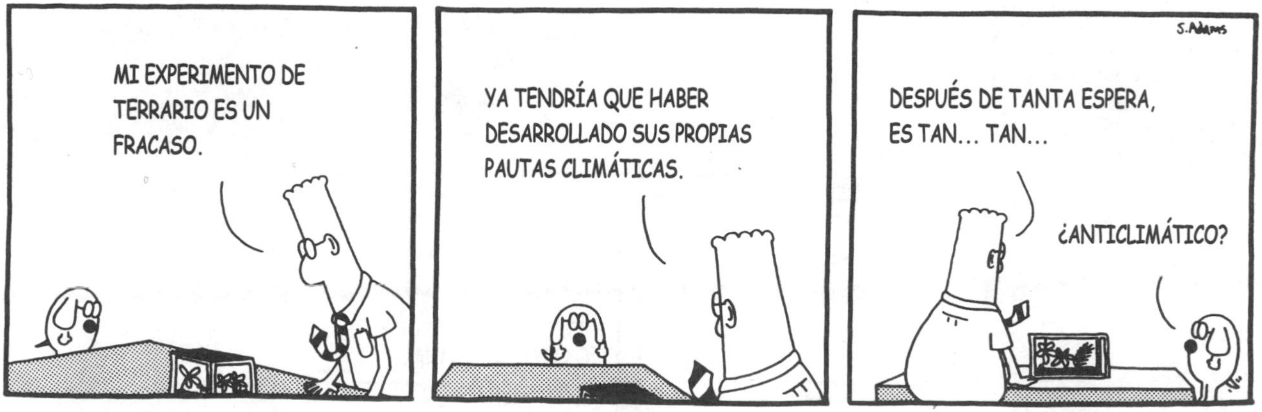
MI EXPERIMENTO DE TERRARIO ES UN FRACASO.
YA TENDRÍA QUE HABER DESARROLLADO SUS PROPIAS PAUTAS CLIMÁTICAS.
DESPUÉS DE TANTA ESPERA, ES TAN... TAN...
¿ANTICLIMÁTICO?

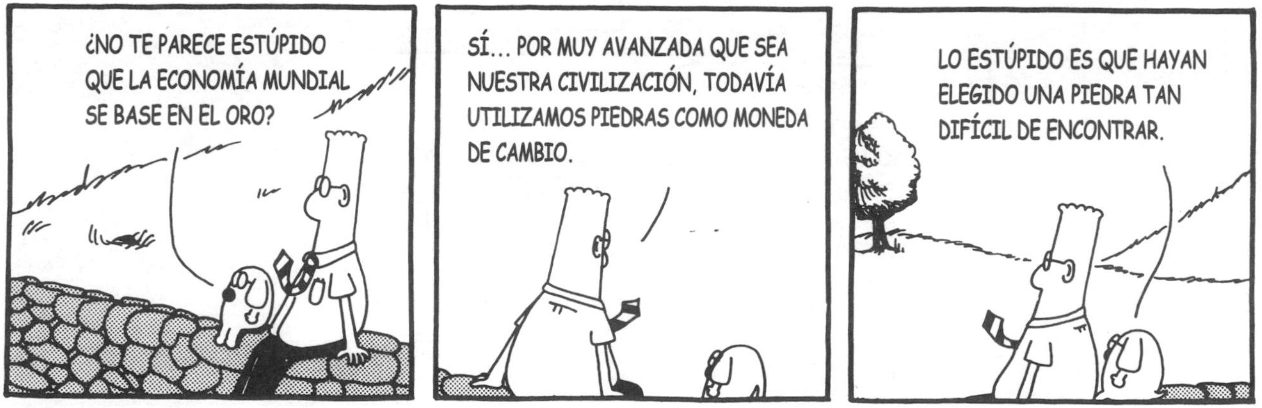
¿NO TE PARECE ESTÚPIDO QUE LA ECONOMÍA MUNDIAL SE BASE EN EL ORO?
SÍ... POR MUY AVANZADA QUE SEA NUESTRA CIVILIZACIÓN, TODAVÍA UTILIZAMOS PIEDRAS COMO MONEDA DE CAMBIO.
LO ESTÚPIDO ES QUE HAYAN ELEGIDO UNA PIEDRA TAN DIFÍCIL DE ENCONTRAR.

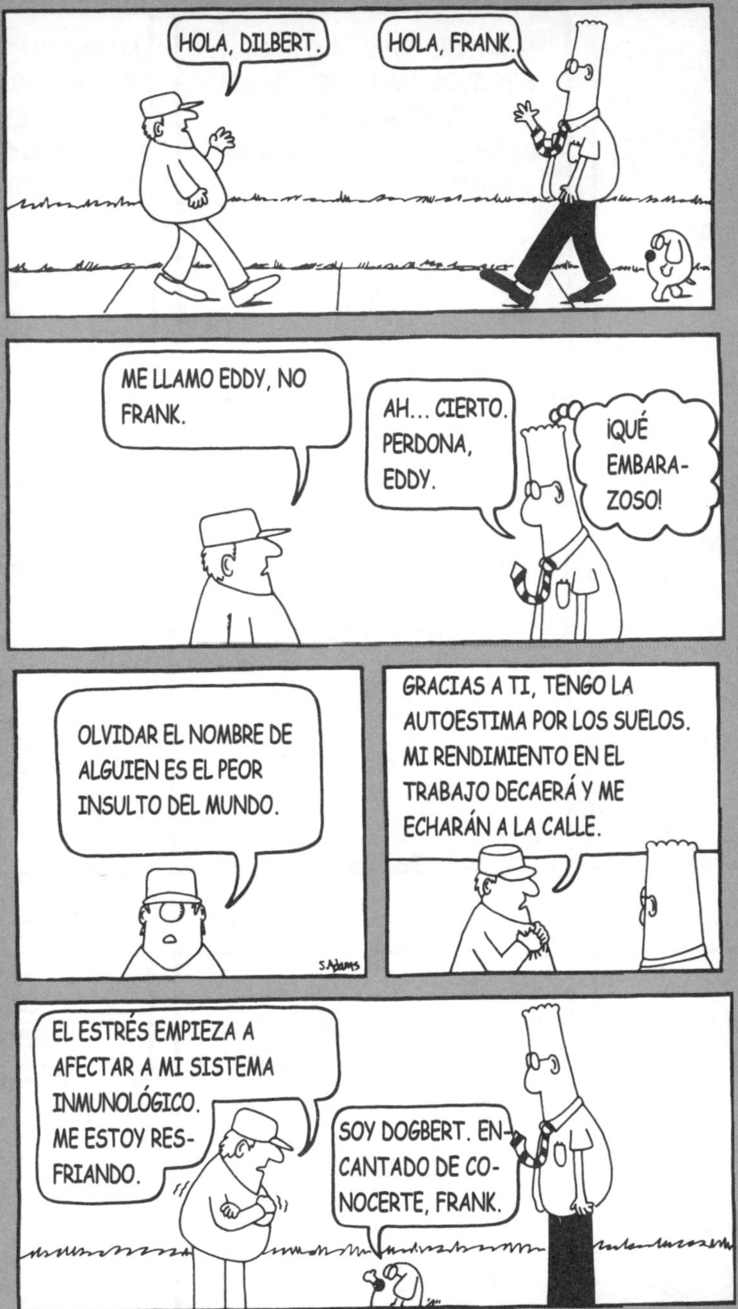
HOLA, DILBERT.
HOLA, FRANK.
ME LLAMO EDDY, NO FRANK.
AH... CIERTO. PERDONA, EDDY.
¡QUÉ EMBARA-ZOSO!
OLVIDAR EL NOMBRE DE ALGUIEN ES EL PEOR INSULTO DEL MUNDO.
S.Adams
GRACIAS A TI, TENGO LA AUTOESTIMA POR LOS SUELOS. MI RENDIMIENTO EN EL TRABAJO DECAERÁ Y ME ECHARÁN A LA CALLE.
EL ESTRÉS EMPIEZA A AFECTAR A MI SISTEMA INMUNOLÓGICO. ME ESTOY RES-FRIANDO.
SOY DOGBERT. EN-CANTADO DE CO-NOCERTE, FRANK.

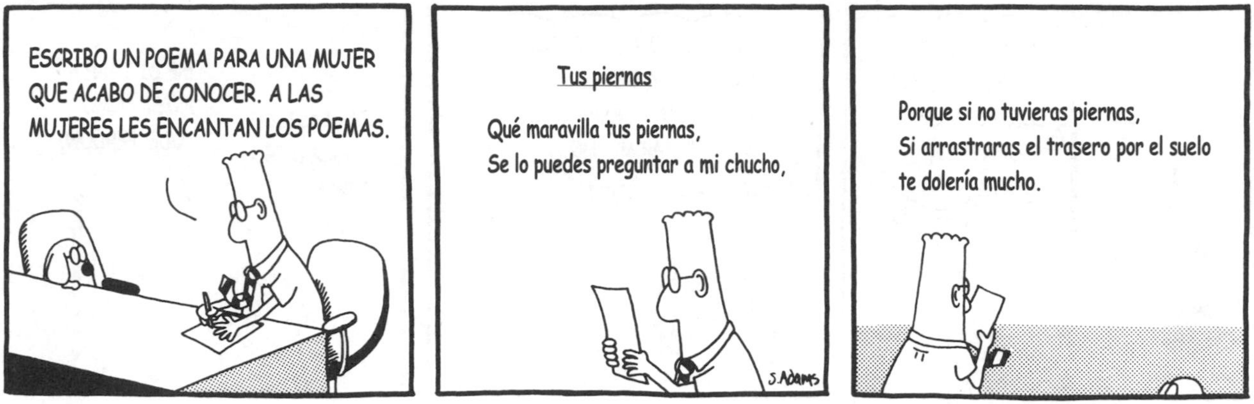
ESCRIBO UN POEMA PARA UNA MUJER QUE ACABO DE CONOCER. A LAS MUJERES LES ENCANTAN LOS POEMAS.
Tus piernas
Qué maravilla tus piernas,
Se lo puedes preguntar a mi chucho,
S.Adams
Porque si no tuvieras piernas,
Si arrastraras el trasero por el suelo
te dolería mucho.

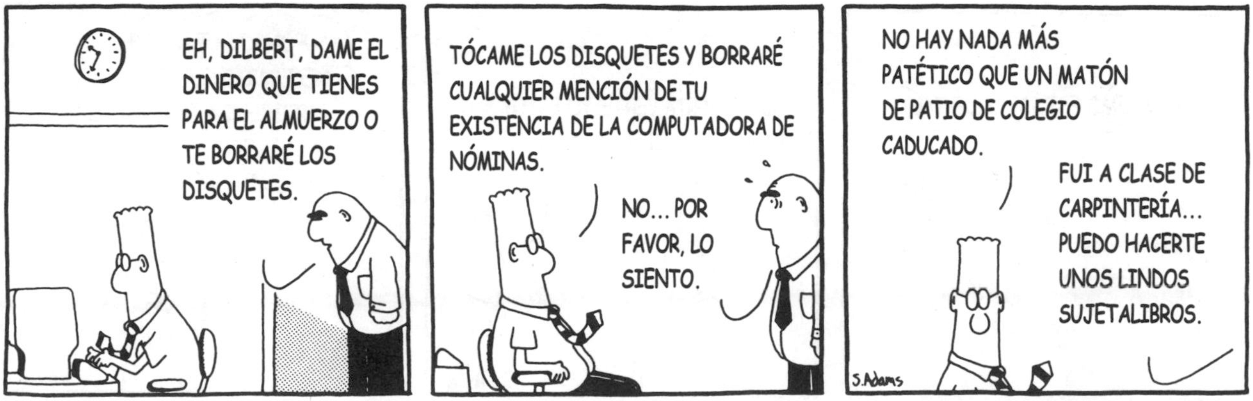
EH, DILBERT, DAME EL DINERO QUE TIENES PARA EL ALMUERZO O TE BORRARÉ LOS DISQUETES.
TÓCAME LOS DISQUETES Y BORRARÉ CUALQUIER MENCIÓN DE TU EXISTENCIA DE LA COMPUTADORA DE NÓMINAS.
NO... POR FAVOR, LO SIENTO.
NO HAY NADA MÁS PATÉTICO QUE UN MATÓN DE PATIO DE COLEGIO CADUCADO.
FUI A CLASE DE CARPINTERÍA... PUEDO HACERTE UNOS LINDOS SUJETALIBROS.
S.Adams

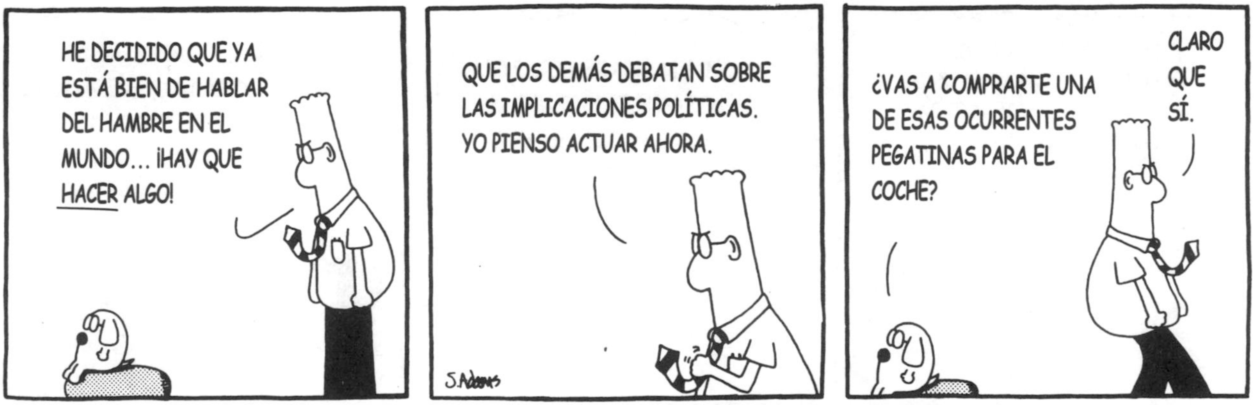
HE DECIDIDO QUE YA ESTÁ BIEN DE HABLAR DEL HAMBRE EN EL MUNDO... ¡HAY QUE HACER ALGO!
QUE LOS DEMÁS DEBATAN SOBRE LAS IMPLICACIONES POLÍTICAS. YO PIENSO ACTUAR AHORA.
S.Adams
¿VAS A COMPRARTE UNA DE ESAS OCURRENTES PEGATINAS PARA EL COCHE?
CLARO QUE SÍ.

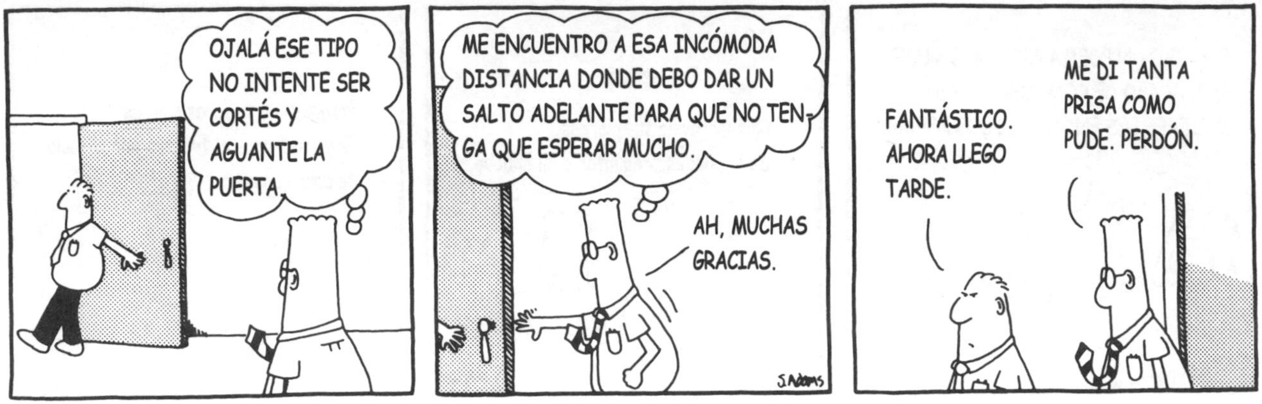
OJALÁ ESE TIPO NO INTENTE SER CORTÉS Y AGUANTE LA PUERTA.
ME ENCUENTRO A ESA INCÓMODA DISTANCIA DONDE DEBO DAR UN SALTO ADELANTE PARA QUE NO TENGA QUE ESPERAR MUCHO.
AH, MUCHAS GRACIAS.
S.Adams
FANTÁSTICO. AHORA LLEGO TARDE.
ME DI TANTA PRISA COMO PUDE. PERDÓN.

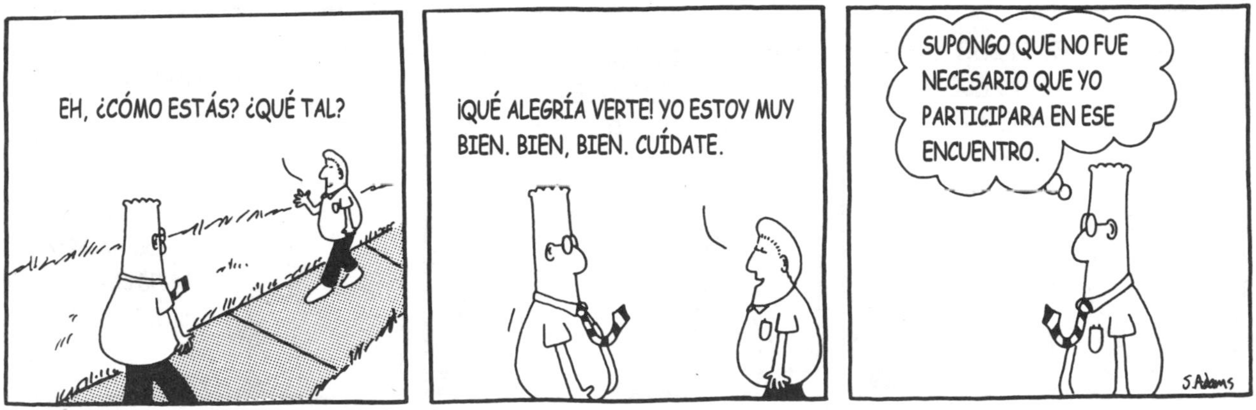
EH, ¿CÓMO ESTÁS? ¿QUÉ TAL?
¡QUÉ ALEGRÍA VERTE! YO ESTOY MUY BIEN. BIEN, BIEN. CUÍDATE.
SUPONGO QUE NO FUE NECESARIO QUE YO PARTICIPARA EN ESE ENCUENTRO.
S.Adams

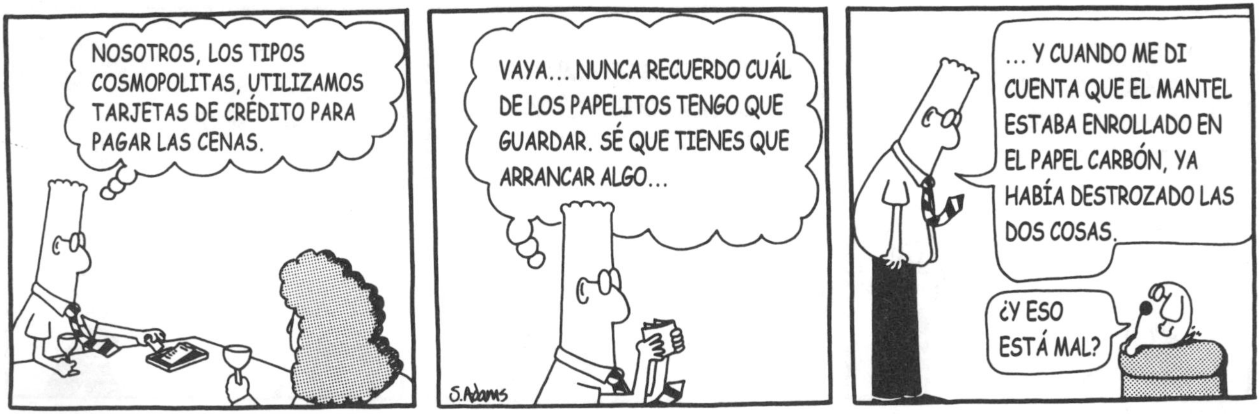
NOSOTROS, LOS TIPOS COSMOPOLITAS, UTILIZAMOS TARJETAS DE CRÉDITO PARA PAGAR LAS CENAS.
VAYA... NUNCA RECUERDO CUÁL DE LOS PAPELITOS TENGO QUE GUARDAR. SÉ QUE TIENES QUE ARRANCAR ALGO...
S.Adams
... Y CUANDO ME DI CUENTA QUE EL MANTEL ESTABA ENROLLADO EN EL PAPEL CARBÓN, YA HABÍA DESTROZADO LAS DOS COSAS.
¿Y ESO ESTÁ MAL?

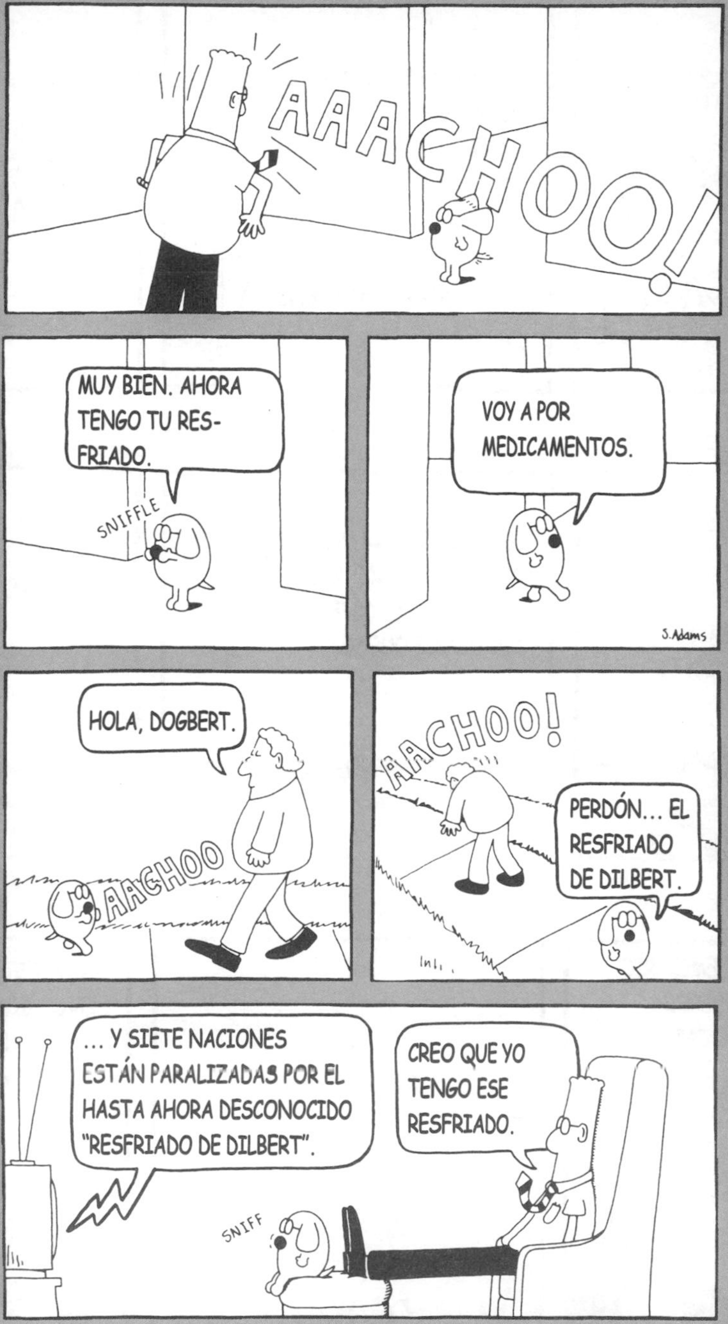
AAACHOO!
MUY BIEN. AHORA TENGO TU RES-FRIADO.
SNIFFLE
VOY A POR MEDICAMENTOS.
S. Adams
HOLA, DOGBERT.
AACHOO
AACHOO!
PERDÓN... EL RESFRIADO DE DILBERT.
... Y SIETE NACIONES ESTÁN PARALIZADAS POR EL HASTA AHORA DESCONOCIDO "RESFRIADO DE DILBERT".
CREO QUE YO TENGO ESE RESFRIADO.
SNIFF

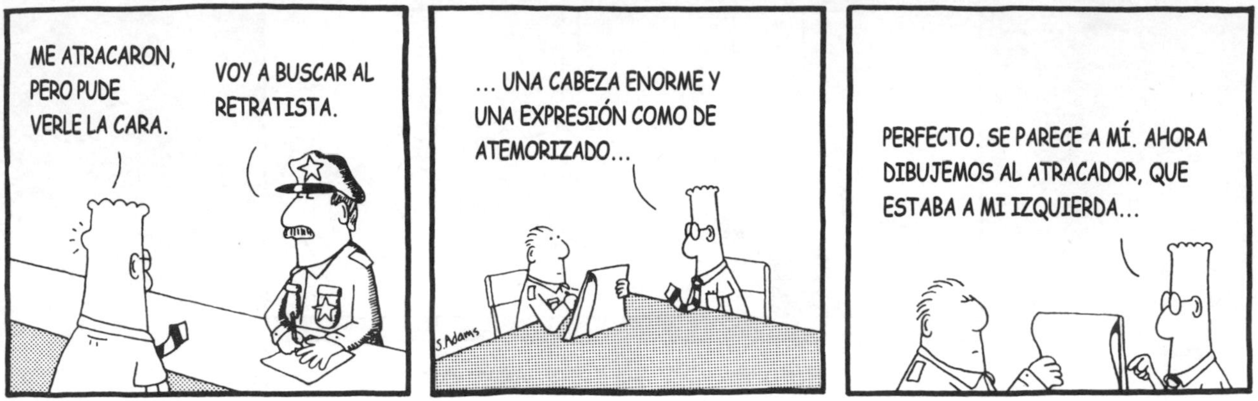
ME ATRACARON, PERO PUDE VERLE LA CARA.
VOY A BUSCAR AL RETRATISTA.
... UNA CABEZA ENORME Y UNA EXPRESIÓN COMO DE ATEMORIZADO...
S. Adams
PERFECTO. SE PARECE A MÍ. AHORA DIBUJEMOS AL ATRACADOR, QUE ESTABA A MI IZQUIERDA...

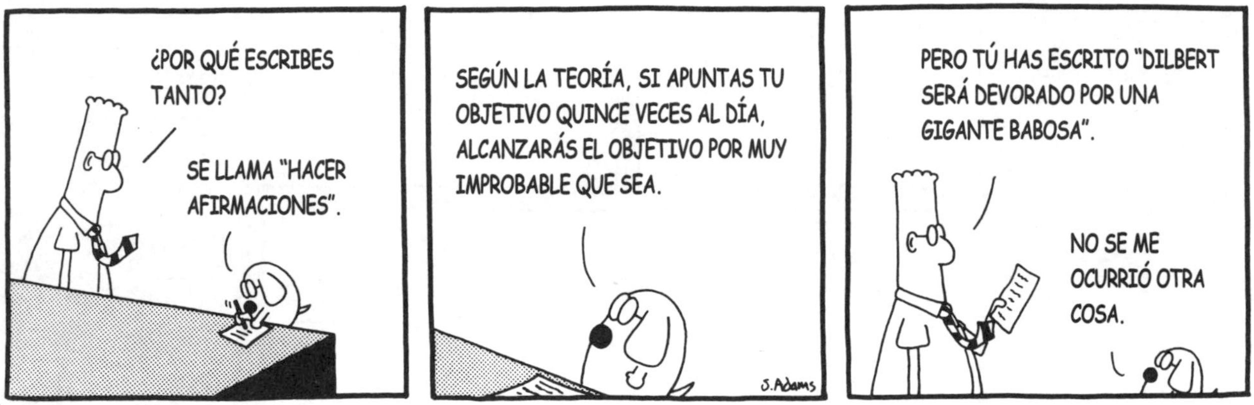
¿POR QUÉ ESCRIBES TANTO?
SE LLAMA "HACER AFIRMACIONES".
SEGÚN LA TEORÍA, SI APUNTAS TU OBJETIVO QUINCE VECES AL DÍA, ALCANZARÁS EL OBJETIVO POR MUY IMPROBABLE QUE SEA.
S. Adams
PERO TÚ HAS ESCRITO "DILBERT SERÁ DEVORADO POR UNA GIGANTE BABOSA".
NO SE ME OCURRIÓ OTRA COSA.

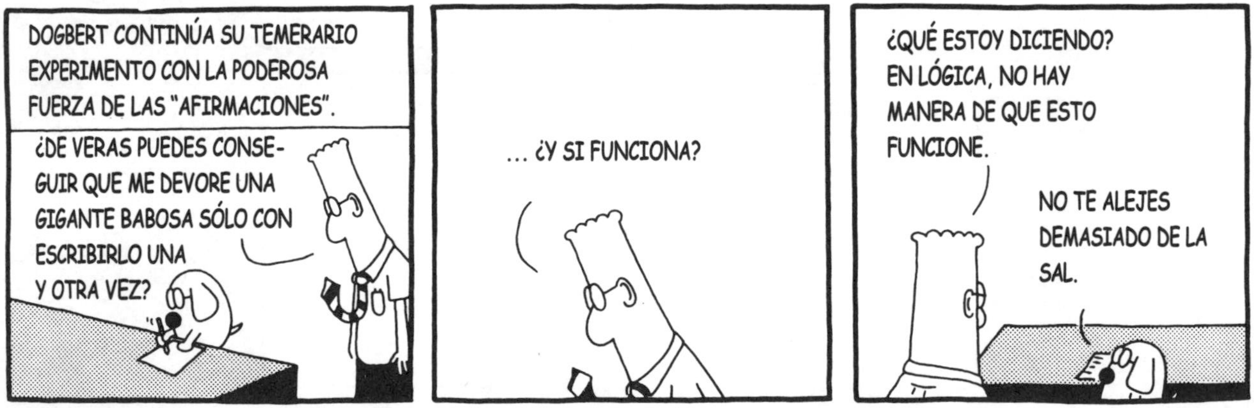
DOGBERT CONTINÚA SU TEMERARIO EXPERIMENTO CON LA PODEROSA FUERZA DE LAS "AFIRMACIONES".
¿DE VERAS PUEDES CONSEGUIR QUE ME DEVORE UNA GIGANTE BABOSA SÓLO CON ESCRIBIRLO UNA Y OTRA VEZ?
... ¿Y SI FUNCIONA?
¿QUÉ ESTOY DICIENDO? EN LÓGICA, NO HAY MANERA DE QUE ESTO FUNCIONE.
NO TE ALEJES DEMASIADO DE LA SAL.

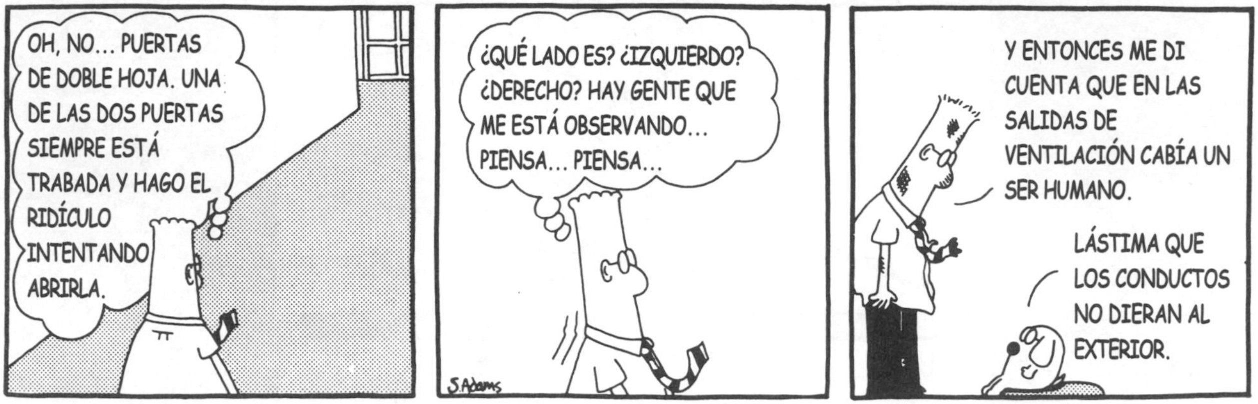
OH, NO... PUERTAS DE DOBLE HOJA. UNA DE LAS DOS PUERTAS SIEMPRE ESTÁ TRABADA Y HAGO EL RIDÍCULO INTENTANDO ABRIRLA.
¿QUÉ LADO ES? ¿IZQUIERDO? ¿DERECHO? HAY GENTE QUE ME ESTÁ OBSERVANDO... PIENSA... PIENSA...
S. Adams
Y ENTONCES ME DI CUENTA QUE EN LAS SALIDAS DE VENTILACIÓN CABÍA UN SER HUMANO.
LÁSTIMA QUE LOS CONDUCTOS NO DIERAN AL EXTERIOR.

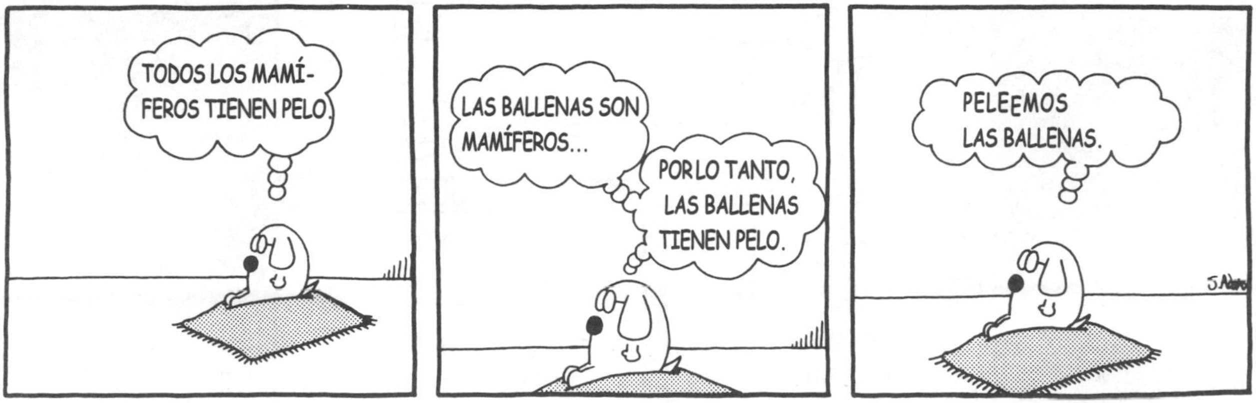
TODOS LOS MAMÍFEROS TIENEN PELO.
LAS BALLENAS SON MAMÍFEROS...
POR LO TANTO, LAS BALLENAS TIENEN PELO.
PELEEMOS LAS BALLENAS.
S. Adams

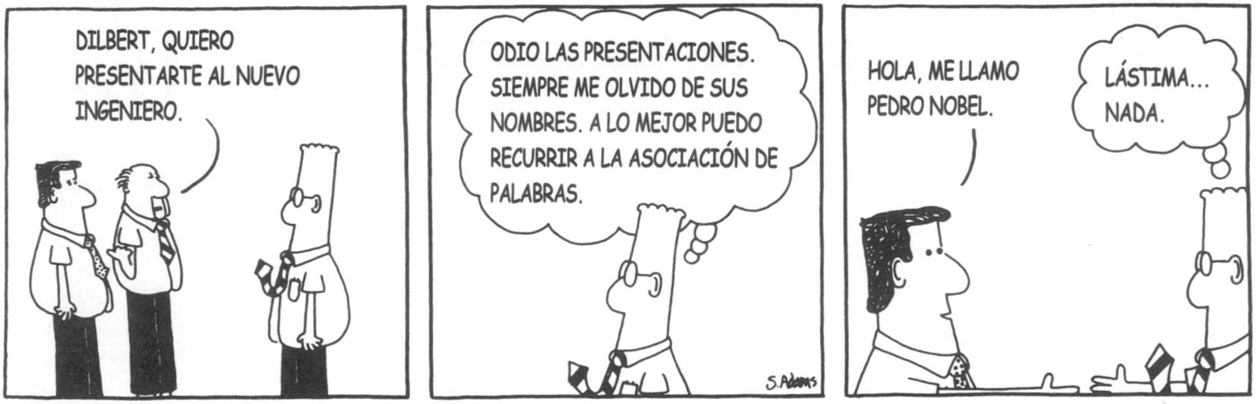
DILBERT, QUIERO PRESENTARTE AL NUEVO INGENIERO.
ODIO LAS PRESENTACIONES. SIEMPRE ME OLVIDO DE SUS NOMBRES. A LO MEJOR PUEDO RECURRIR A LA ASOCIACIÓN DE PALABRAS.
S. Adams
HOLA, ME LLAMO PEDRO NOBEL.
LÁSTIMA... NADA.

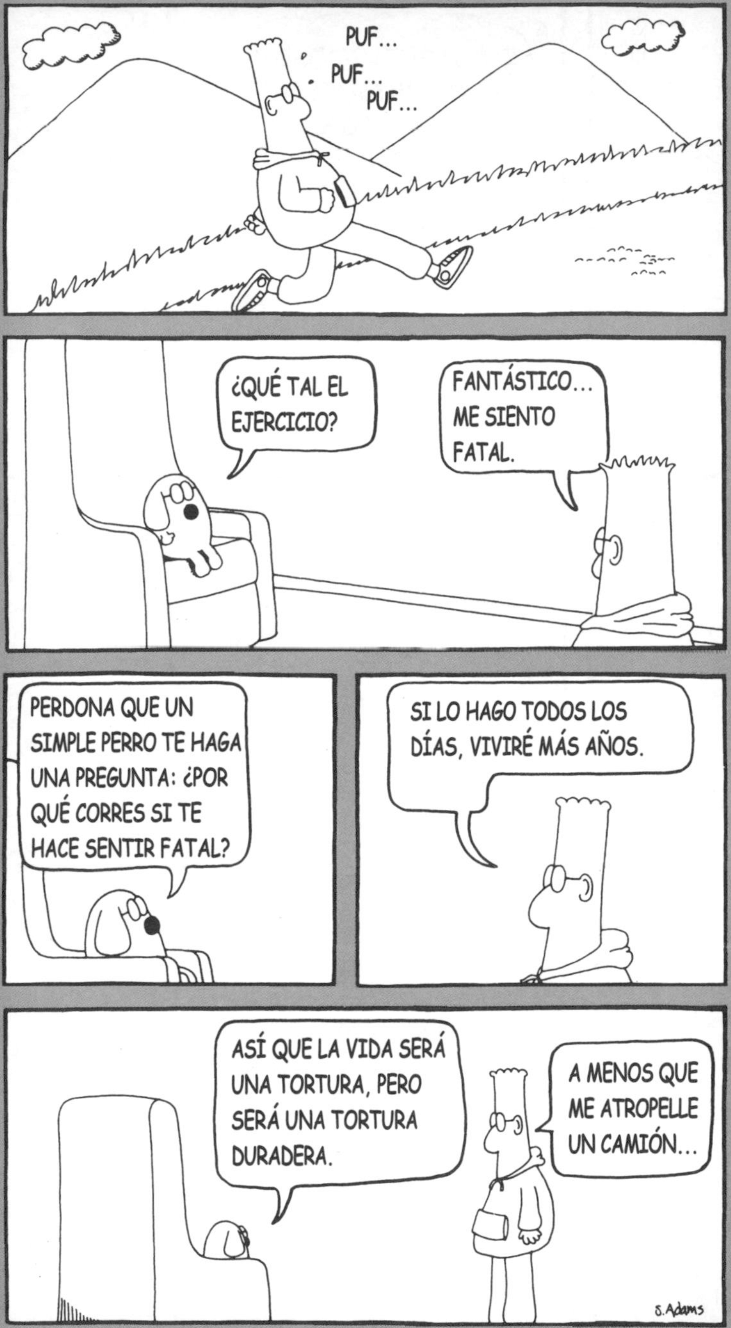
PUF...
PUF...
PUF...
¿QUÉ TAL EL EJERCICIO?
FANTÁSTICO... ME SIENTO FATAL.
PERDONA QUE UN SIMPLE PERRO TE HAGA UNA PREGUNTA: ¿POR QUÉ CORRES SI TE HACE SENTIR FATAL?
SI LO HAGO TODOS LOS DÍAS, VIVIRÉ MÁS AÑOS.
ASÍ QUE LA VIDA SERÁ UNA TORTURA, PERO SERÁ UNA TORTURA DURADERA.
A MENOS QUE ME ATROPELLE UN CAMIÓN...
S. Adams

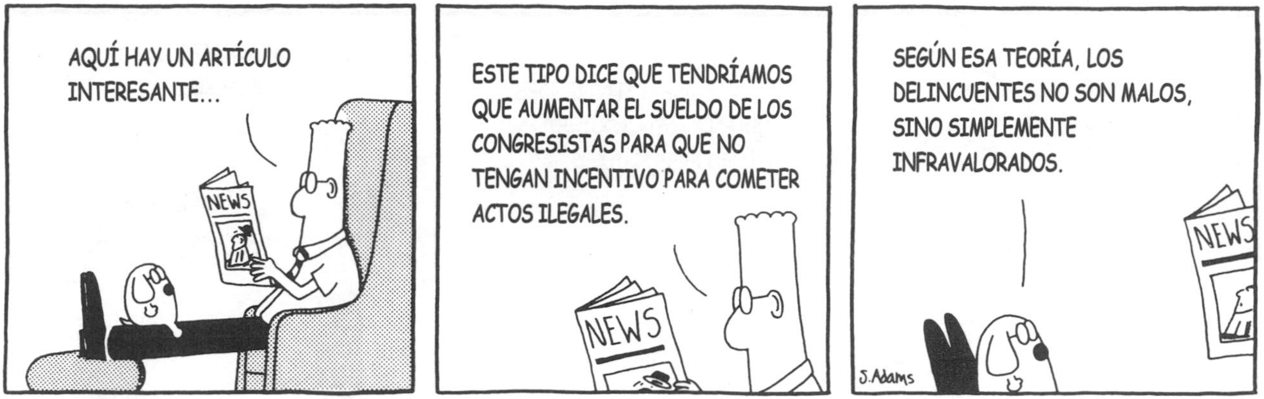
AQUÍ HAY UN ARTÍCULO INTERESANTE...
NEWS
ESTE TIPO DICE QUE TENDRÍAMOS QUE AUMENTAR EL SUELDO DE LOS CONGRESISTAS PARA QUE NO TENGAN INCENTIVO PARA COMETER ACTOS ILEGALES.
NEWS
SEGÚN ESA TEORÍA, LOS DELINCUENTES NO SON MALOS, SINO SIMPLEMENTE INFRAVALORADOS.
NEWS
S. Adams

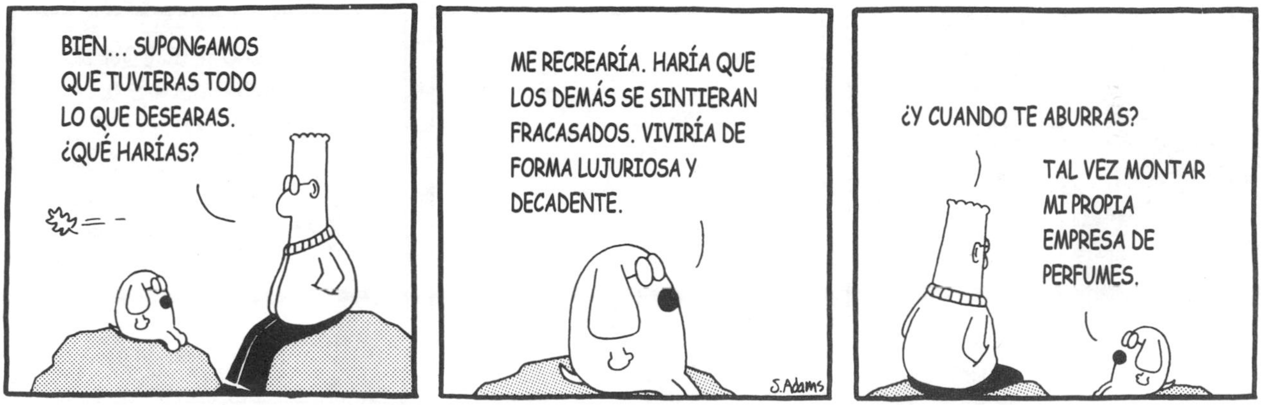
BIEN... SUPONGAMOS QUE TUVIERAS TODO LO QUE DESEARAS. ¿QUÉ HARÍAS?
ME RECREARÍA. HARÍA QUE LOS DEMÁS SE SINTIERAN FRACASADOS. VIVIRÍA DE FORMA LUJURIOSA Y DECADENTE.
S. Adams
¿Y CUANDO TE ABURRAS?
TAL VEZ MONTAR MI PROPIA EMPRESA DE PERFUMES.

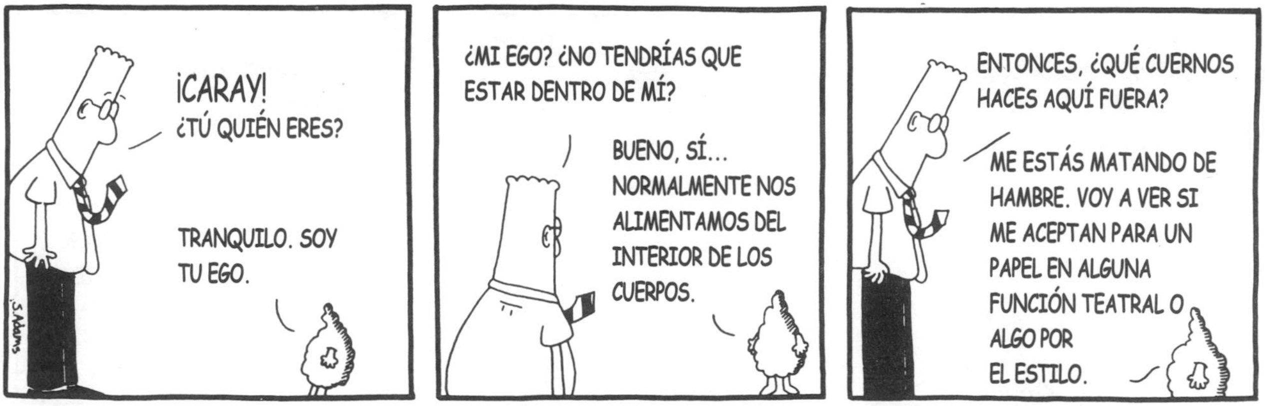
¡CARAY! ¿TÚ QUIÉN ERES?
TRANQUILO. SOY TU EGO.
S. Adams
¿MI EGO? ¿NO TENDRÍAS QUE ESTAR DENTRO DE MÍ?
BUENO, SÍ... NORMALMENTE NOS ALIMENTAMOS DEL INTERIOR DE LOS CUERPOS.
ENTONCES, ¿QUÉ CUERNOS HACES AQUÍ FUERA?
ME ESTÁS MATANDO DE HAMBRE. VOY A VER SI ME ACEPTAN PARA UN PAPEL EN ALGUNA FUNCIÓN TEATRAL O ALGO POR EL ESTILO.

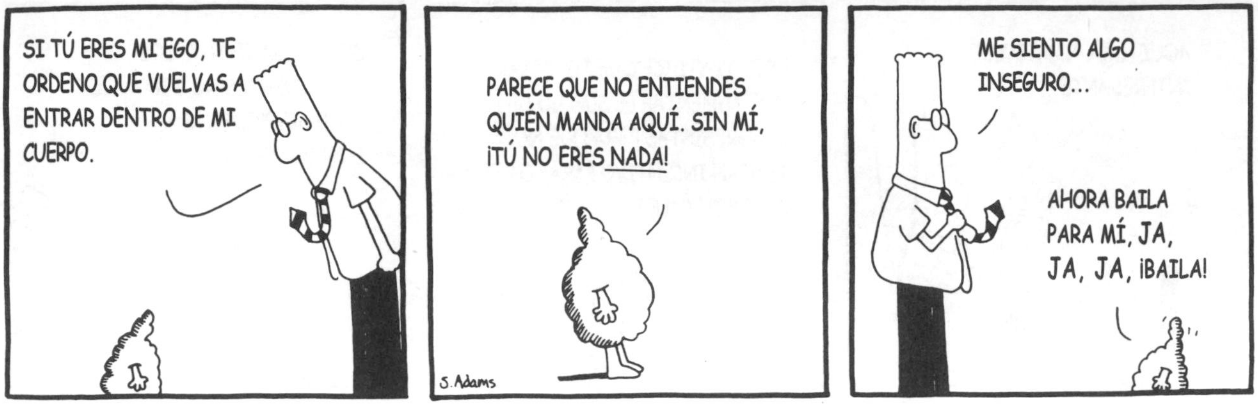
SI TÚ ERES MI EGO, TE ORDENO QUE VUELVAS A ENTRAR DENTRO DE MI CUERPO.
PARECE QUE NO ENTIENDES QUIÉN MANDA AQUÍ. SIN MÍ, ¡TÚ NO ERES NADA!
S. Adams
ME SIENTO ALGO INSEGURO...
AHORA BAILA PARA MÍ, JA, JA, JA, ¡BAILA!

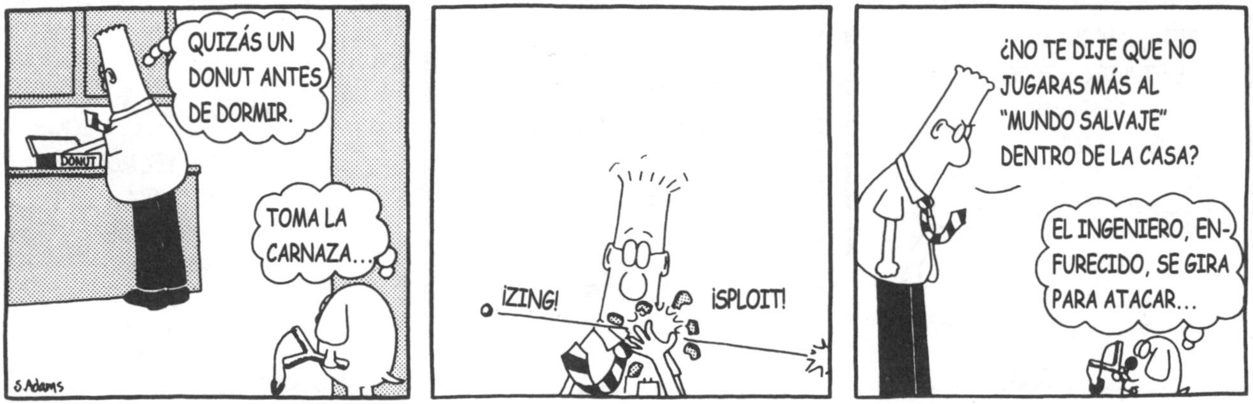
QUIZÁS UN DONUT ANTES DE DORMIR.
DONUT
TOMA LA CARNAZA...
S. Adams
¡ZING!
¡SPLOIT!
¿NO TE DIJE QUE NO JUGARAS MÁS AL "MUNDO SALVAJE" DENTRO DE LA CASA?
EL INGENIERO, ENFURECIDO, SE GIRA PARA ATACAR...

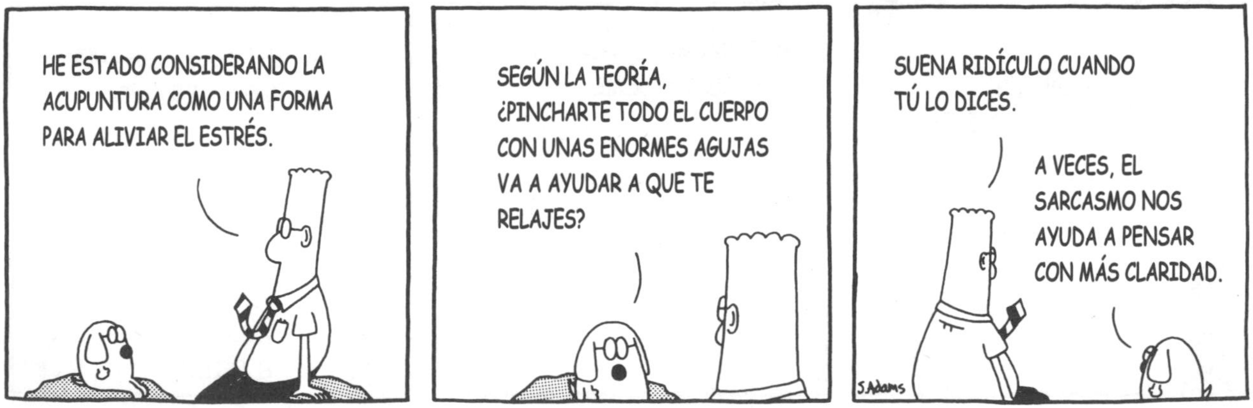
HE ESTADO CONSIDERANDO LA ACUPUNTURA COMO UNA FORMA PARA ALIVIAR EL ESTRÉS.
SEGÚN LA TEORÍA, ¿PINCHARTE TODO EL CUERPO CON UNAS ENORMES AGUJAS VA A AYUDAR A QUE TE RELAJES?
SUENA RIDÍCULO CUANDO TÚ LO DICES.
A VECES, EL SARCASMO NOS AYUDA A PENSAR CON MÁS CLARIDAD.
S. Adams

¿TE HE EXPLICADO ALGUNA VEZ LA TEORÍA QUE TENEMOS LOS PERROS SOBRE EL UNIVERSO?

CREEMOS EN UNIVERSOS PARALELOS INFINITOS, TODOS ELLOS LIGERAMENTE DIFERENTES.

POR EJEMPLO, EN NUESTRO UNIVERSO, VINCENT VAN GOGH SE CORTÓ LA OREJA PARA DEMOSTRAR SU AMOR POR UNA MUJER.

PERO EN UN UNIVERSO PARALELO, VAN GOGH PIERDE LA OREJA COMO RESULTADO DE UN TRÁGICO ACCIDENTE AL CORTARSE LAS UÑAS DE LOS PIES...

...VINCENT SE CORTA LA UÑA, QUE SALTA Y LE REBANA LA OREJA DE CUAJO.

Y EN OTRO UNIVERSO, SEGURO QUE SE LE CAYÓ LA OREJA PARA NO TENER QUE ESCUCHAR MÁS A SU PERRO.

ES POR ELLO QUE LOS PERROS RARAS VECES HABLAMOS DE NUESTRAS CREENCIAS.

S. Adams

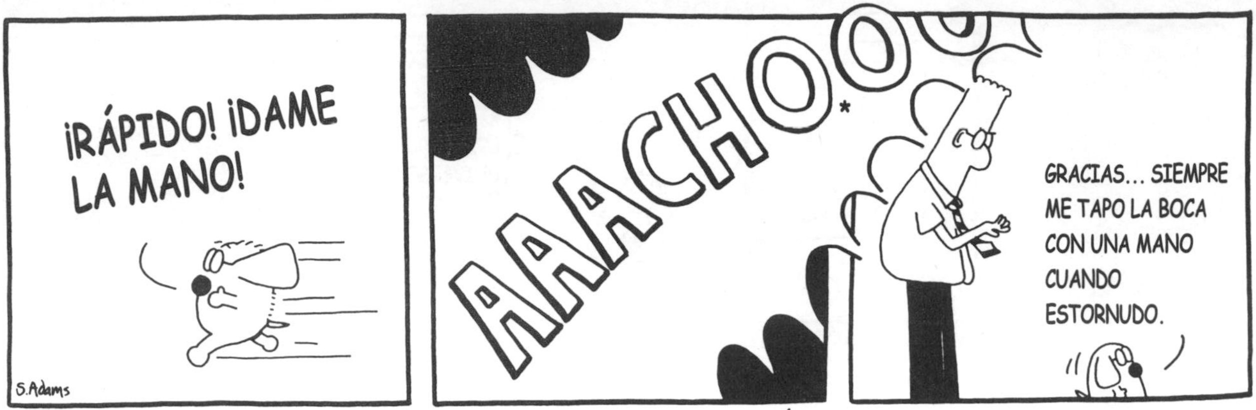
¡RÁPIDO! ¡DAME LA MANO!
S.Adams
AAACHOO*
GRACIAS... SIEMPRE ME TAPO LA BOCA CON UNA MANO CUANDO ESTORNUDO.

*NOTA: como se puede comprobar, los estornudos de Dogbert son algo más que un «AAACHÍIIIIS»

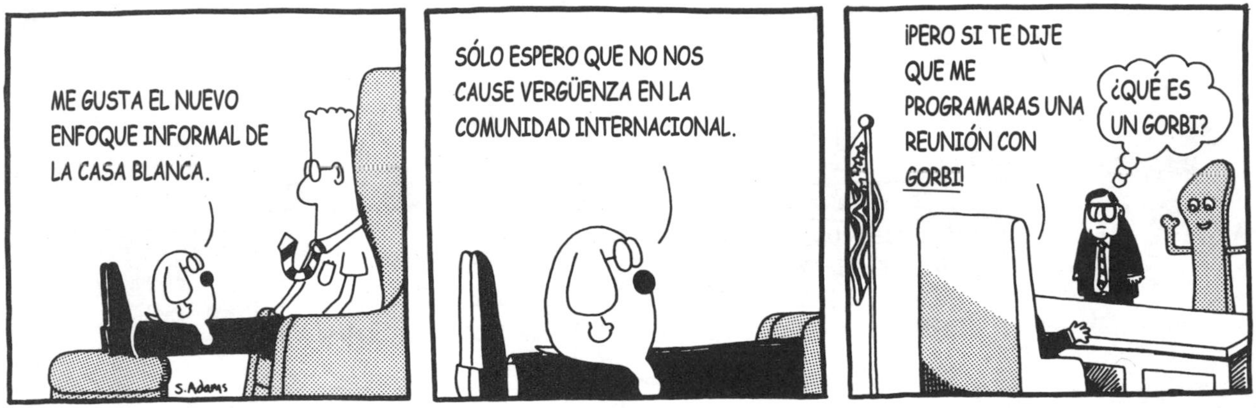
ME GUSTA EL NUEVO ENFOQUE INFORMAL DE LA CASA BLANCA.
S.Adams
SÓLO ESPERO QUE NO NOS CAUSE VERGÜENZA EN LA COMUNIDAD INTERNACIONAL.
¡PERO SI TE DIJE QUE ME PROGRAMARAS UNA REUNIÓN CON GORBI!
¿QUÉ ES UN GORBI?

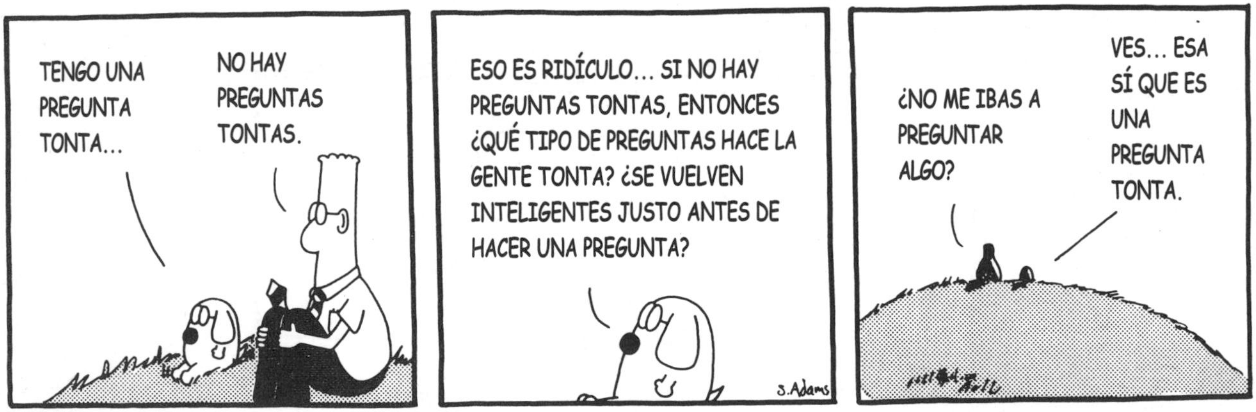
TENGO UNA PREGUNTA TONTA...
NO HAY PREGUNTAS TONTAS.
ESO ES RIDÍCULO... SI NO HAY PREGUNTAS TONTAS, ENTONCES ¿QUÉ TIPO DE PREGUNTAS HACE LA GENTE TONTA? ¿SE VUELVEN INTELIGENTES JUSTO ANTES DE HACER UNA PREGUNTA?
S.Adams
¿NO ME IBAS A PREGUNTAR ALGO?
VES... ESA SÍ QUE ES UNA PREGUNTA TONTA.

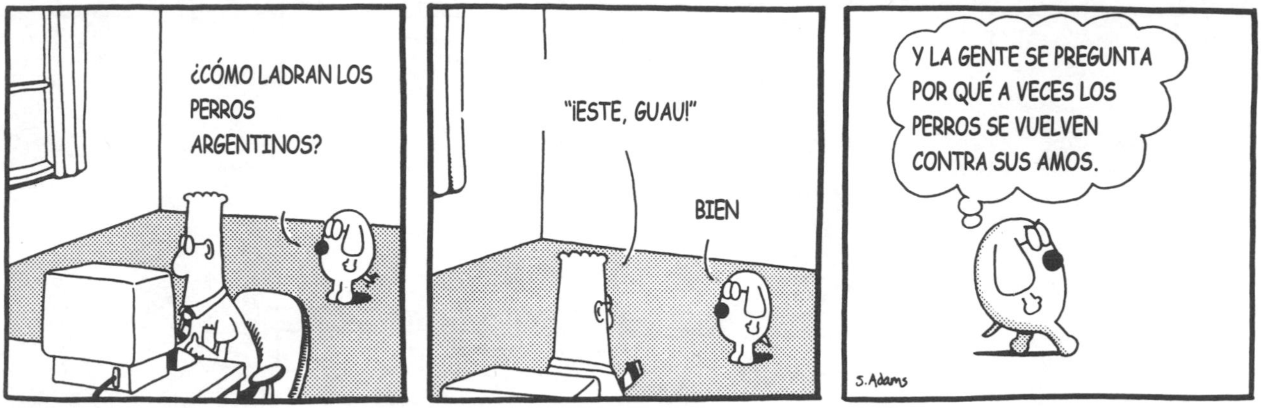
¿CÓMO LADRAN LOS PERROS ARGENTINOS?
"¡ESTE, GUAU!"
BIEN
Y LA GENTE SE PREGUNTA POR QUÉ A VECES LOS PERROS SE VUELVEN CONTRA SUS AMOS.
S. Adams

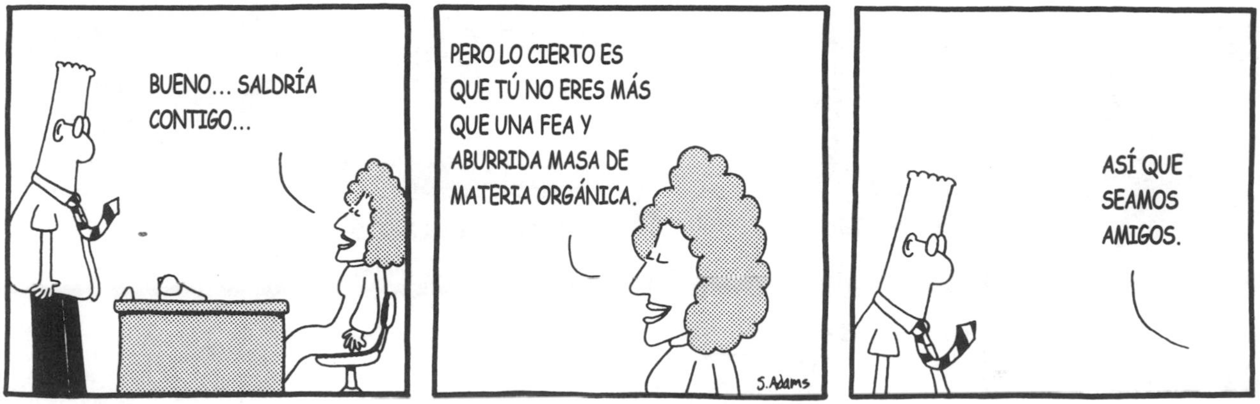
BUENO... SALDRÍA CONTIGO...
PERO LO CIERTO ES QUE TÚ NO ERES MÁS QUE UNA FEA Y ABURRIDA MASA DE MATERIA ORGÁNICA.
S. Adams
ASÍ QUE SEAMOS AMIGOS.

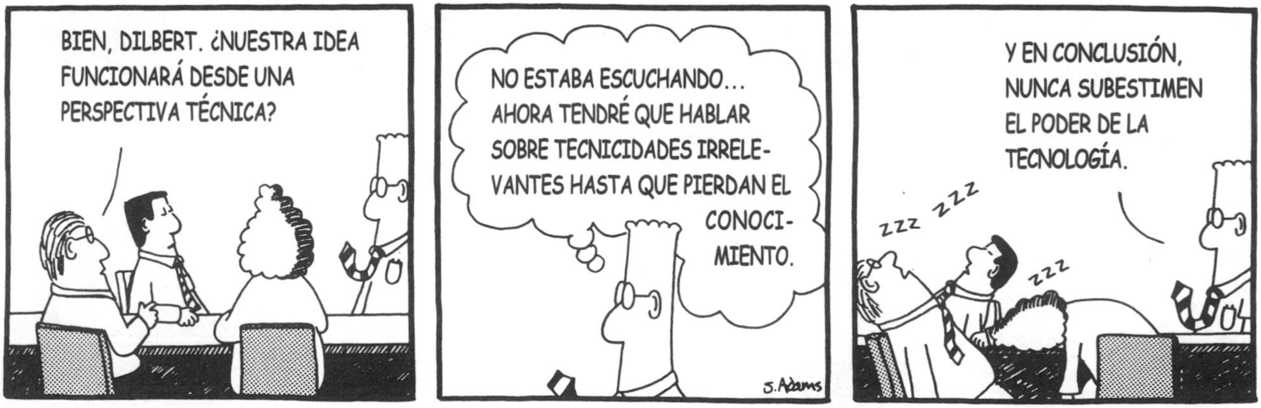
BIEN, DILBERT. ¿NUESTRA IDEA FUNCIONARÁ DESDE UNA PERSPECTIVA TÉCNICA?
NO ESTABA ESCUCHANDO... AHORA TENDRÉ QUE HABLAR SOBRE TECNICIDADES IRRELEVANTES HASTA QUE PIERDAN EL CONOCIMIENTO.
S. Adams
ZZZ
ZZZ
ZZZ
Y EN CONCLUSIÓN, NUNCA SUBESTIMEN EL PODER DE LA TECNOLOGÍA.

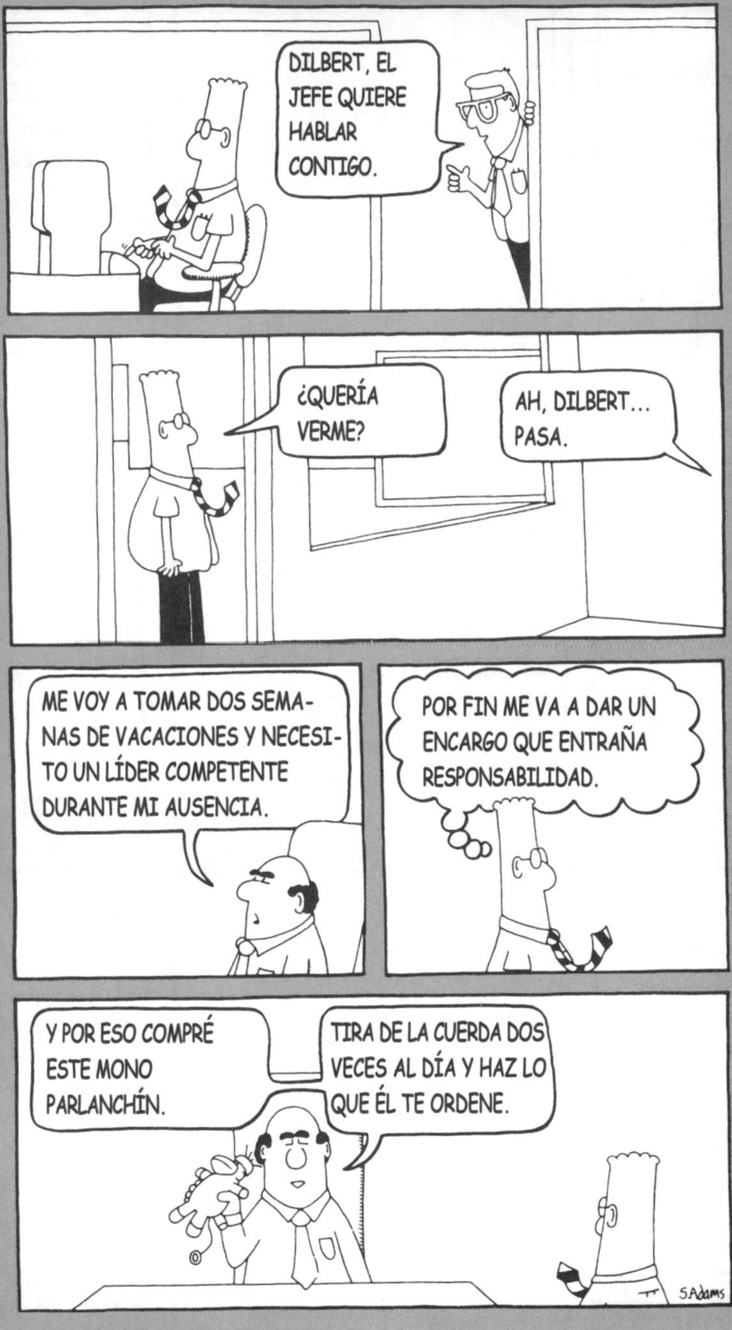
DILBERT, EL JEFE QUIERE HABLAR CONTIGO.
¿QUERÍA VERME?
AH, DILBERT... PASA.
ME VOY A TOMAR DOS SEMANAS DE VACACIONES Y NECESITO UN LÍDER COMPETENTE DURANTE MI AUSENCIA.
POR FIN ME VA A DAR UN ENCARGO QUE ENTRAÑA RESPONSABILIDAD.
Y POR ESO COMPRÉ ESTE MONO PARLANCHÍN.
TIRA DE LA CUERDA DOS VECES AL DÍA Y HAZ LO QUE ÉL TE ORDENE.
S.Adams

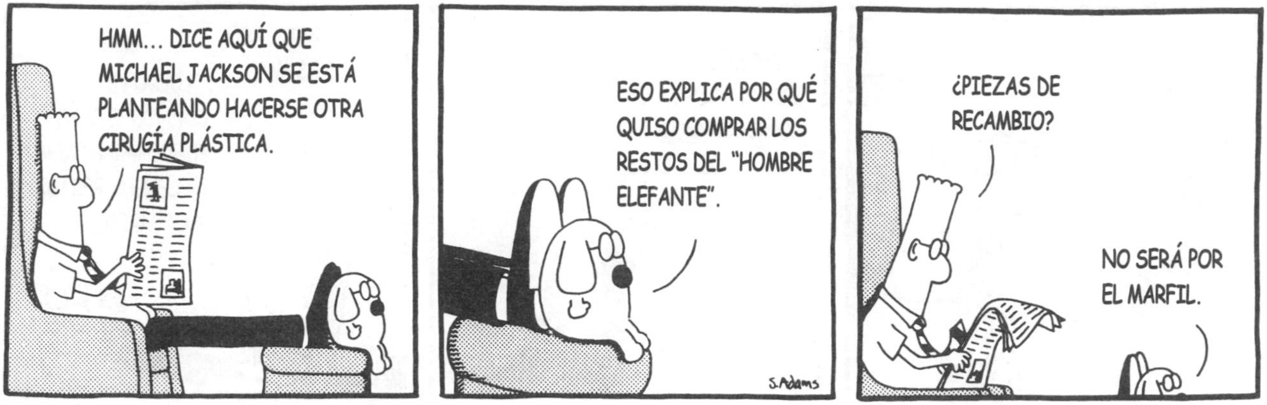
HMM... DICE AQUÍ QUE MICHAEL JACKSON SE ESTÁ PLANTEANDO HACERSE OTRA CIRUGÍA PLÁSTICA.
ESO EXPLICA POR QUÉ QUISO COMPRAR LOS RESTOS DEL "HOMBRE ELEFANTE".
S.Adams
¿PIEZAS DE RECAMBIO?
NO SERÁ POR EL MARFIL.

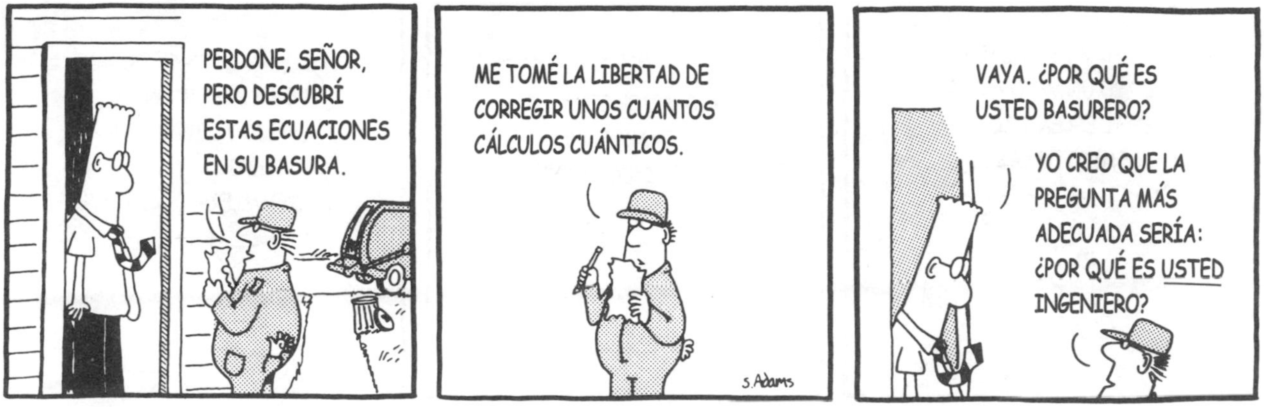
PERDONE, SEÑOR, PERO DESCUBRÍ ESTAS ECUACIONES EN SU BASURA.
ME TOMÉ LA LIBERTAD DE CORREGIR UNOS CUANTOS CÁLCULOS CUÁNTICOS.
S.Adams
VAYA. ¿POR QUÉ ES USTED BASURERO?
YO CREO QUE LA PREGUNTA MÁS ADECUADA SERÍA: ¿POR QUÉ ES USTED INGENIERO?

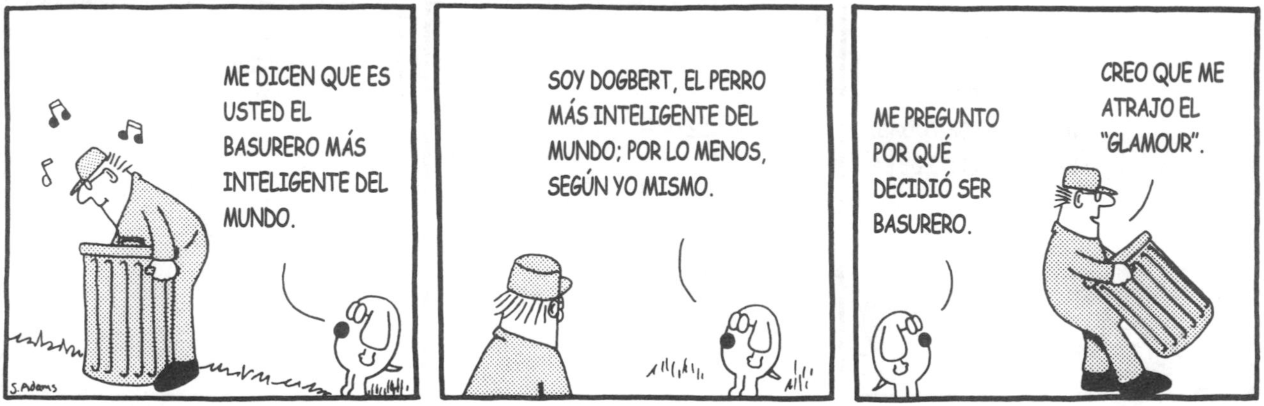
ME DICEN QUE ES USTED EL BASURERO MÁS INTELIGENTE DEL MUNDO.
S.Adams
SOY DOGBERT, EL PERRO MÁS INTELIGENTE DEL MUNDO; POR LO MENOS, SEGÚN YO MISMO.
ME PREGUNTO POR QUÉ DECIDIÓ SER BASURERO.
CREO QUE ME ATRAJO EL "GLAMOUR".

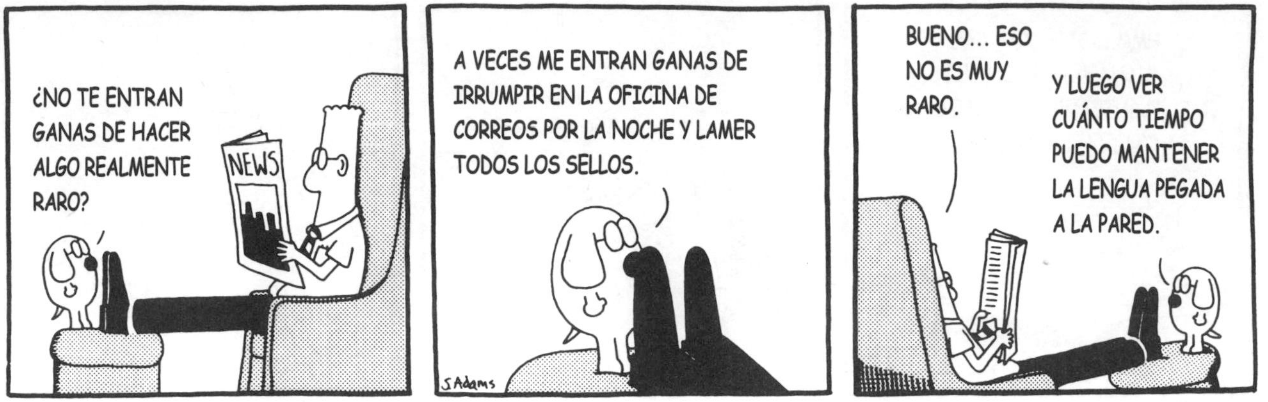
¿NO TE ENTRAN GANAS DE HACER ALGO REALMENTE RARO?
NEWS
A VECES ME ENTRAN GANAS DE IRRUMPIR EN LA OFICINA DE CORREOS POR LA NOCHE Y LAMER TODOS LOS SELLOS.
S.Adams
BUENO… ESO NO ES MUY RARO.
Y LUEGO VER CUÁNTO TIEMPO PUEDO MANTENER LA LENGUA PEGADA A LA PARED.

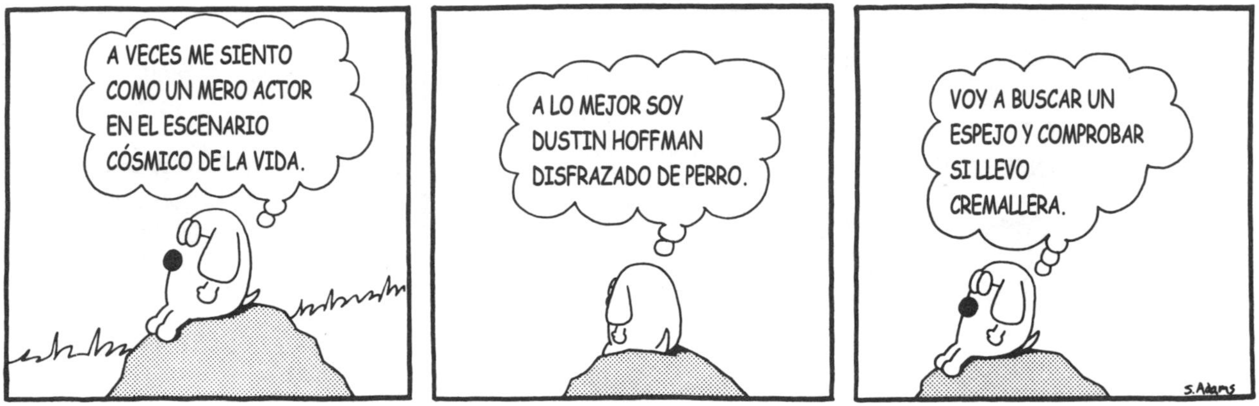
A VECES ME SIENTO COMO UN MERO ACTOR EN EL ESCENARIO CÓSMICO DE LA VIDA.
A LO MEJOR SOY DUSTIN HOFFMAN DISFRAZADO DE PERRO.
VOY A BUSCAR UN ESPEJO Y COMPROBAR SI LLEVO CREMALLERA.
S.Adams

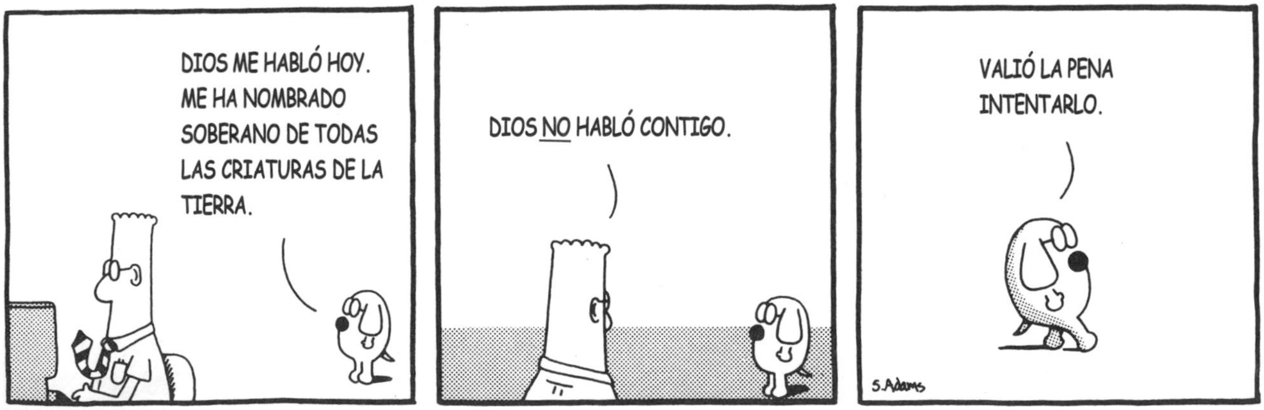
DIOS ME HABLÓ HOY. ME HA NOMBRADO SOBERANO DE TODAS LAS CRIATURAS DE LA TIERRA.
DIOS NO HABLÓ CONTIGO.
VALIÓ LA PENA INTENTARLO.
S.Adams

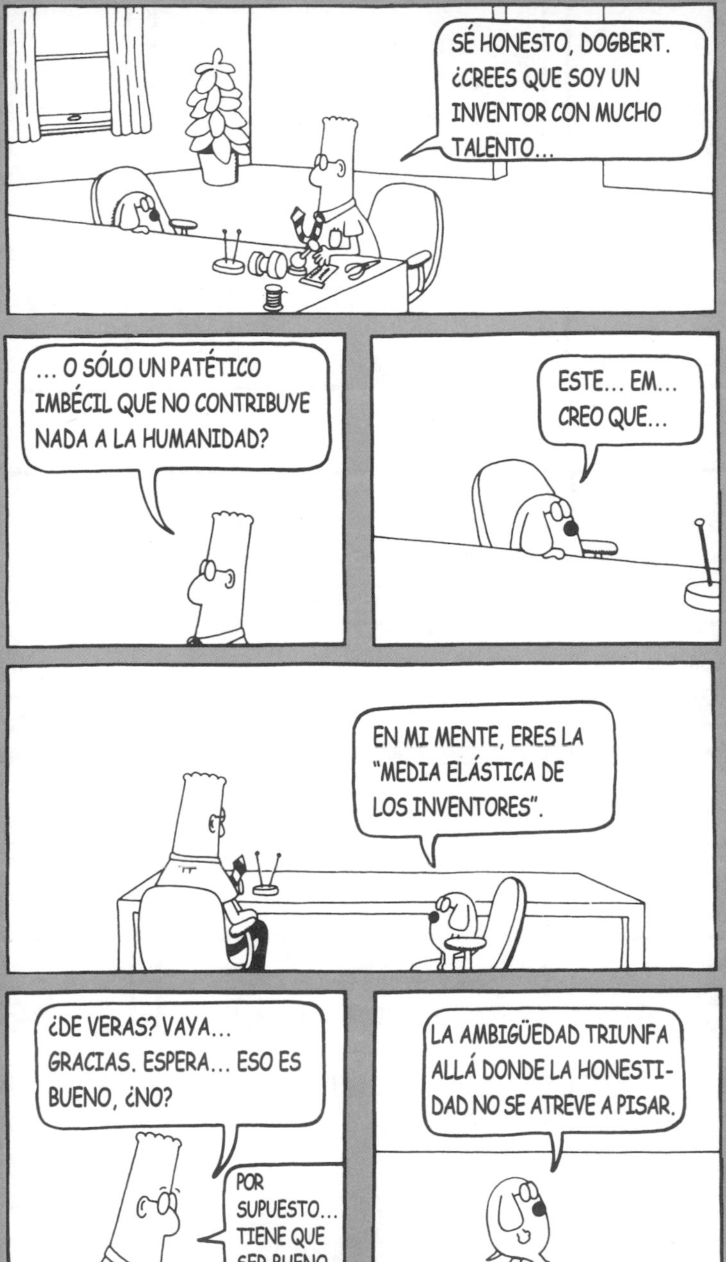
SÉ HONESTO, DOGBERT. ¿CREES QUE SOY UN INVENTOR CON MUCHO TALENTO…
… O SÓLO UN PATÉTICO IMBÉCIL QUE NO CONTRIBUYE NADA A LA HUMANIDAD?
ESTE… EM… CREO QUE…
EN MI MENTE, ERES LA "MEDIA ELÁSTICA DE LOS INVENTORES".
¿DE VERAS? VAYA… GRACIAS. ESPERA… ESO ES BUENO, ¿NO?
POR SUPUESTO… TIENE QUE SER BUENO.
S. Adams
LA AMBIGÜEDAD TRIUNFA ALLÁ DONDE LA HONESTIDAD NO SE ATREVE A PISAR.

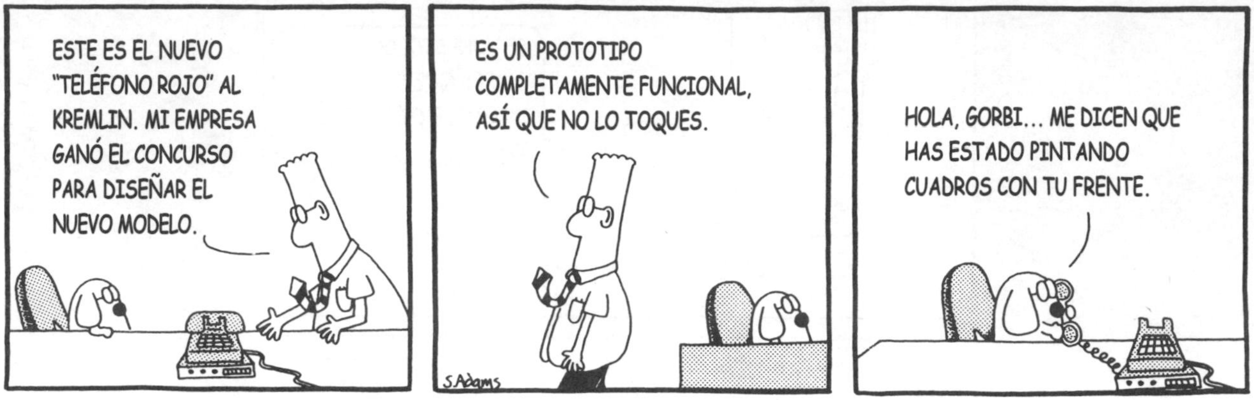
ESTE ES EL NUEVO "TELÉFONO ROJO" AL KREMLIN. MI EMPRESA GANÓ EL CONCURSO PARA DISEÑAR EL NUEVO MODELO.
ES UN PROTOTIPO COMPLETAMENTE FUNCIONAL, ASÍ QUE NO LO TOQUES.
S.Adams
HOLA, GORBI... ME DICEN QUE HAS ESTADO PINTANDO CUADROS CON TU FRENTE.

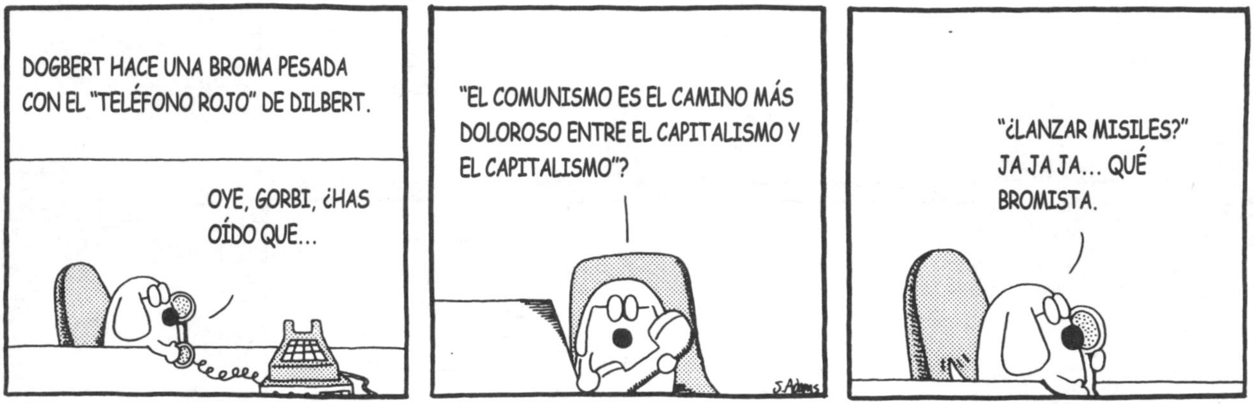
DOGBERT HACE UNA BROMA PESADA CON EL "TELÉFONO ROJO" DE DILBERT.
OYE, GORBI, ¿HAS OÍDO QUE...
"EL COMUNISMO ES EL CAMINO MÁS DOLOROSO ENTRE EL CAPITALISMO Y EL CAPITALISMO"?
S.Adams
"¿LANZAR MISILES?" JA JA JA... QUÉ BROMISTA.

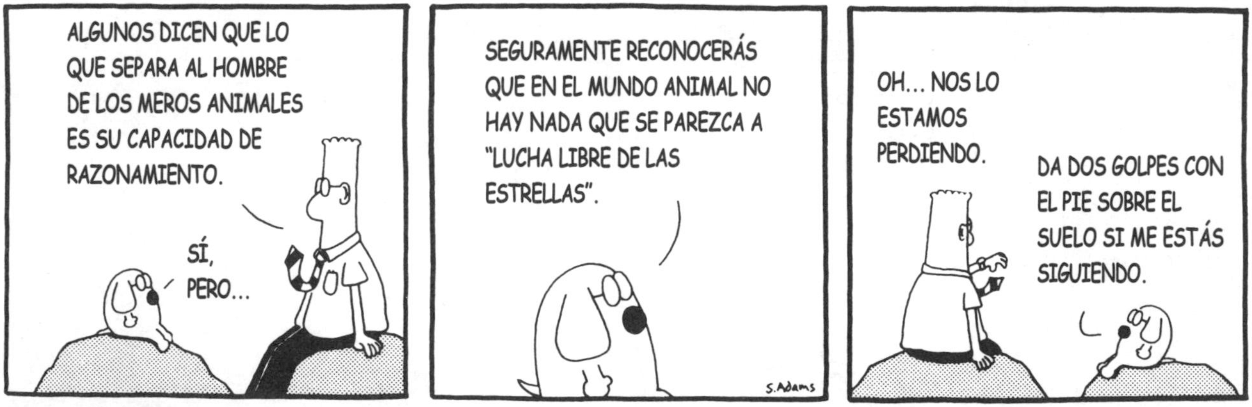
ALGUNOS DICEN QUE LO QUE SEPARA AL HOMBRE DE LOS MEROS ANIMALES ES SU CAPACIDAD DE RAZONAMIENTO.
SÍ, PERO...
SEGURAMENTE RECONOCERÁS QUE EN EL MUNDO ANIMAL NO HAY NADA QUE SE PAREZCA A "LUCHA LIBRE DE LAS ESTRELLAS".
S.Adams
OH... NOS LO ESTAMOS PERDIENDO.
DA DOS GOLPES CON EL PIE SOBRE EL SUELO SI ME ESTÁS SIGUIENDO.

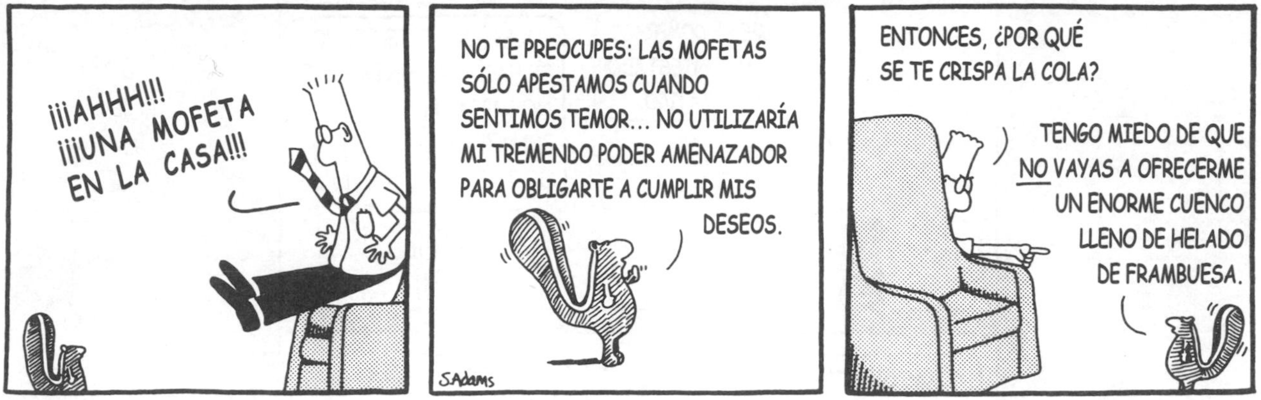
¡¡¡AHHH!!! ¡¡¡UNA MOFETA EN LA CASA!!!
NO TE PREOCUPES: LAS MOFETAS SÓLO APESTAMOS CUANDO SENTIMOS TEMOR... NO UTILIZARÍA MI TREMENDO PODER AMENAZADOR PARA OBLIGARTE A CUMPLIR MIS DESEOS.
S.Adams
ENTONCES, ¿POR QUÉ SE TE CRISPA LA COLA?
TENGO MIEDO DE QUE NO VAYAS A OFRECERME UN ENORME CUENCO LLENO DE HELADO DE FRAMBUESA.

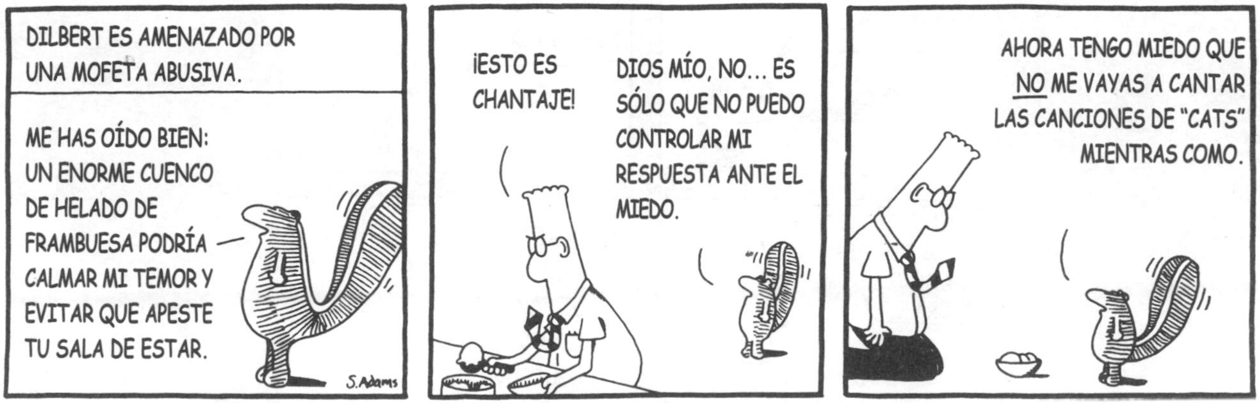
DILBERT ES AMENAZADO POR UNA MOFETA ABUSIVA.
ME HAS OÍDO BIEN: UN ENORME CUENCO DE HELADO DE FRAMBUESA PODRÍA CALMAR MI TEMOR Y EVITAR QUE APESTE TU SALA DE ESTAR.
S.Adams
¡ESTO ES CHANTAJE!
DIOS MÍO, NO... ES SÓLO QUE NO PUEDO CONTROLAR MI RESPUESTA ANTE EL MIEDO.
AHORA TENGO MIEDO QUE NO ME VAYAS A CANTAR LAS CANCIONES DE "CATS" MIENTRAS COMO.

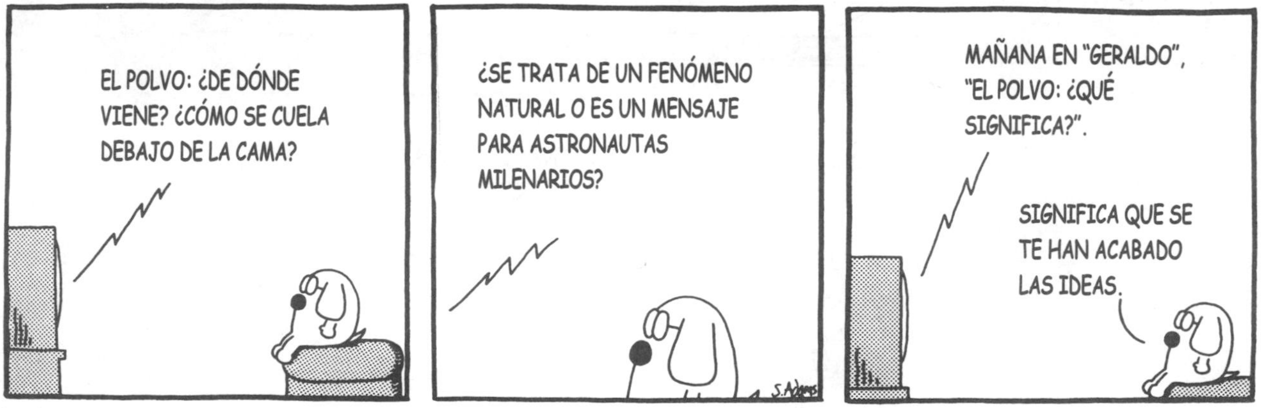
EL POLVO: ¿DE DÓNDE VIENE? ¿CÓMO SE CUELA DEBAJO DE LA CAMA?
¿SE TRATA DE UN FENÓMENO NATURAL O ES UN MENSAJE PARA ASTRONAUTAS MILENARIOS?
S.Adams
MAÑANA EN "GERALDO", "EL POLVO: ¿QUÉ SIGNIFICA?".
SIGNIFICA QUE SE TE HAN ACABADO LAS IDEAS.

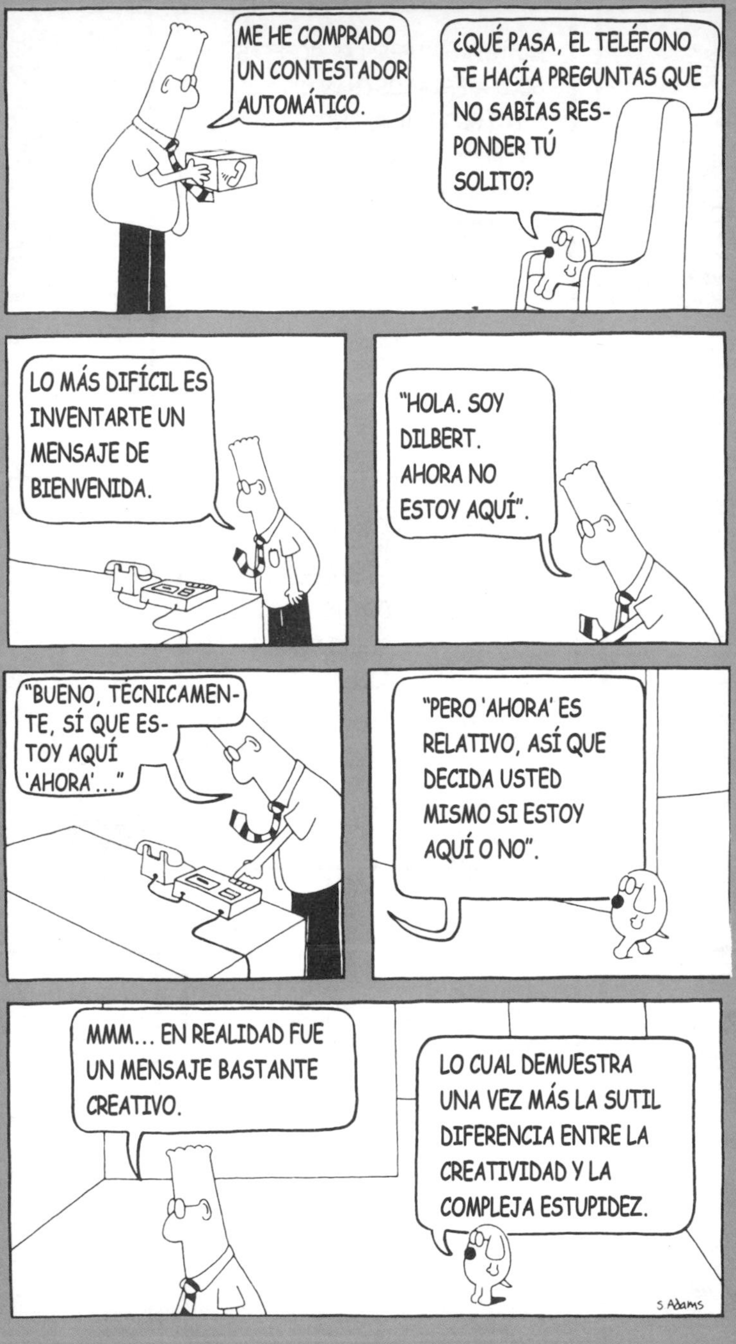
ME HE COMPRADO UN CONTESTADOR AUTOMÁTICO.
¿QUÉ PASA, EL TELÉFONO TE HACÍA PREGUNTAS QUE NO SABÍAS RES-PONDER TÚ SOLITO?
LO MÁS DIFÍCIL ES INVENTARTE UN MENSAJE DE BIENVENIDA.
"HOLA. SOY DILBERT. AHORA NO ESTOY AQUÍ".
"BUENO, TÉCNICAMEN-TE, SÍ QUE ES-TOY AQUÍ 'AHORA'..."
"PERO 'AHORA' ES RELATIVO, ASÍ QUE DECIDA USTED MISMO SI ESTOY AQUÍ O NO".
MMM... EN REALIDAD FUE UN MENSAJE BASTANTE CREATIVO.
LO CUAL DEMUESTRA UNA VEZ MÁS LA SUTIL DIFERENCIA ENTRE LA CREATIVIDAD Y LA COMPLEJA ESTUPIDEZ.
S. Adams

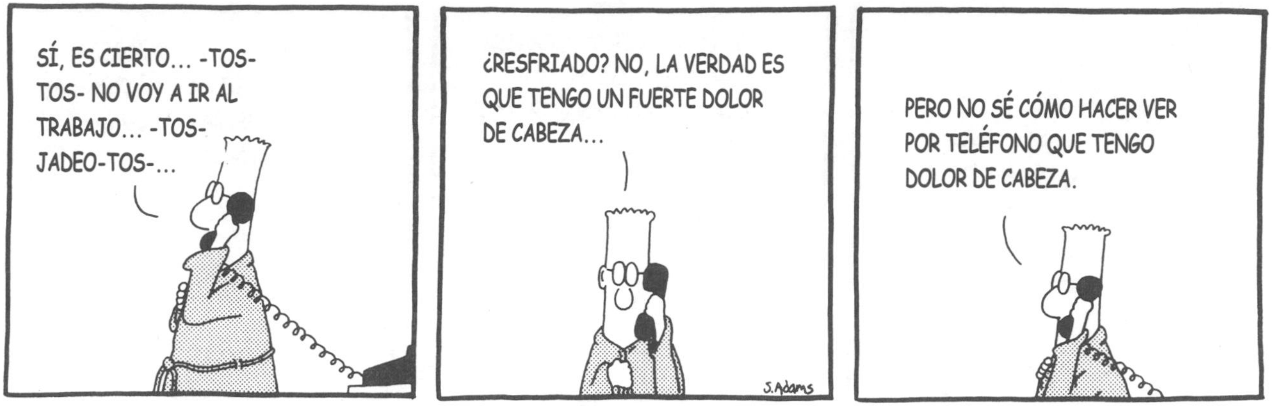
SÍ, ES CIERTO... -TOS-TOS- NO VOY A IR AL TRABAJO... -TOS-JADEO-TOS-...
¿RESFRIADO? NO, LA VERDAD ES QUE TENGO UN FUERTE DOLOR DE CABEZA...
S. Adams
PERO NO SÉ CÓMO HACER VER POR TELÉFONO QUE TENGO DOLOR DE CABEZA.

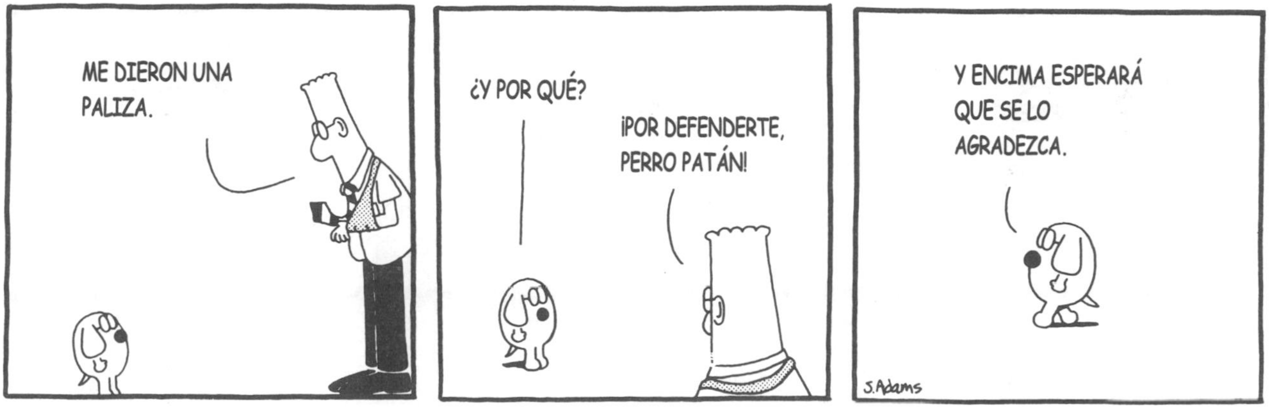
ME DIERON UNA PALIZA.
¿Y POR QUÉ?
¡POR DEFENDERTE, PERRO PATÁN!
Y ENCIMA ESPERARÁ QUE SE LO AGRADEZCA.
S. Adams

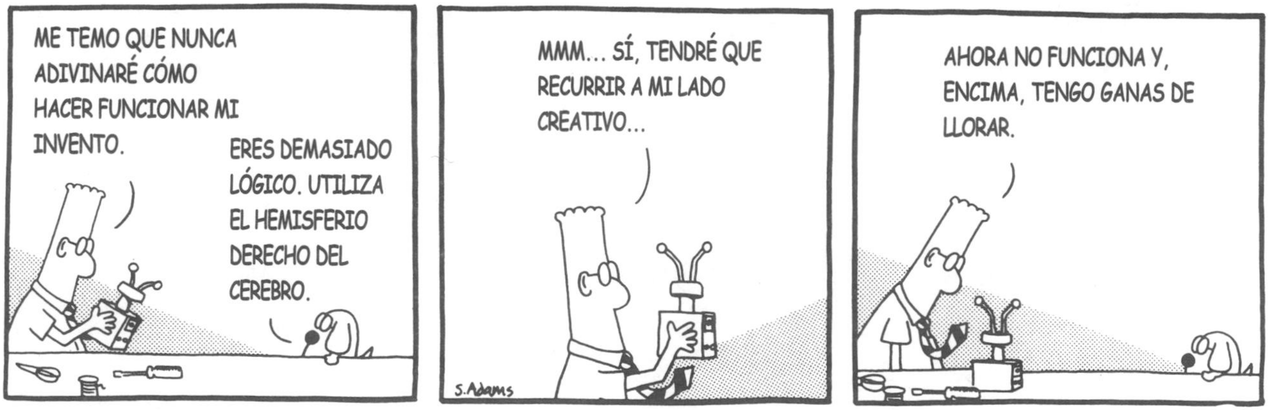
ME TEMO QUE NUNCA ADIVINARÉ CÓMO HACER FUNCIONAR MI INVENTO.
ERES DEMASIADO LÓGICO. UTILIZA EL HEMISFERIO DERECHO DEL CEREBRO.
MMM... SÍ, TENDRÉ QUE RECURRIR A MI LADO CREATIVO...
S. Adams
AHORA NO FUNCIONA Y, ENCIMA, TENGO GANAS DE LLORAR.

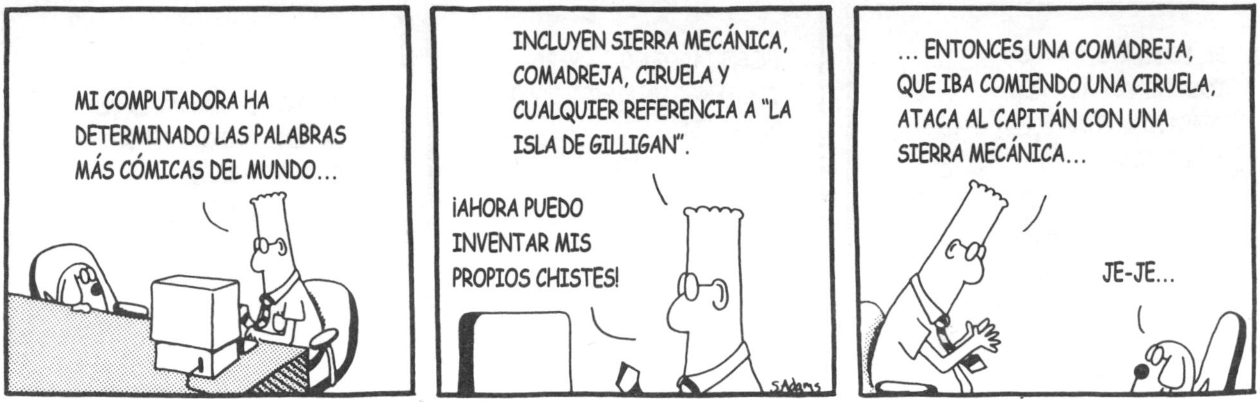

MI COMPUTADORA HA DETERMINADO LAS PALABRAS MÁS CÓMICAS DEL MUNDO...
INCLUYEN SIERRA MECÁNICA, COMADREJA, CIRUELA Y CUALQUIER REFERENCIA A "LA ISLA DE GILLIGAN".
¡AHORA PUEDO INVENTAR MIS PROPIOS CHISTES!
S.Adams
... ENTONCES UNA COMADREJA, QUE IBA COMIENDO UNA CIRUELA, ATACA AL CAPITÁN CON UNA SIERRA MECÁNICA...
JE-JE...

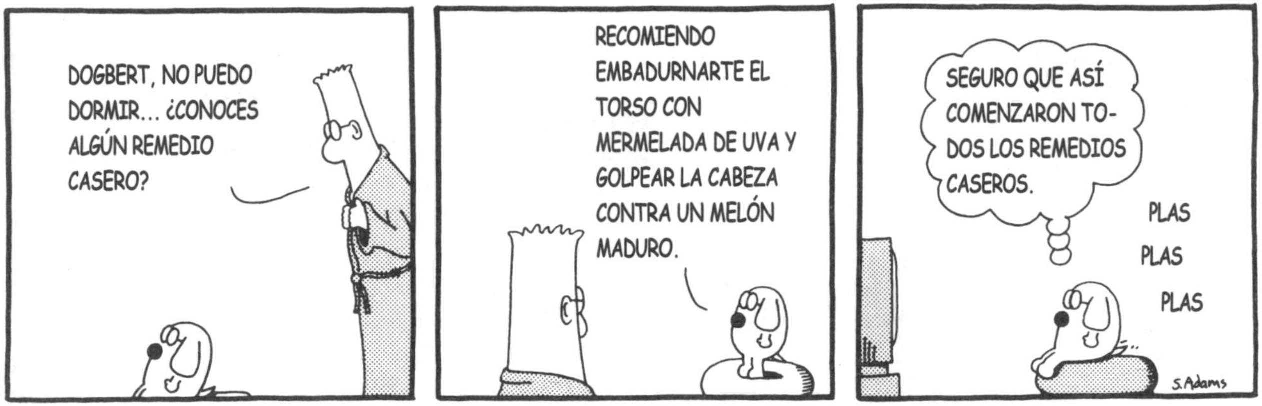

DOGBERT, NO PUEDO DORMIR... ¿CONOCES ALGÚN REMEDIO CASERO?
RECOMIENDO EMBADURNARTE EL TORSO CON MERMELADA DE UVA Y GOLPEAR LA CABEZA CONTRA UN MELÓN MADURO.
SEGURO QUE ASÍ COMENZARON TO-DOS LOS REMEDIOS CASEROS.
PLAS
PLAS
PLAS
S.Adams

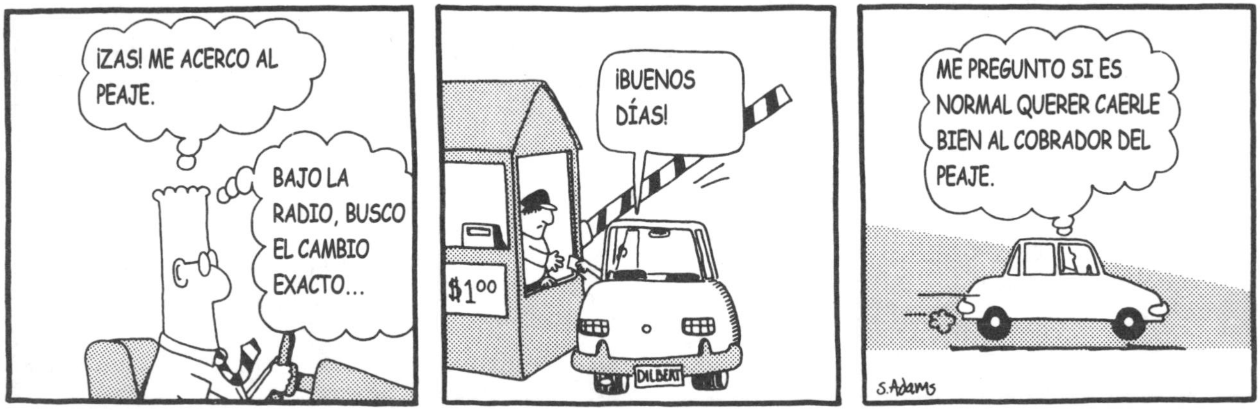

¡ZAS! ME ACERCO AL PEAJE.
BAJO LA RADIO, BUSCO EL CAMBIO EXACTO...
$1.00
¡BUENOS DÍAS!
DILBERT
ME PREGUNTO SI ES NORMAL QUERER CAERLE BIEN AL COBRADOR DEL PEAJE.
S.Adams

¡PAPÁ NOEL!
¡FELIZ NAVIDAD, DOGBERT!
DILBERT
DOGBERT
ME ALEGRA QUE ESTÉS DESPIERTO... TU LISTA DE NAVIDAD ME ESTÁ CAUSANDO PROBLEMAS.
EN TU CARTA ME DICES QUE QUIERES QUE TE NOMBREN SUPREMO MANDATARIO DE LA TIERRA.
¿ES ESO UN PROBLEMA?
FRANCAMENTE, MI TALLER ESTÁ MÁS ORIENTADO A LOS PEQUEÑOS APARATOS ELECTRODOMÉSTICOS...
¿ME PUEDES DAR UNO DE TUS DUENDES?
S. Adams
A VER... O G.I. JOE HA TOMADO CLASES DE BALLET, O ESTO ES ALGO QUE PREFIERO NO ACLARAR.

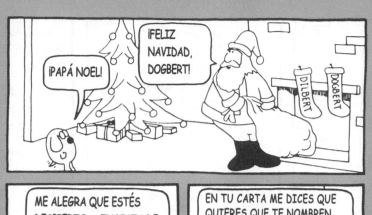

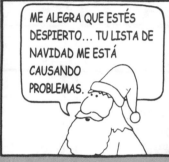

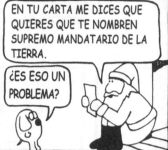

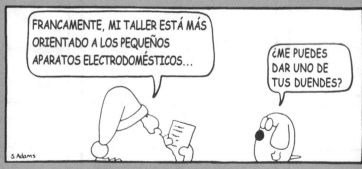

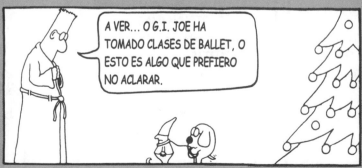

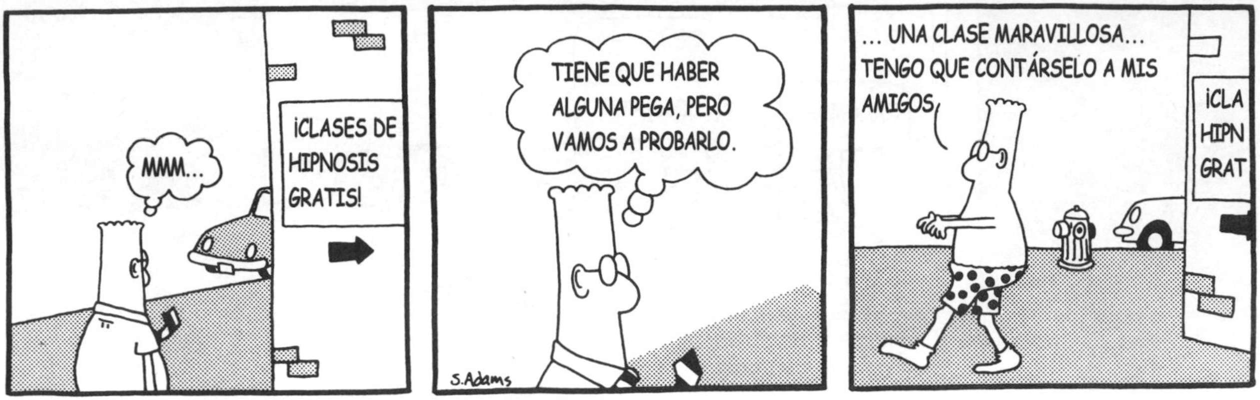
MMM...
¡CLASES DE HIPNOSIS GRATIS!
TIENE QUE HABER ALGUNA PEGA, PERO VAMOS A PROBARLO.
S. Adams
... UNA CLASE MARAVILLOSA... TENGO QUE CONTÁRSELO A MIS AMIGOS.

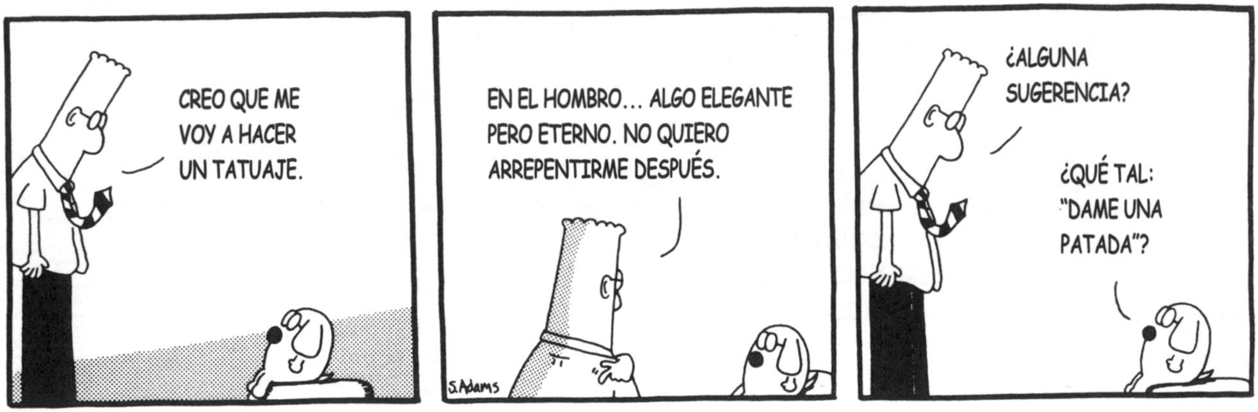
CREO QUE ME VOY A HACER UN TATUAJE.
EN EL HOMBRO... ALGO ELEGANTE PERO ETERNO. NO QUIERO ARREPENTIRME DESPUÉS.
S. Adams
¿ALGUNA SUGERENCIA?
¿QUÉ TAL: "DAME UNA PATADA"?

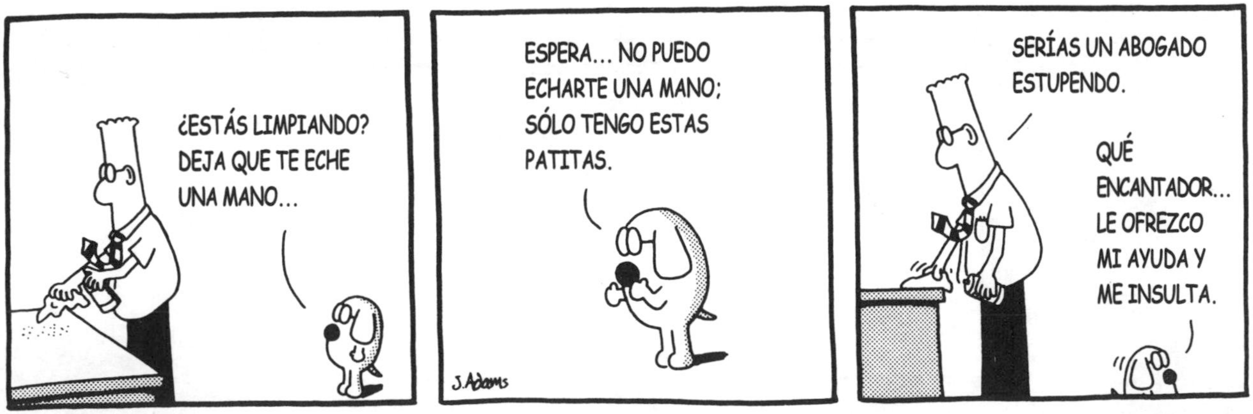
¿ESTÁS LIMPIANDO? DEJA QUE TE ECHE UNA MANO...
ESPERA... NO PUEDO ECHARTE UNA MANO; SÓLO TENGO ESTAS PATITAS.
S. Adams
SERÍAS UN ABOGADO ESTUPENDO.
QUÉ ENCANTADOR... LE OFREZCO MI AYUDA Y ME INSULTA.

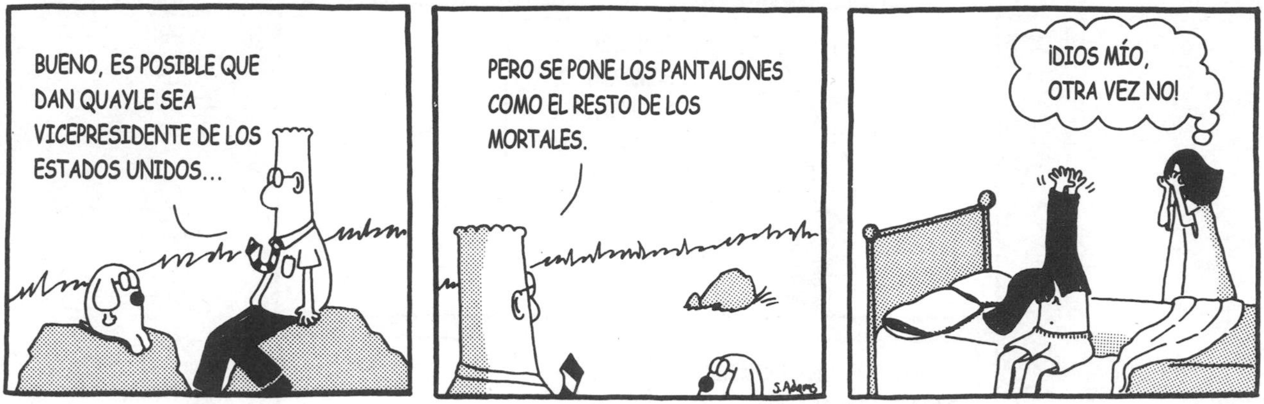
BUENO, ES POSIBLE QUE DAN QUAYLE SEA VICEPRESIDENTE DE LOS ESTADOS UNIDOS...
PERO SE PONE LOS PANTALONES COMO EL RESTO DE LOS MORTALES.
¡DIOS MÍO, OTRA VEZ NO!
S.Adams

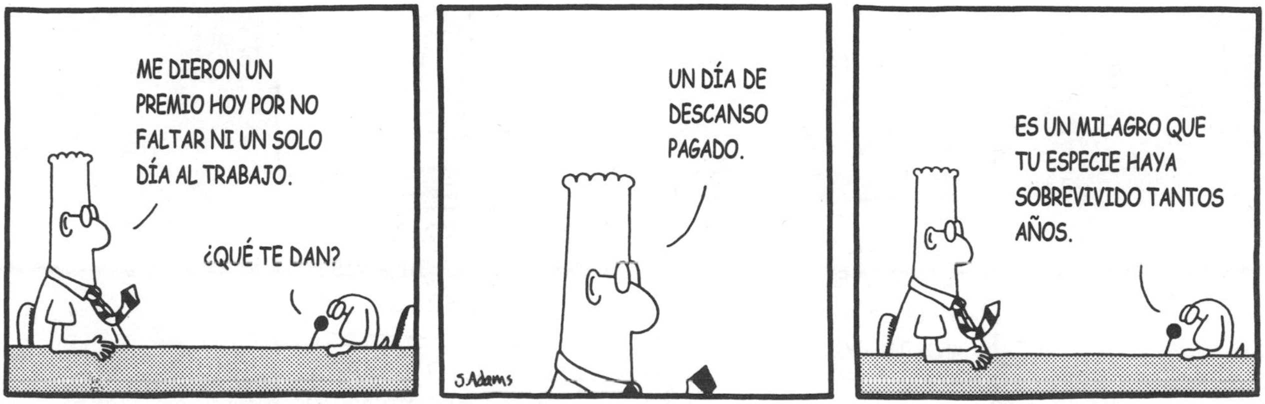
ME DIERON UN PREMIO HOY POR NO FALTAR NI UN SOLO DÍA AL TRABAJO.
¿QUÉ TE DAN?
UN DÍA DE DESCANSO PAGADO.
S.Adams
ES UN MILAGRO QUE TU ESPECIE HAYA SOBREVIVIDO TANTOS AÑOS.

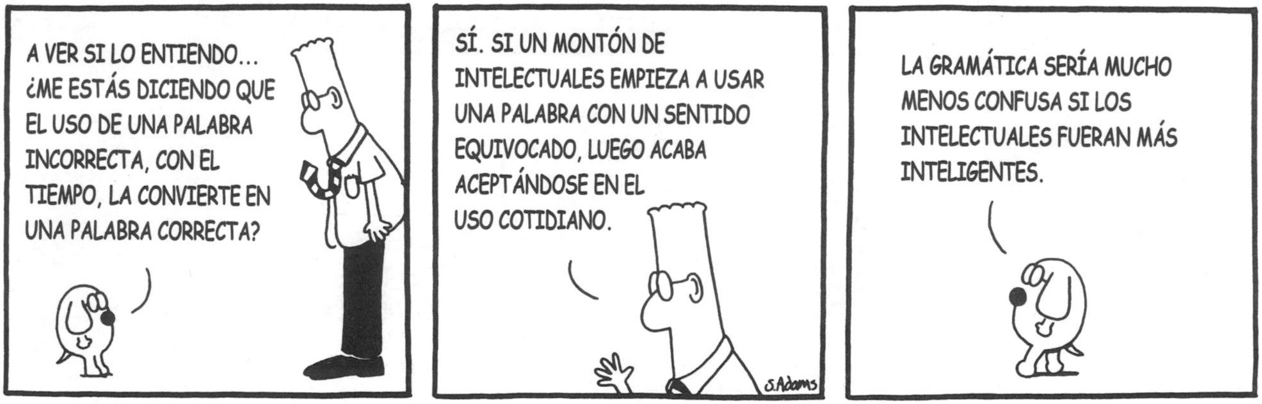
A VER SI LO ENTIENDO... ¿ME ESTÁS DICIENDO QUE EL USO DE UNA PALABRA INCORRECTA, CON EL TIEMPO, LA CONVIERTE EN UNA PALABRA CORRECTA?
SÍ. SI UN MONTÓN DE INTELECTUALES EMPIEZA A USAR UNA PALABRA CON UN SENTIDO EQUIVOCADO, LUEGO ACABA ACEPTÁNDOSE EN EL USO COTIDIANO.
S.Adams
LA GRAMÁTICA SERÍA MUCHO MENOS CONFUSA SI LOS INTELECTUALES FUERAN MÁS INTELIGENTES.

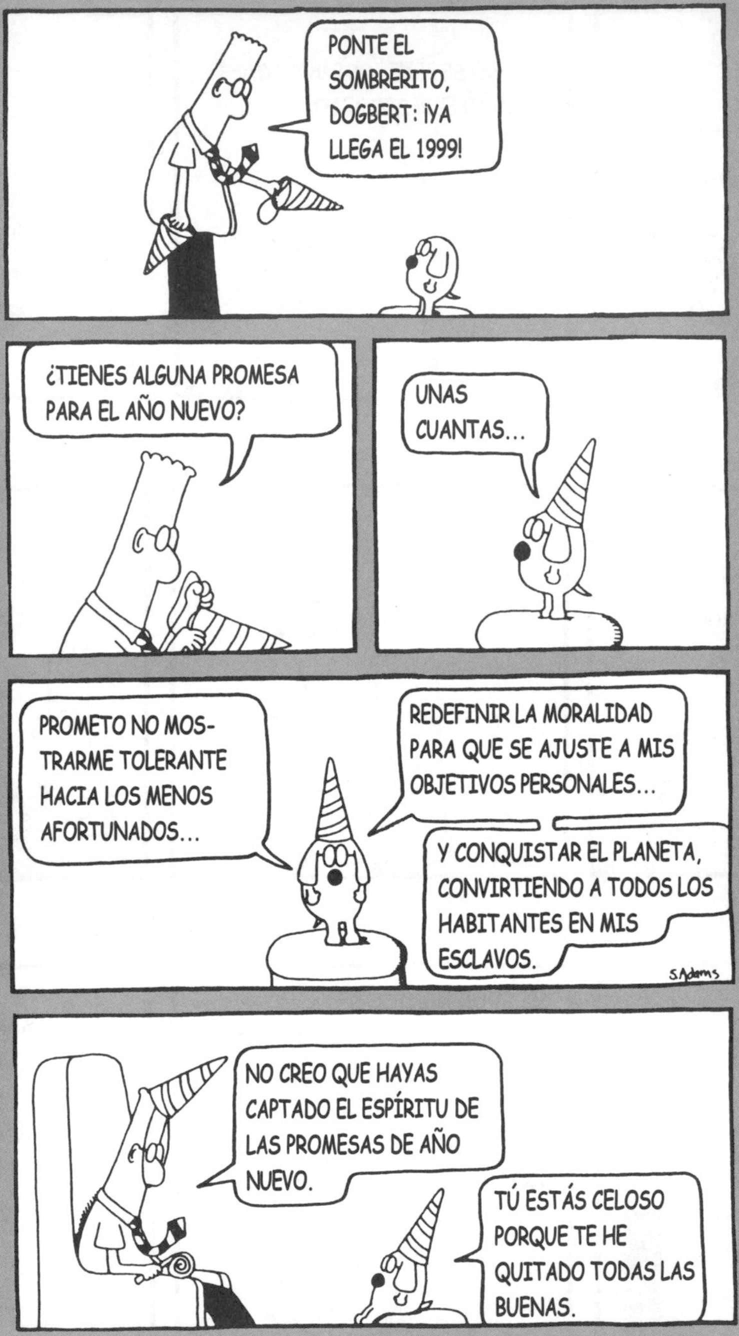
PONTE EL SOMBRERITO, DOGBERT: ¡YA LLEGA EL 1999!
¿TIENES ALGUNA PROMESA PARA EL AÑO NUEVO?
UNAS CUANTAS...
PROMETO NO MOSTRARME TOLERANTE HACIA LOS MENOS AFORTUNADOS...
REDEFINIR LA MORALIDAD PARA QUE SE AJUSTE A MIS OBJETIVOS PERSONALES...
Y CONQUISTAR EL PLANETA, CONVIRTIENDO A TODOS LOS HABITANTES EN MIS ESCLAVOS.
S.Adams
NO CREO QUE HAYAS CAPTADO EL ESPÍRITU DE LAS PROMESAS DE AÑO NUEVO.
TÚ ESTÁS CELOSO PORQUE TE HE QUITADO TODAS LAS BUENAS.

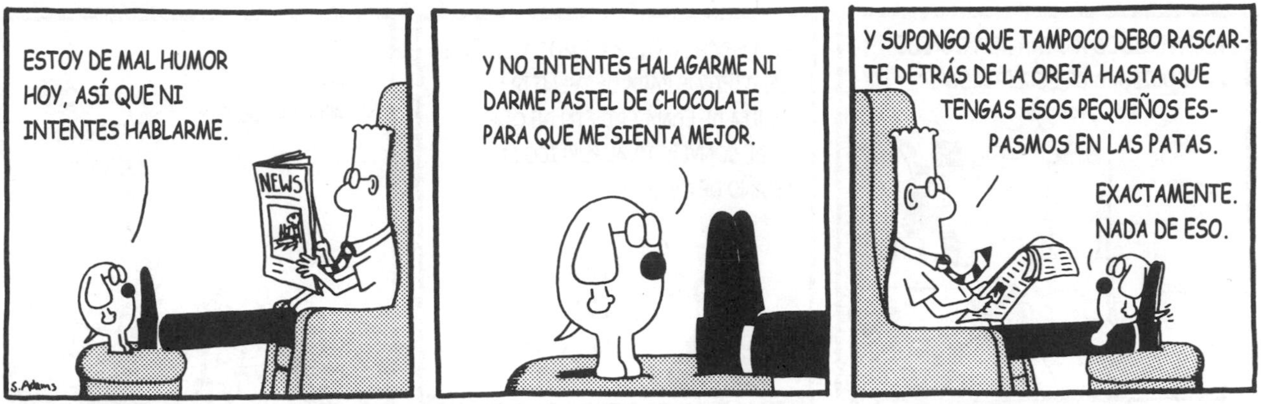
ESTOY DE MAL HUMOR HOY, ASÍ QUE NI INTENTES HABLARME.
NEWS
Y NO INTENTES HALAGARME NI DARME PASTEL DE CHOCOLATE PARA QUE ME SIENTA MEJOR.
Y SUPONGO QUE TAMPOCO DEBO RASCARTE DETRÁS DE LA OREJA HASTA QUE TENGAS ESOS PEQUEÑOS ESPASMOS EN LAS PATAS.
EXACTAMENTE. NADA DE ESO.

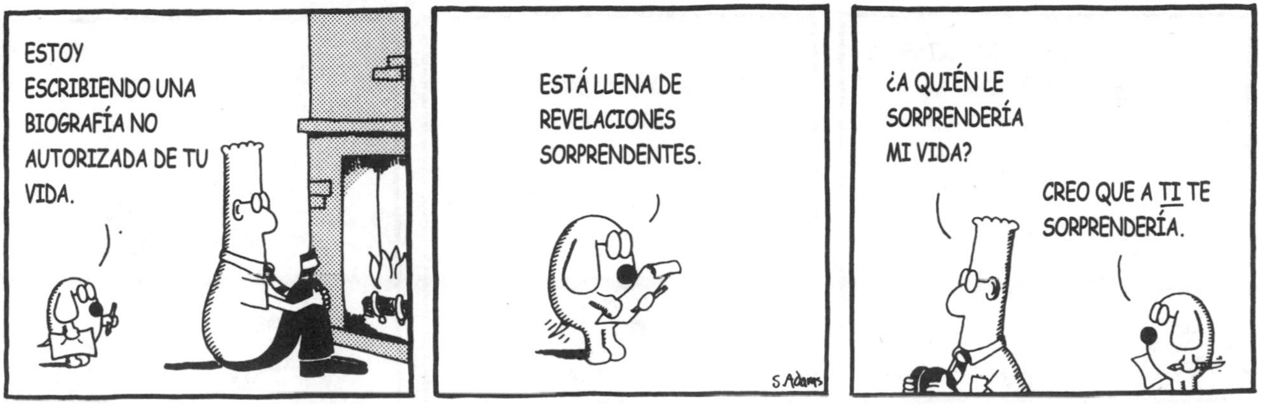
ESTOY ESCRIBIENDO UNA BIOGRAFÍA NO AUTORIZADA DE TU VIDA.
ESTÁ LLENA DE REVELACIONES SORPRENDENTES.
¿A QUIÉN LE SORPRENDERÍA MI VIDA?
CREO QUE A TI TE SORPRENDERÍA.

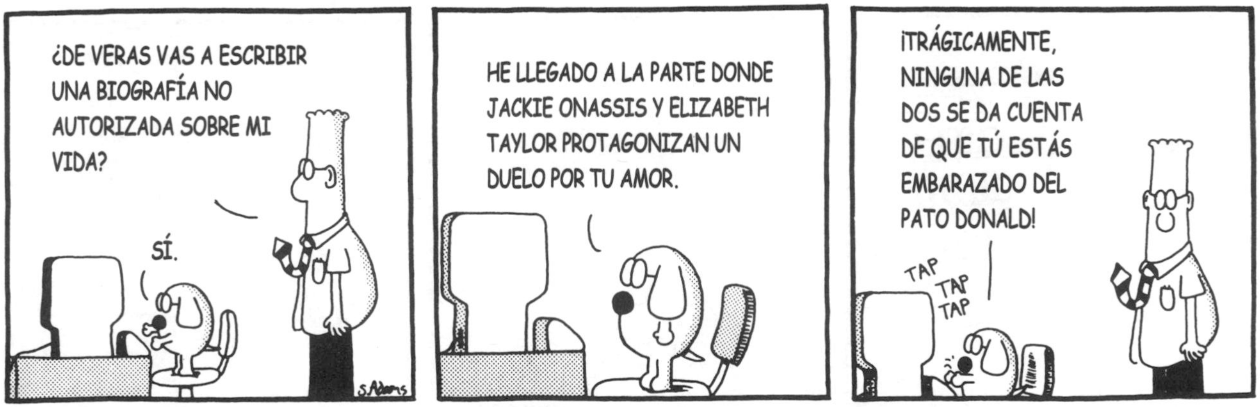
¿DE VERAS VAS A ESCRIBIR UNA BIOGRAFÍA NO AUTORIZADA SOBRE MI VIDA?
SÍ.
HE LLEGADO A LA PARTE DONDE JACKIE ONASSIS Y ELIZABETH TAYLOR PROTAGONIZAN UN DUELO POR TU AMOR.
¡TRÁGICAMENTE, NINGUNA DE LAS DOS SE DA CUENTA DE QUE TÚ ESTÁS EMBARAZADO DEL PATO DONALD!
TAP
TAP
TAP

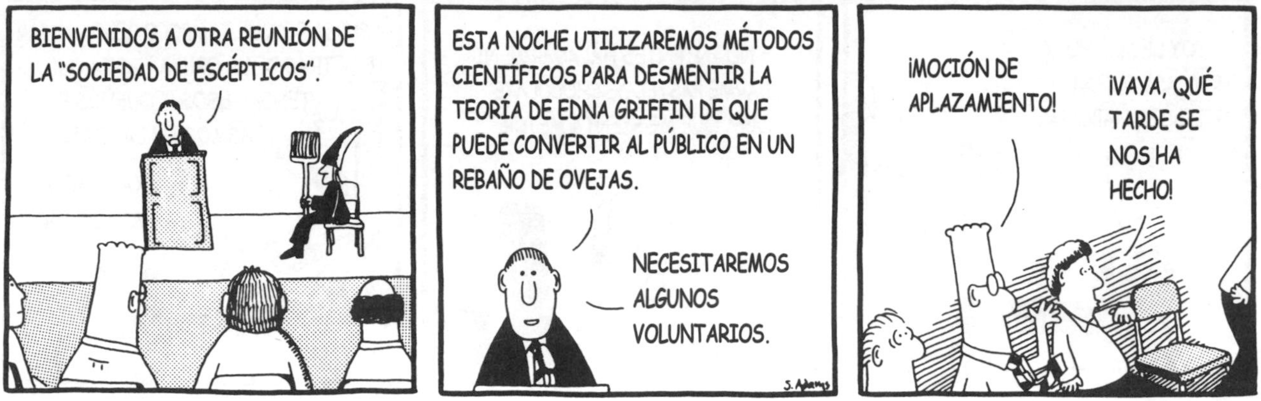
BIENVENIDOS A OTRA REUNIÓN DE LA "SOCIEDAD DE ESCÉPTICOS".
ESTA NOCHE UTILIZAREMOS MÉTODOS CIENTÍFICOS PARA DESMENTIR LA TEORÍA DE EDNA GRIFFIN DE QUE PUEDE CONVERTIR AL PÚBLICO EN UN REBAÑO DE OVEJAS.
NECESITAREMOS ALGUNOS VOLUNTARIOS.
S. Adams
¡MOCIÓN DE APLAZAMIENTO!
¡VAYA, QUÉ TARDE SE NOS HA HECHO!

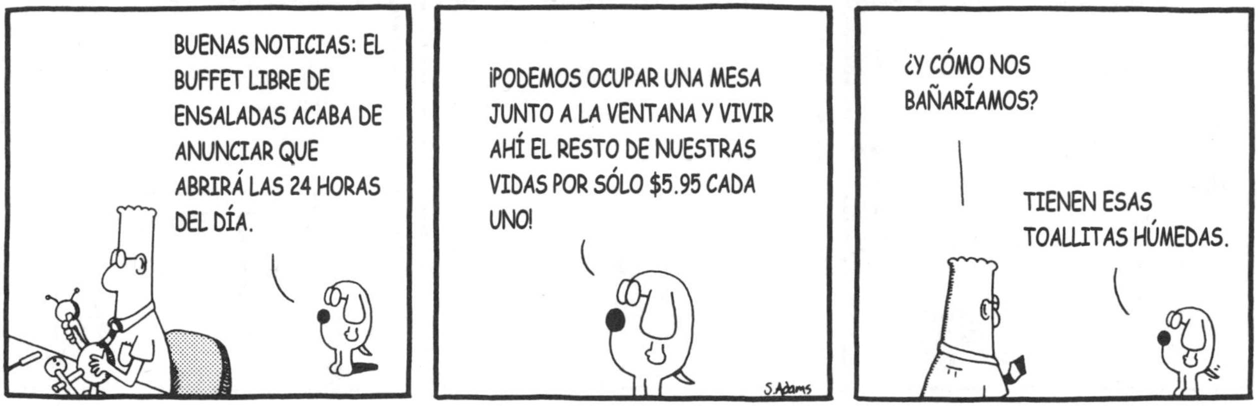
BUENAS NOTICIAS: EL BUFFET LIBRE DE ENSALADAS ACABA DE ANUNCIAR QUE ABRIRÁ LAS 24 HORAS DEL DÍA.
¡PODEMOS OCUPAR UNA MESA JUNTO A LA VENTANA Y VIVIR AHÍ EL RESTO DE NUESTRAS VIDAS POR SÓLO $5.95 CADA UNO!
S. Adams
¿Y CÓMO NOS BAÑARÍAMOS?
TIENEN ESAS TOALLITAS HÚMEDAS.

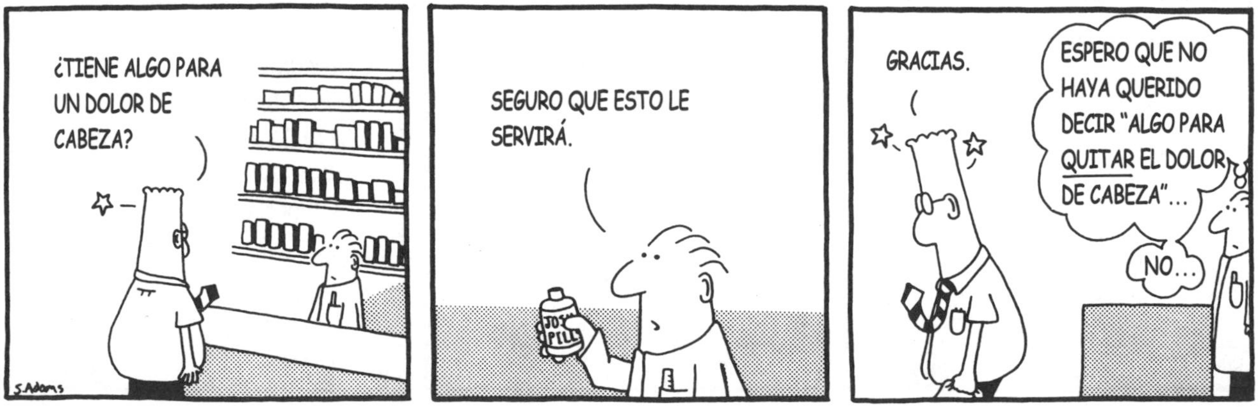
¿TIENE ALGO PARA UN DOLOR DE CABEZA?
S. Adams
SEGURO QUE ESTO LE SERVIRÁ.
GRACIAS.
ESPERO QUE NO HAYA QUERIDO DECIR "ALGO PARA QUITAR EL DOLOR DE CABEZA"...
NO...

ABIERTO
ROPA ELEGANTE DE BOB
... ¿Y ESTÁ SEGURO DE QUE ENCOGEN?
TIENE MI PALABRA COMO VENDEDOR.
TE HAN ENGAÑADO.
NO, ENCOGEN CUANDO LOS LAVAS.
¿TE CABEN AHORA?
COMO UN GUANTE...
UN GUANTE CON DOS DEDOS.
S. Adams

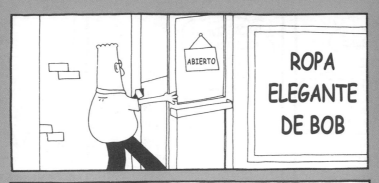

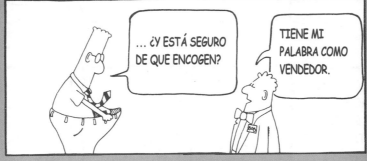

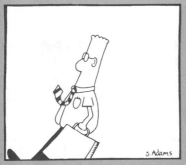

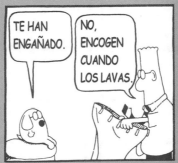

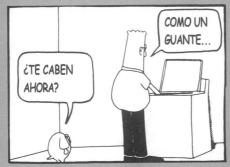

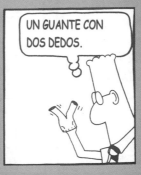

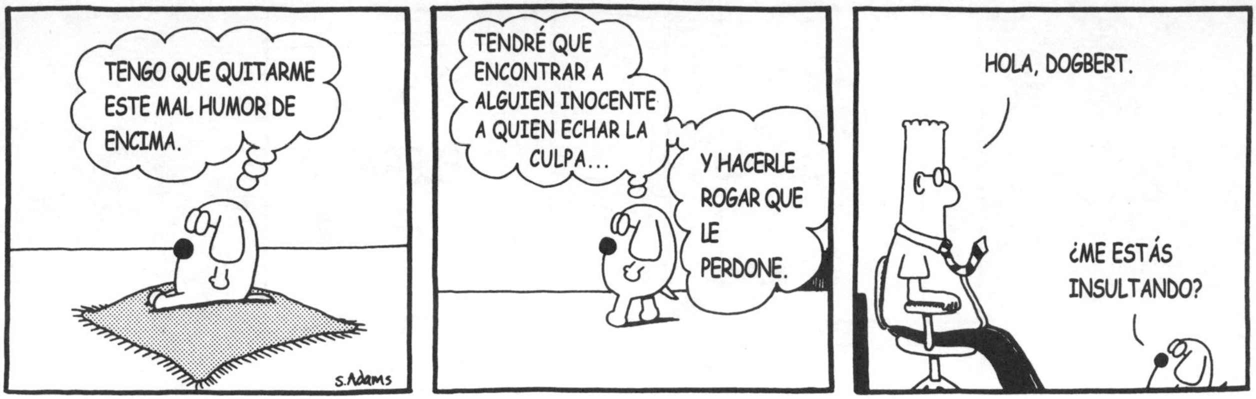
TENGO QUE QUITARME ESTE MAL HUMOR DE ENCIMA.
TENDRÉ QUE ENCONTRAR A ALGUIEN INOCENTE A QUIEN ECHAR LA CULPA...
Y HACERLE ROGAR QUE LE PERDONE.
HOLA, DOGBERT.
¿ME ESTÁS INSULTANDO?
S.Adams

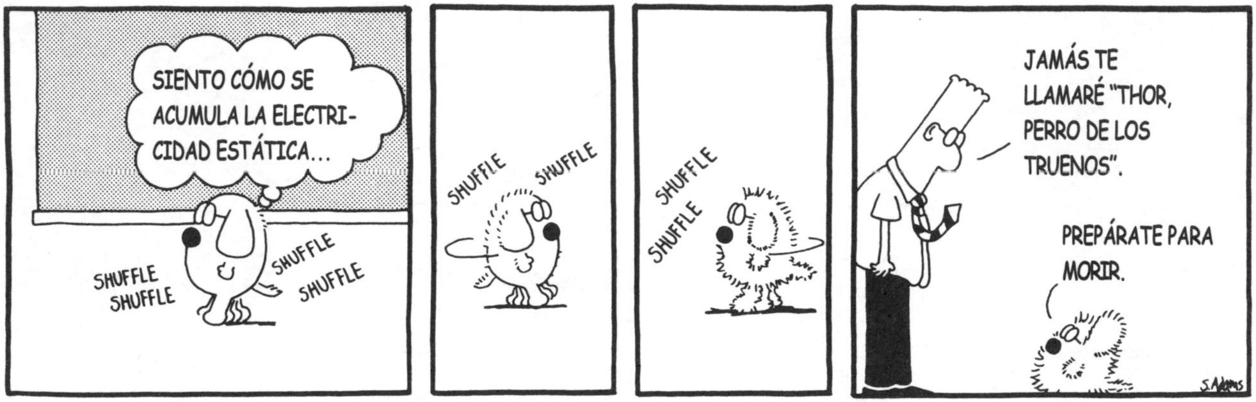
SIENTO CÓMO SE ACUMULA LA ELECTRI-CIDAD ESTÁTICA...
SHUFFLE SHUFFLE
SHUFFLE SHUFFLE
SHUFFLE SHUFFLE
SHUFFLE SHUFFLE
JAMÁS TE LLAMARÉ "THOR, PERRO DE LOS TRUENOS".
PREPÁRATE PARA MORIR.
S.Adams

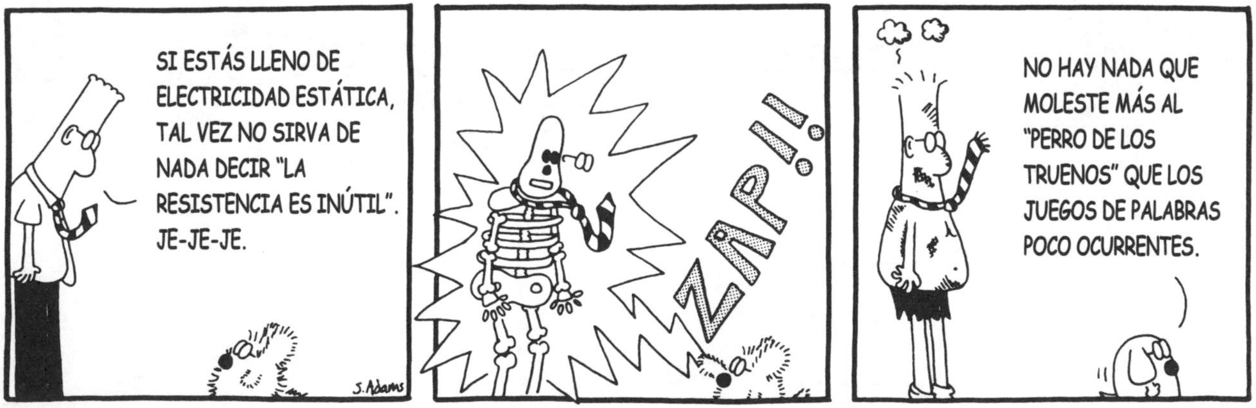
SI ESTÁS LLENO DE ELECTRICIDAD ESTÁTICA, TAL VEZ NO SIRVA DE NADA DECIR "LA RESISTENCIA ES INÚTIL". JE-JE-JE.
S.Adams
ZAP!!
NO HAY NADA QUE MOLESTE MÁS AL "PERRO DE LOS TRUENOS" QUE LOS JUEGOS DE PALABRAS POCO OCURRENTES.

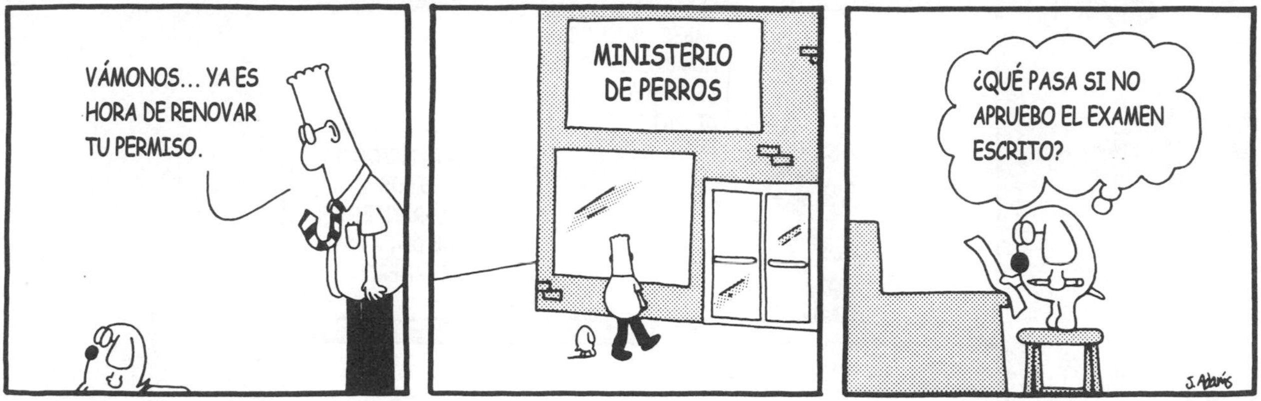
VÁMONOS... YA ES HORA DE RENOVAR TU PERMISO.
MINISTERIO DE PERROS
¿QUÉ PASA SI NO APRUEBO EL EXAMEN ESCRITO?

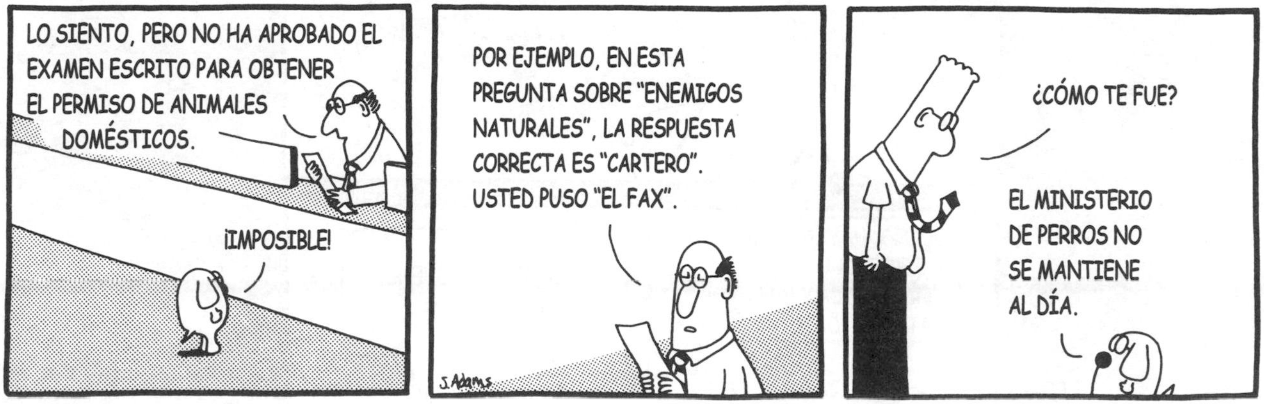
LO SIENTO, PERO NO HA APROBADO EL EXAMEN ESCRITO PARA OBTENER EL PERMISO DE ANIMALES DOMÉSTICOS.
¡IMPOSIBLE!
POR EJEMPLO, EN ESTA PREGUNTA SOBRE "ENEMIGOS NATURALES", LA RESPUESTA CORRECTA ES "CARTERO". USTED PUSO "EL FAX".
¿CÓMO TE FUE?
EL MINISTERIO DE PERROS NO SE MANTIENE AL DÍA.

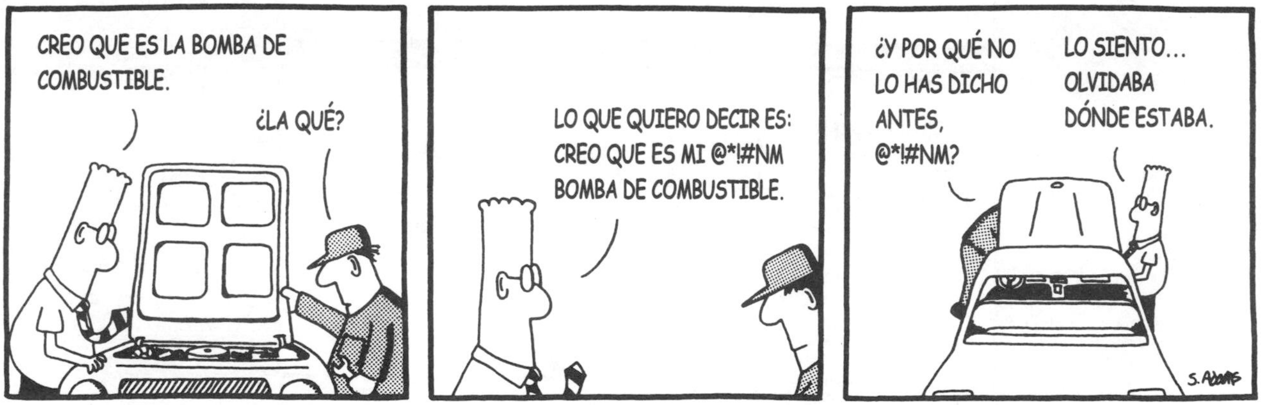
CREO QUE ES LA BOMBA DE COMBUSTIBLE.
¿LA QUÉ?
LO QUE QUIERO DECIR ES: CREO QUE ES MI @*!#NM BOMBA DE COMBUSTIBLE.
¿Y POR QUÉ NO LO HAS DICHO ANTES, @*!#NM?
LO SIENTO... OLVIDABA DÓNDE ESTABA.

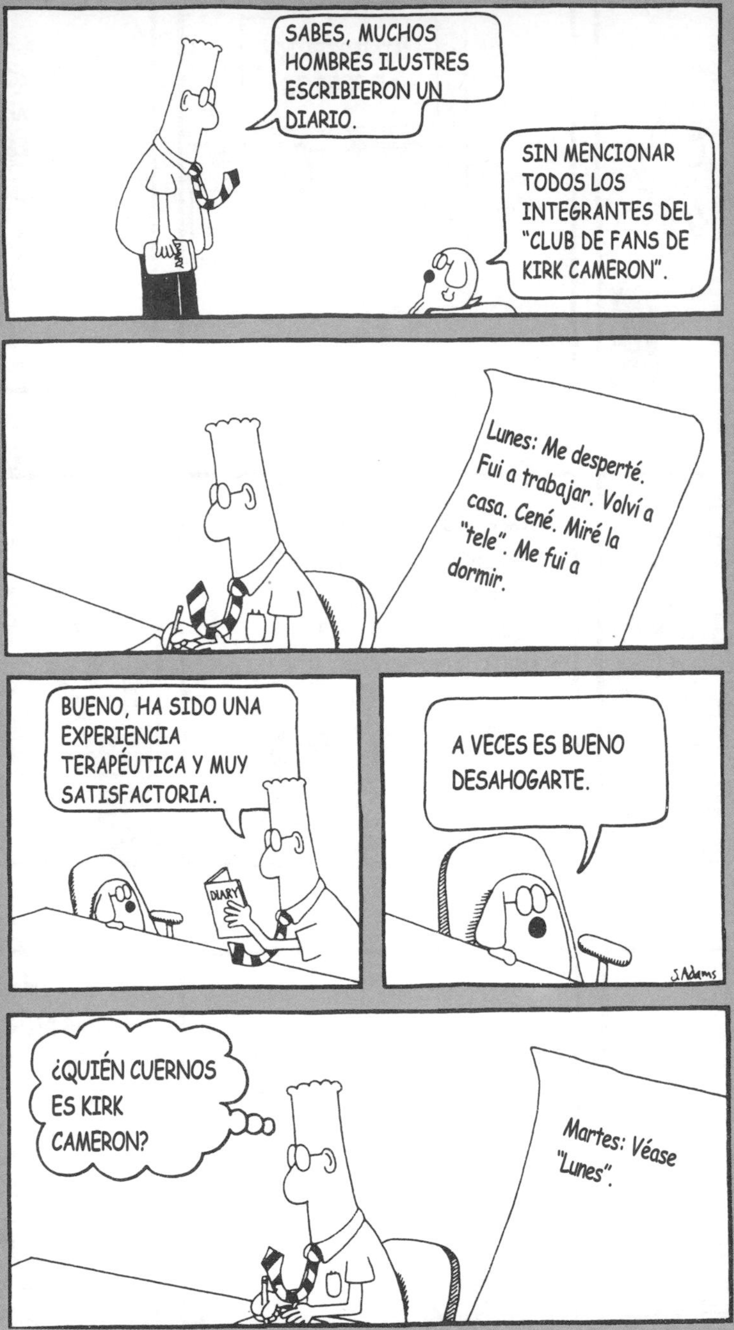
SABES, MUCHOS HOMBRES ILUSTRES ESCRIBIERON UN DIARIO.
SIN MENCIONAR TODOS LOS INTEGRANTES DEL "CLUB DE FANS DE KIRK CAMERON".
Lunes: Me desperté. Fui a trabajar. Volví a casa. Cené. Miré la "tele". Me fui a dormir.
BUENO, HA SIDO UNA EXPERIENCIA TERAPÉUTICA Y MUY SATISFACTORIA.
DIARY
A VECES ES BUENO DESAHOGARTE.
¿QUIÉN CUERNOS ES KIRK CAMERON?
Martes: Véase "Lunes".

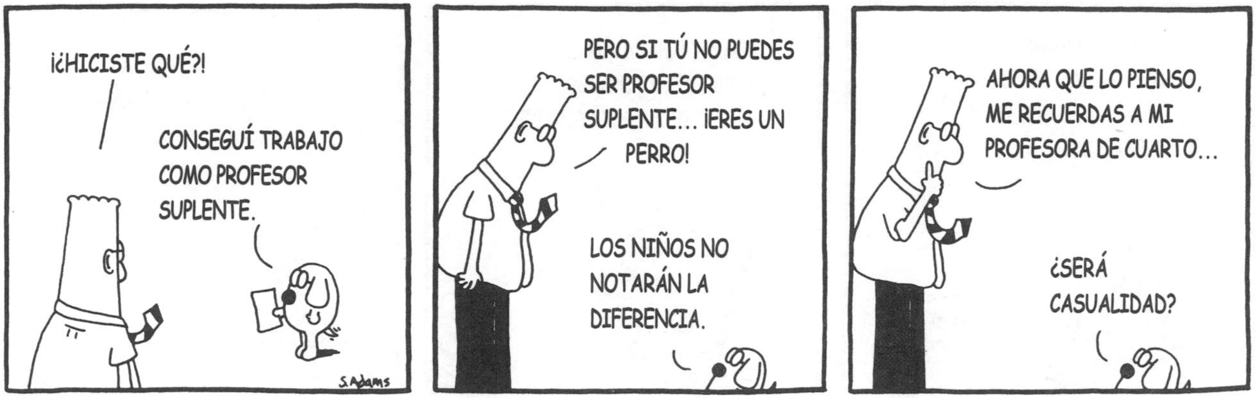
¡¿HICISTE QUÉ?!
CONSEGUÍ TRABAJO COMO PROFESOR SUPLENTE.
PERO SI TÚ NO PUEDES SER PROFESOR SUPLENTE... ¡ERES UN PERRO!
LOS NIÑOS NO NOTARÁN LA DIFERENCIA.
AHORA QUE LO PIENSO, ME RECUERDAS A MI PROFESORA DE CUARTO...
¿SERÁ CASUALIDAD?
S.Adams

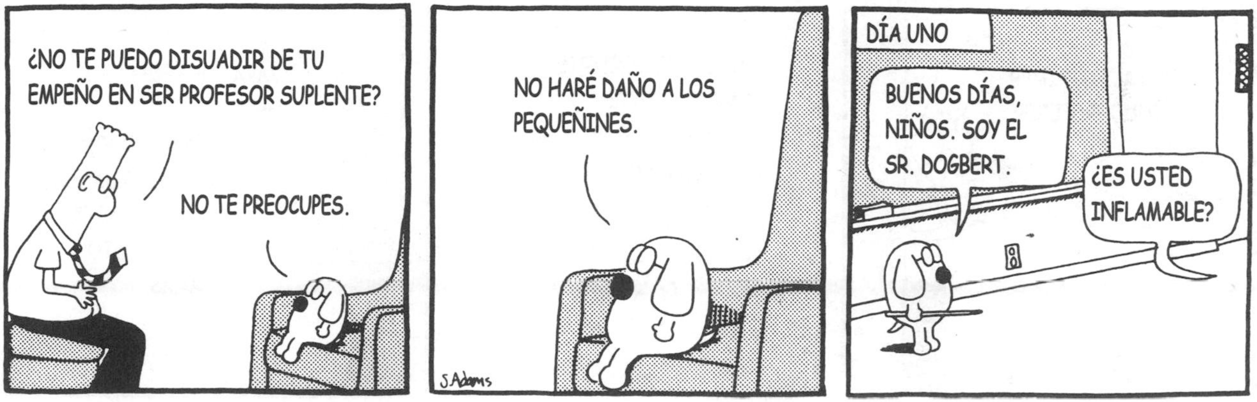
¿NO TE PUEDO DISUADIR DE TU EMPEÑO EN SER PROFESOR SUPLENTE?
NO TE PREOCUPES.
NO HARÉ DAÑO A LOS PEQUEÑINES.
S.Adams
DÍA UNO
BUENOS DÍAS, NIÑOS. SOY EL SR. DOGBERT.
¿ES USTED INFLAMABLE?

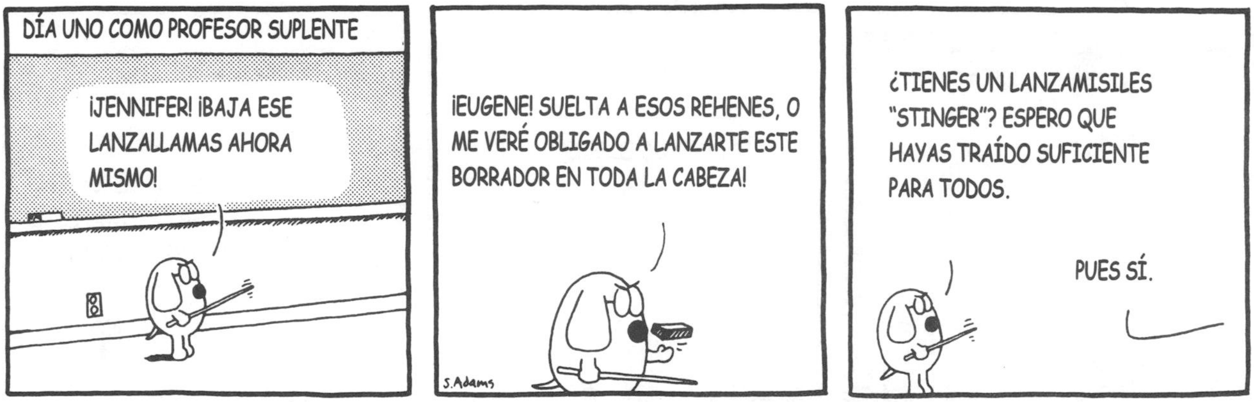
DÍA UNO COMO PROFESOR SUPLENTE
¡JENNIFER! ¡BAJA ESE LANZALLAMAS AHORA MISMO!
¡EUGENE! SUELTA A ESOS REHENES, O ME VERÉ OBLIGADO A LANZARTE ESTE BORRADOR EN TODA LA CABEZA!
S.Adams
¿TIENES UN LANZAMISILES "STINGER"? ESPERO QUE HAYAS TRAÍDO SUFICIENTE PARA TODOS.
PUES SÍ.

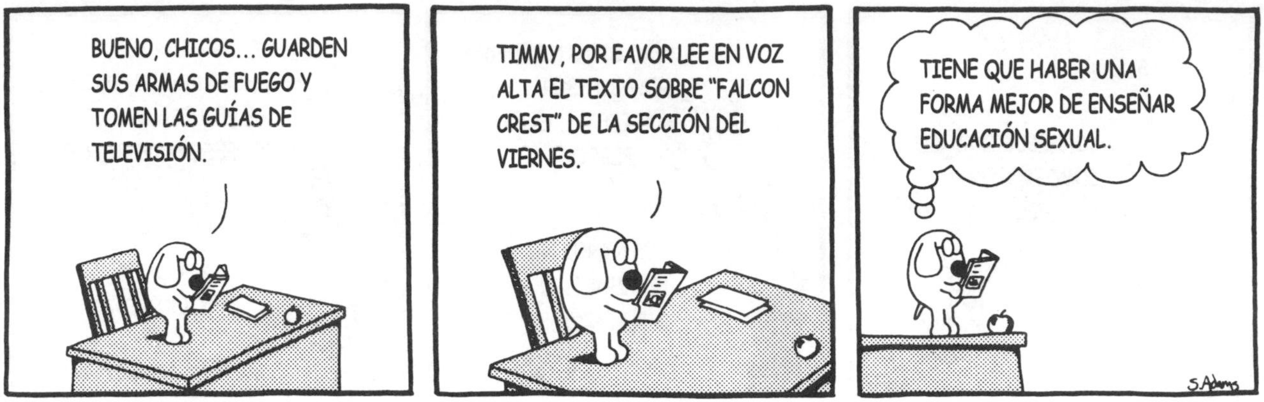
BUENO, CHICOS... GUARDEN SUS ARMAS DE FUEGO Y TOMEN LAS GUÍAS DE TELEVISIÓN.
TIMMY, POR FAVOR LEE EN VOZ ALTA EL TEXTO SOBRE "FALCON CREST" DE LA SECCIÓN DEL VIERNES.
TIENE QUE HABER UNA FORMA MEJOR DE ENSEÑAR EDUCACIÓN SEXUAL.
S.Adams

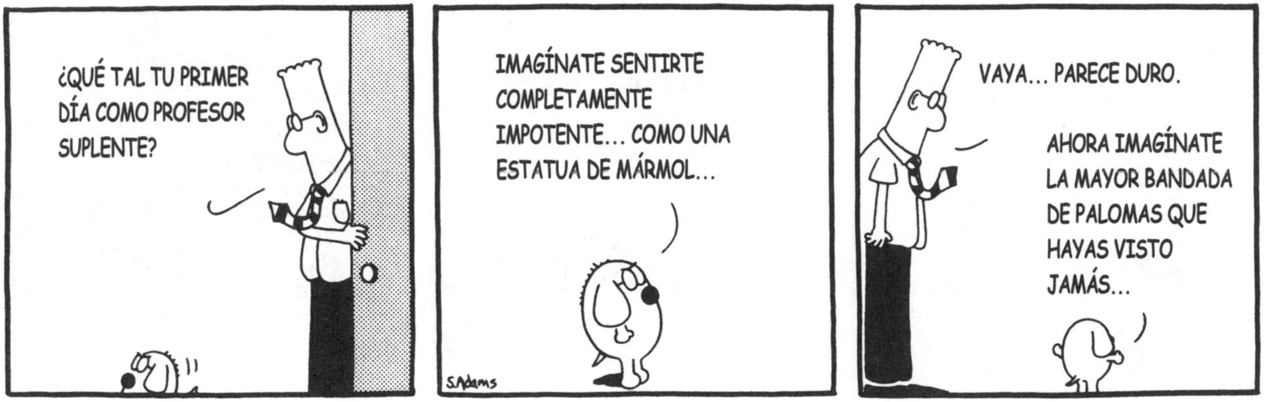
¿QUÉ TAL TU PRIMER DÍA COMO PROFESOR SUPLENTE?
S.Adams
IMAGÍNATE SENTIRTE COMPLETAMENTE IMPOTENTE... COMO UNA ESTATUA DE MÁRMOL...
VAYA... PARECE DURO.
AHORA IMAGÍNATE LA MAYOR BANDADA DE PALOMAS QUE HAYAS VISTO JAMÁS...

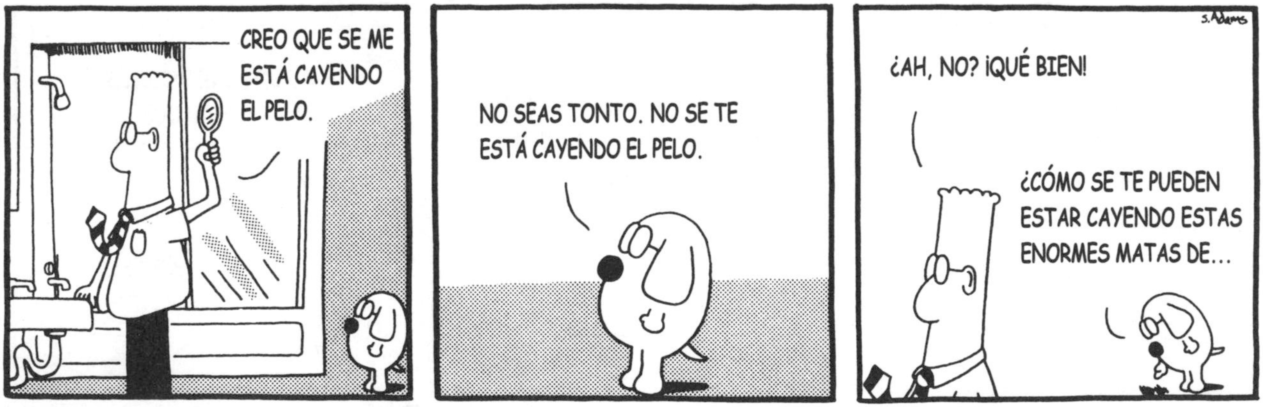
CREO QUE SE ME ESTÁ CAYENDO EL PELO.
NO SEAS TONTO. NO SE TE ESTÁ CAYENDO EL PELO.
S.Adams
¿AH, NO? ¡QUÉ BIEN!
¿CÓMO SE TE PUEDEN ESTAR CAYENDO ESTAS ENORMES MATAS DE...

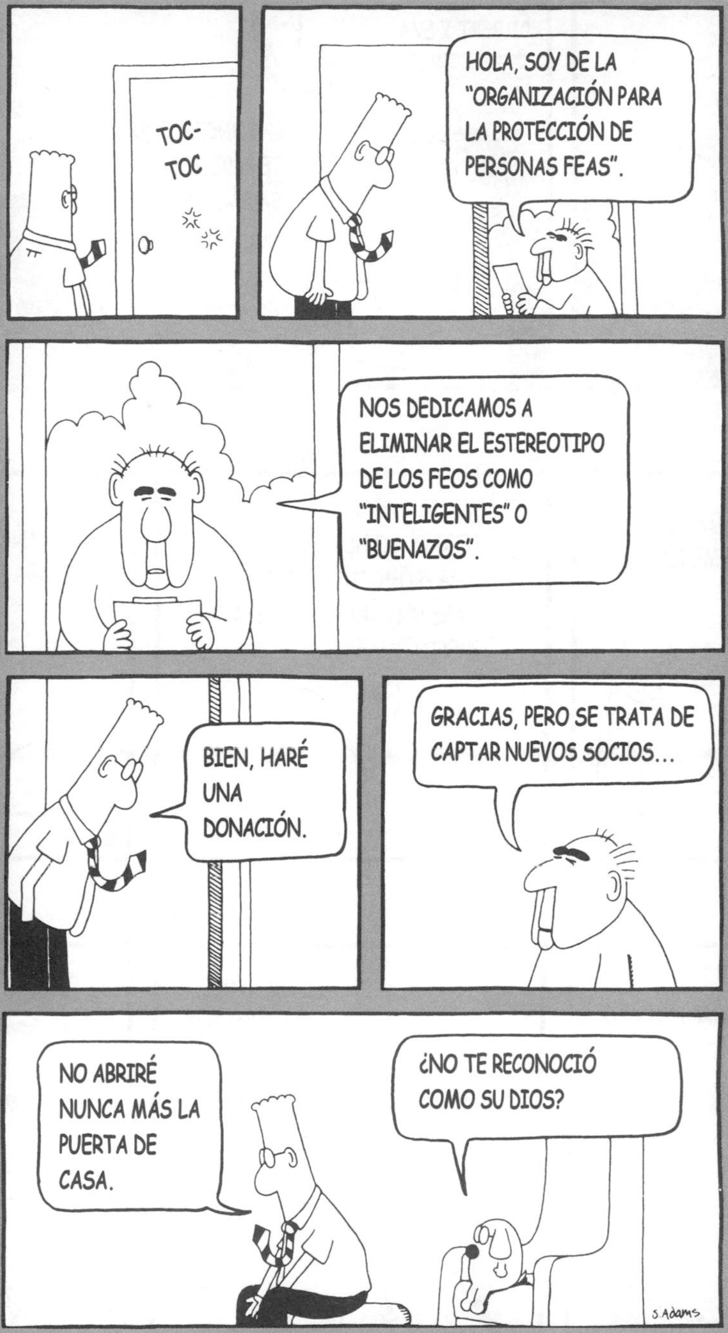
TOC-
TOC
HOLA, SOY DE LA "ORGANIZACIÓN PARA LA PROTECCIÓN DE PERSONAS FEAS".
NOS DEDICAMOS A ELIMINAR EL ESTEREOTIPO DE LOS FEOS COMO "INTELIGENTES" O "BUENAZOS".
BIEN, HARÉ UNA DONACIÓN.
GRACIAS, PERO SE TRATA DE CAPTAR NUEVOS SOCIOS...
NO ABRIRÉ NUNCA MÁS LA PUERTA DE CASA.
¿NO TE RECONOCIÓ COMO SU DIOS?
S. Adams

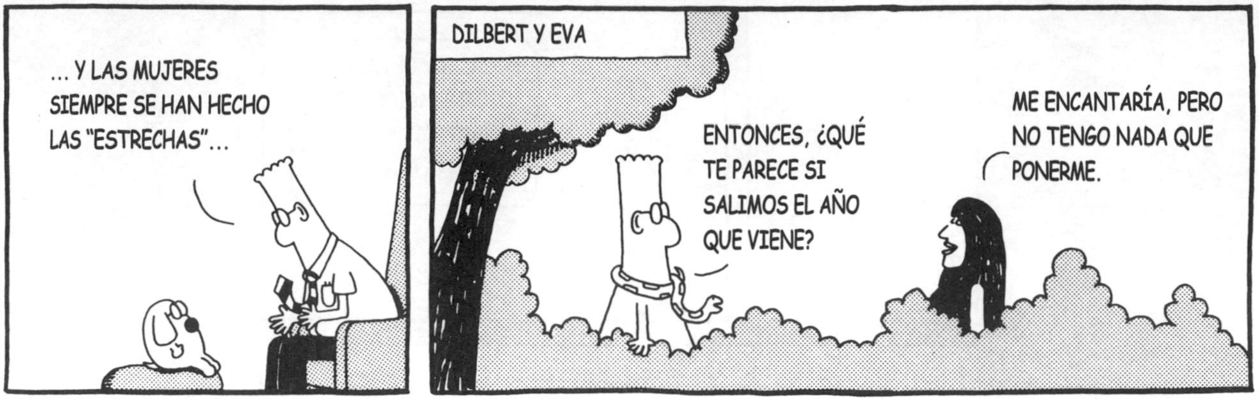
… Y LAS MUJERES SIEMPRE SE HAN HECHO LAS "ESTRECHAS"…
DILBERT Y EVA
ENTONCES, ¿QUÉ TE PARECE SI SALIMOS EL AÑO QUE VIENE?
ME ENCANTARÍA, PERO NO TENGO NADA QUE PONERME.

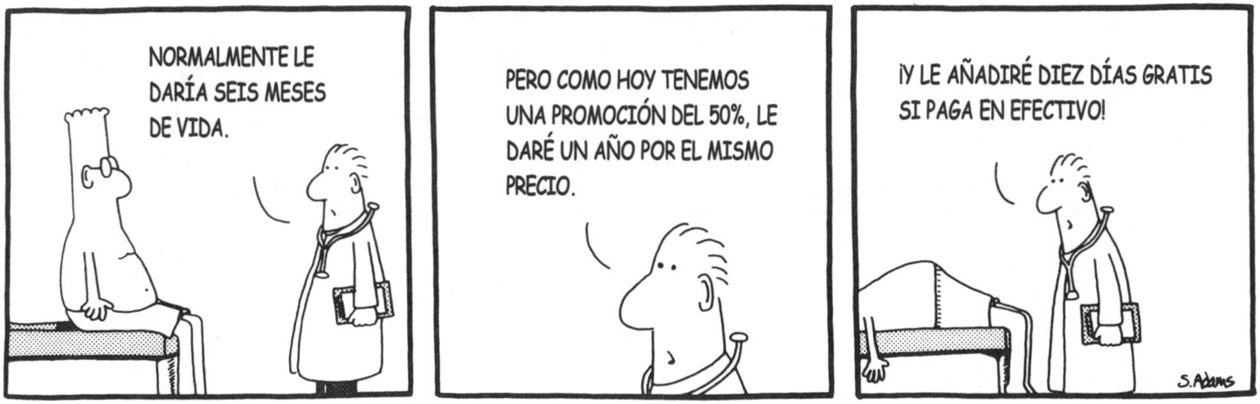
NORMALMENTE LE DARÍA SEIS MESES DE VIDA.
PERO COMO HOY TENEMOS UNA PROMOCIÓN DEL 50%, LE DARÉ UN AÑO POR EL MISMO PRECIO.
¡Y LE AÑADIRÉ DIEZ DÍAS GRATIS SI PAGA EN EFECTIVO!
S. Adams

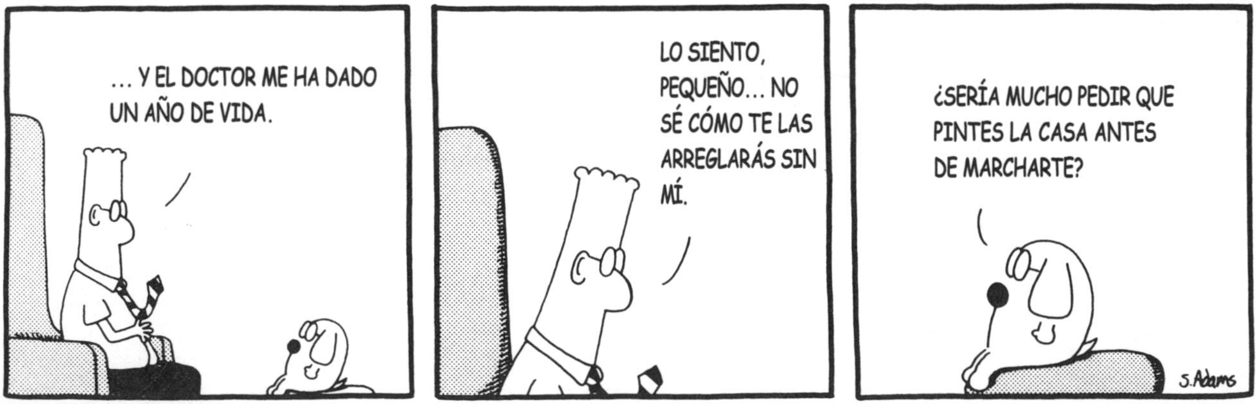
… Y EL DOCTOR ME HA DADO UN AÑO DE VIDA.
LO SIENTO, PEQUEÑO… NO SÉ CÓMO TE LAS ARREGLARÁS SIN MÍ.
¿SERÍA MUCHO PEDIR QUE PINTES LA CASA ANTES DE MARCHARTE?
S. Adams

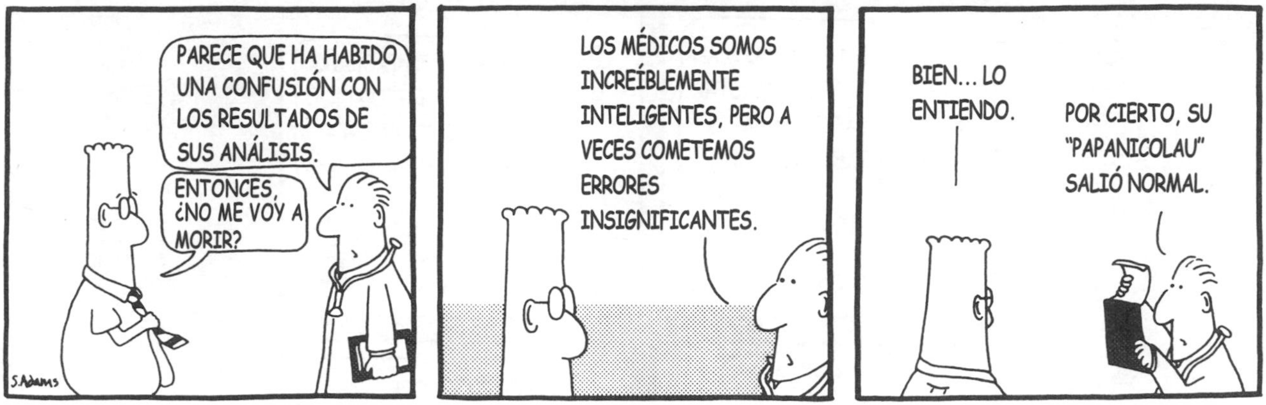
PARECE QUE HA HABIDO UNA CONFUSIÓN CON LOS RESULTADOS DE SUS ANÁLISIS.
ENTONCES, ¿NO ME VOY A MORIR?
LOS MÉDICOS SOMOS INCREÍBLEMENTE INTELIGENTES, PERO A VECES COMETEMOS ERRORES INSIGNIFICANTES.
BIEN... LO ENTIENDO.
POR CIERTO, SU "PAPANICOLAU" SALIÓ NORMAL.
S. Adams

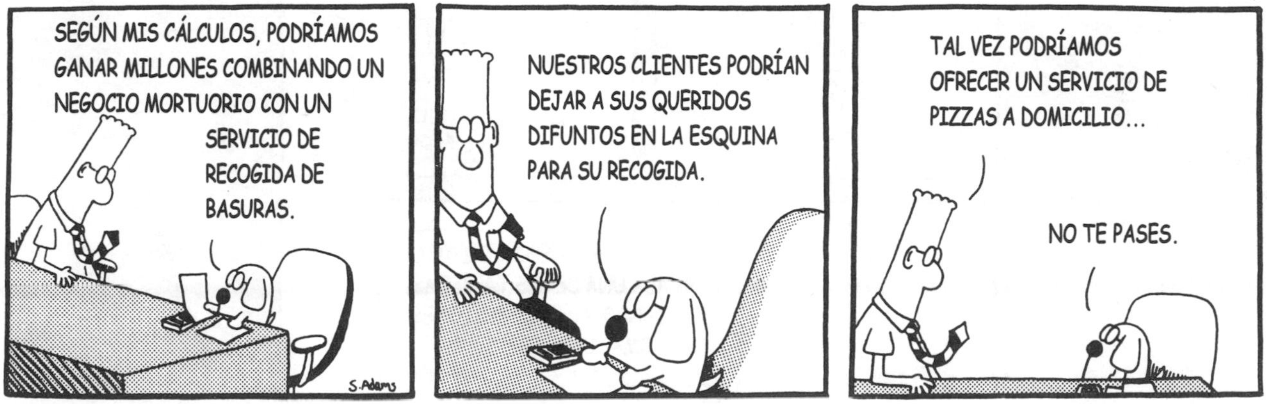
SEGÚN MIS CÁLCULOS, PODRÍAMOS GANAR MILLONES COMBINANDO UN NEGOCIO MORTUORIO CON UN
SERVICIO DE RECOGIDA DE BASURAS.
S. Adams
NUESTROS CLIENTES PODRÍAN DEJAR A SUS QUERIDOS DIFUNTOS EN LA ESQUINA PARA SU RECOGIDA.
TAL VEZ PODRÍAMOS OFRECER UN SERVICIO DE PIZZAS A DOMICILIO...
NO TE PASES.

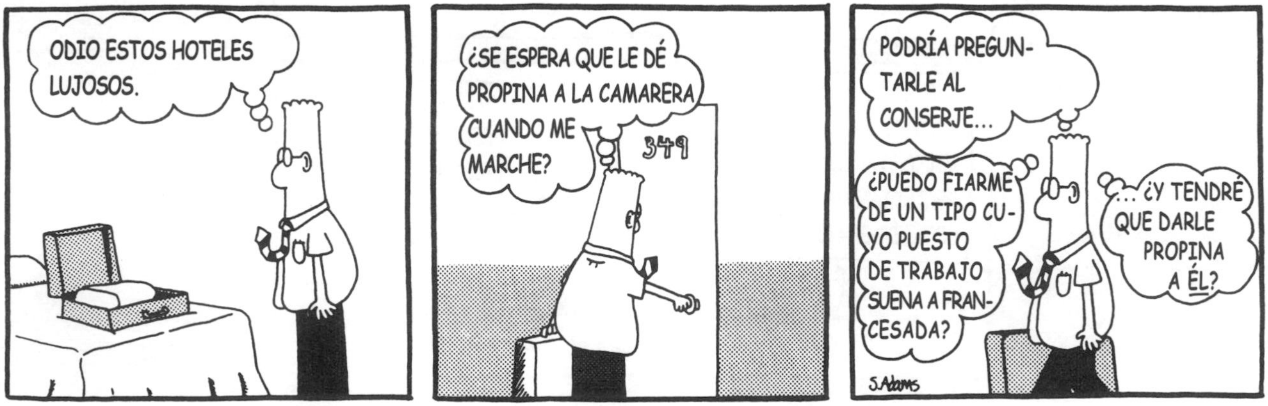
ODIO ESTOS HOTELES LUJOSOS.
¿SE ESPERA QUE LE DÉ PROPINA A LA CAMARERA CUANDO ME MARCHE?
349
PODRÍA PREGUNTARLE AL CONSERJE...
¿PUEDO FIARME DE UN TIPO CUYO PUESTO DE TRABAJO SUENA A FRANCESADA?
... ¿Y TENDRÉ QUE DARLE PROPINA A ÉL?
S. Adams

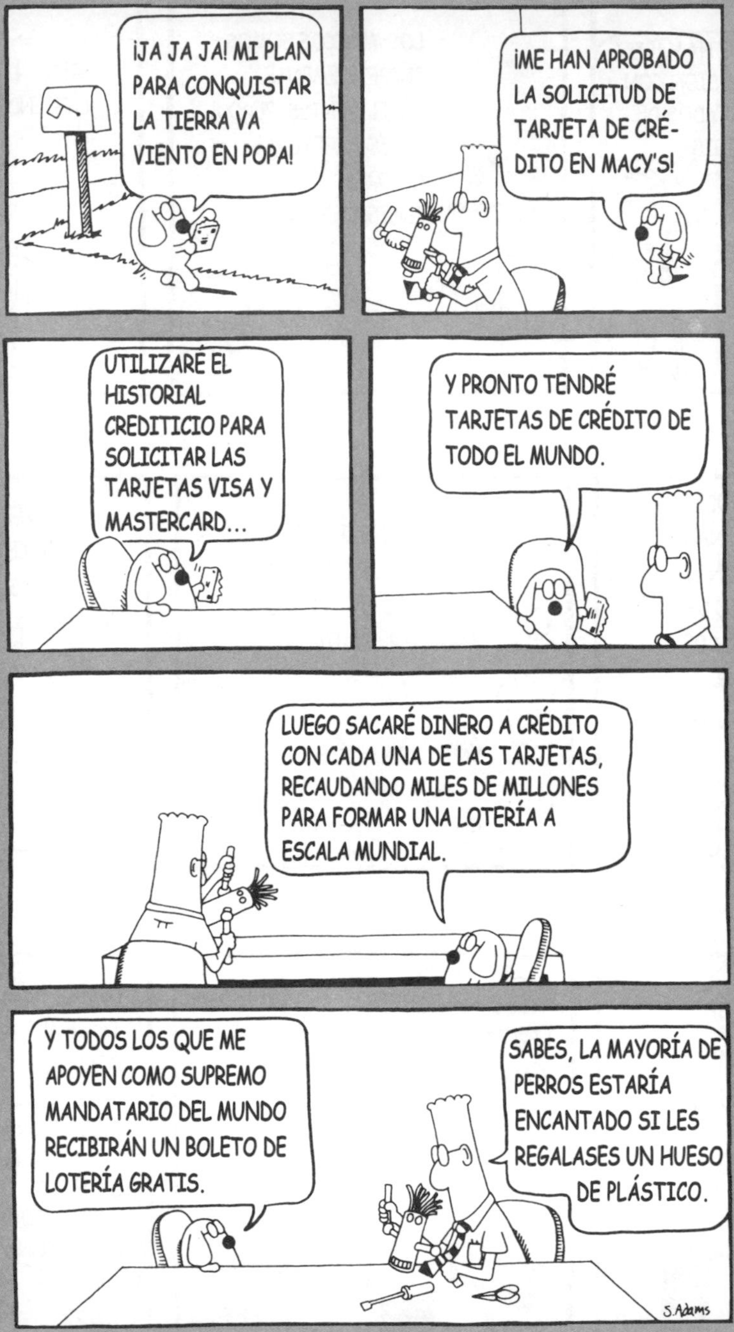
¡JA JA JA! MI PLAN PARA CONQUISTAR LA TIERRA VA VIENTO EN POPA!
¡ME HAN APROBADO LA SOLICITUD DE TARJETA DE CRÉ-DITO EN MACY'S!
UTILIZARÉ EL HISTORIAL CREDITICIO PARA SOLICITAR LAS TARJETAS VISA Y MASTERCARD...
Y PRONTO TENDRÉ TARJETAS DE CRÉDITO DE TODO EL MUNDO.
LUEGO SACARÉ DINERO A CRÉDITO CON CADA UNA DE LAS TARJETAS, RECAUDANDO MILES DE MILLONES PARA FORMAR UNA LOTERÍA A ESCALA MUNDIAL.
Y TODOS LOS QUE ME APOYEN COMO SUPREMO MANDATARIO DEL MUNDO RECIBIRÁN UN BOLETO DE LOTERÍA GRATIS.
SABES, LA MAYORÍA DE PERROS ESTARÍA ENCANTADO SI LES REGALASES UN HUESO DE PLÁSTICO.
S. Adams

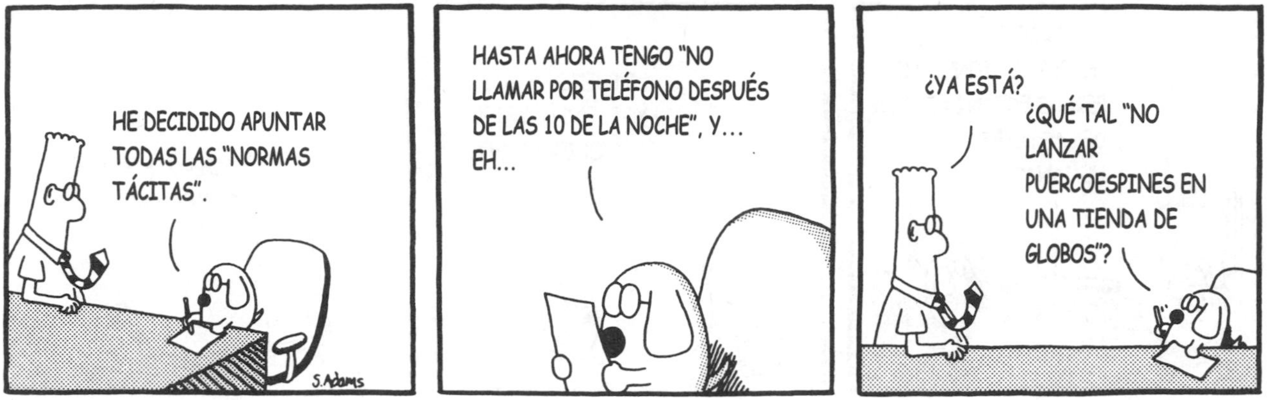
HE DECIDIDO APUNTAR TODAS LAS "NORMAS TÁCITAS".
HASTA AHORA TENGO "NO LLAMAR POR TELÉFONO DESPUÉS DE LAS 10 DE LA NOCHE", Y... EH...
¿YA ESTÁ?
¿QUÉ TAL "NO LANZAR PUERCOESPINES EN UNA TIENDA DE GLOBOS"?
S. Adams

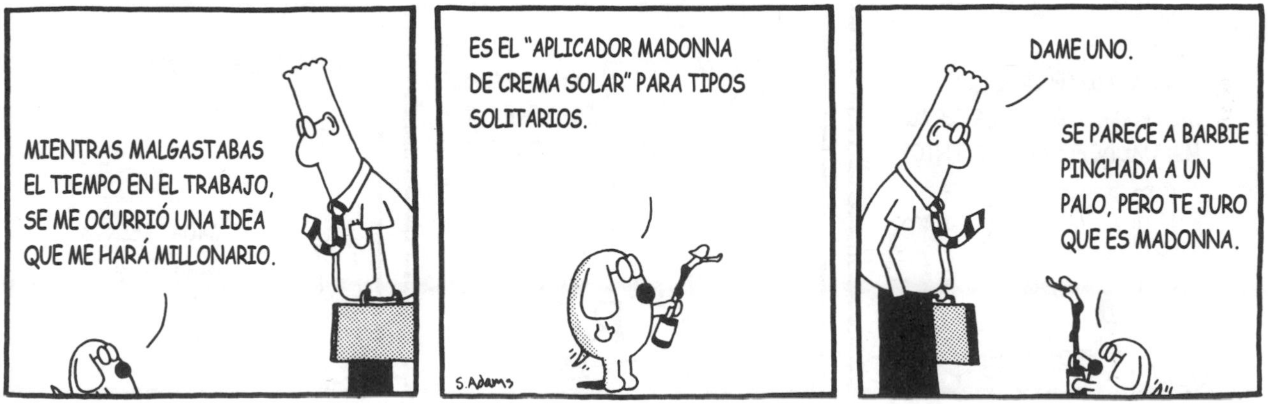
MIENTRAS MALGASTABAS EL TIEMPO EN EL TRABAJO, SE ME OCURRIÓ UNA IDEA QUE ME HARÁ MILLONARIO.
ES EL "APLICADOR MADONNA DE CREMA SOLAR" PARA TIPOS SOLITARIOS.
S. Adams
DAME UNO.
SE PARECE A BARBIE PINCHADA A UN PALO, PERO TE JURO QUE ES MADONNA.

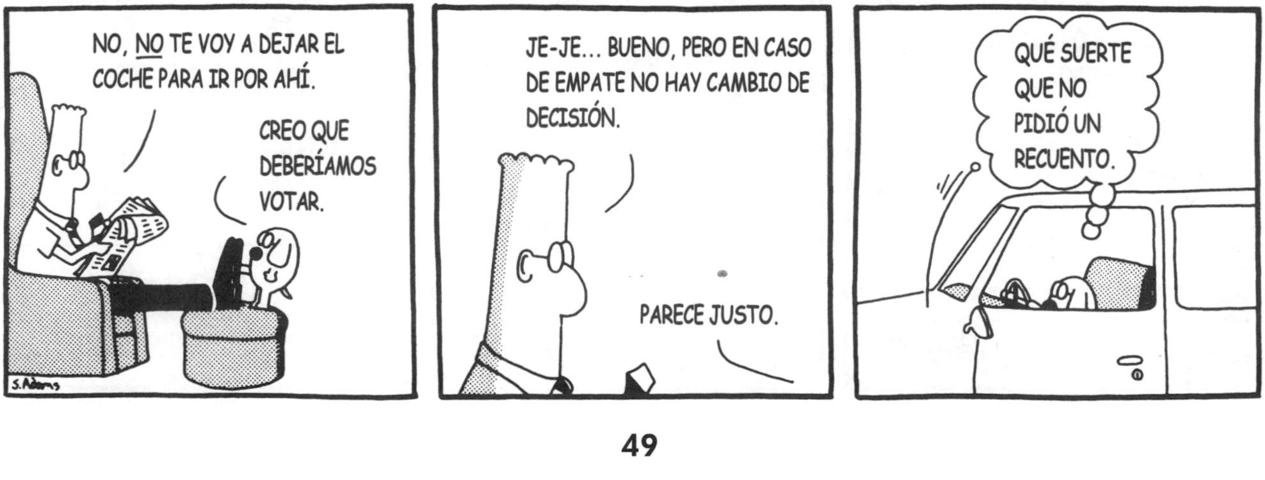
NO, NO TE VOY A DEJAR EL COCHE PARA IR POR AHÍ.
CREO QUE DEBERÍAMOS VOTAR.
S. Adams
JE-JE... BUENO, PERO EN CASO DE EMPATE NO HAY CAMBIO DE DECISIÓN.
PARECE JUSTO.
QUÉ SUERTE QUE NO PIDIÓ UN RECUENTO.

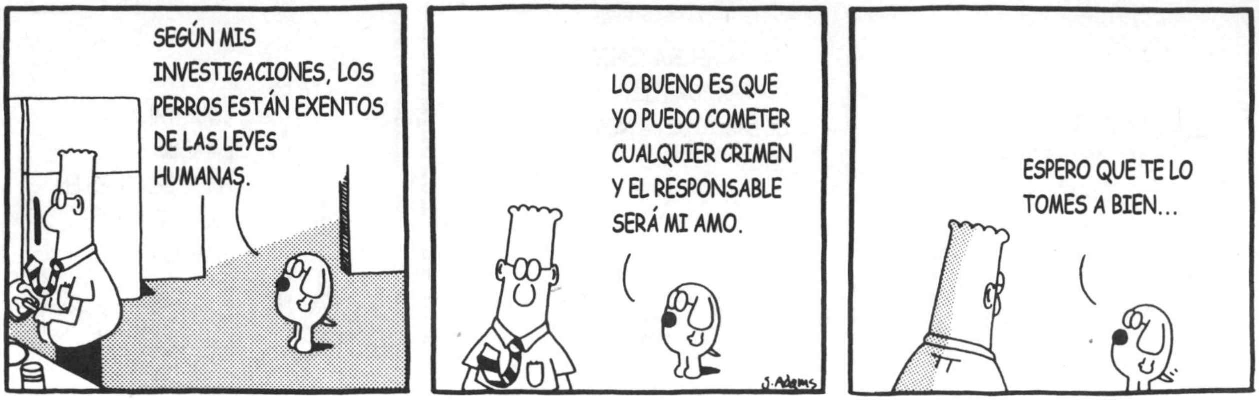
SEGÚN MIS INVESTIGACIONES, LOS PERROS ESTÁN EXENTOS DE LAS LEYES HUMANAS.
LO BUENO ES QUE YO PUEDO COMETER CUALQUIER CRIMEN Y EL RESPONSABLE SERÁ MI AMO.
S. Adams
ESPERO QUE TE LO TOMES A BIEN...

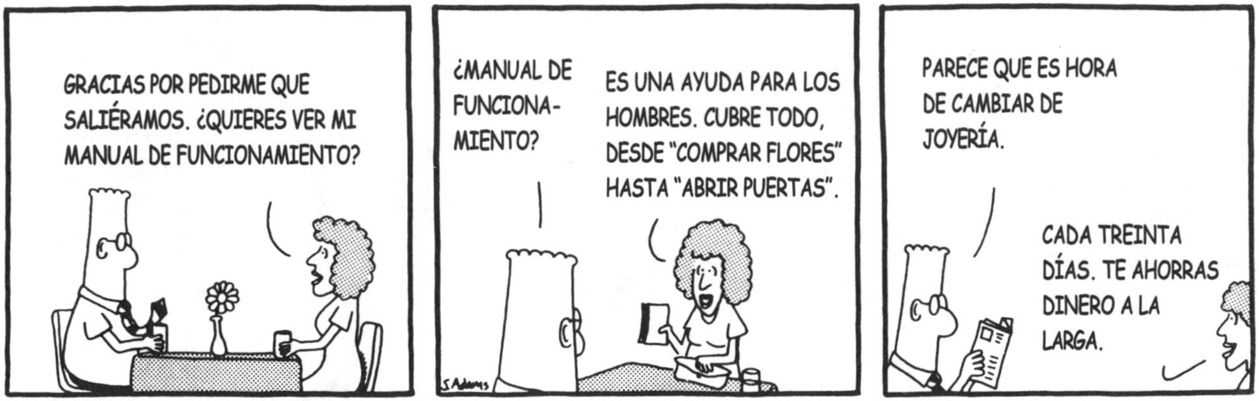
GRACIAS POR PEDIRME QUE SALIÉRAMOS. ¿QUIERES VER MI MANUAL DE FUNCIONAMIENTO?
¿MANUAL DE FUNCIONA-MIENTO?
ES UNA AYUDA PARA LOS HOMBRES. CUBRE TODO, DESDE "COMPRAR FLORES" HASTA "ABRIR PUERTAS".
S. Adams
PARECE QUE ES HORA DE CAMBIAR DE JOYERÍA.
CADA TREINTA DÍAS. TE AHORRAS DINERO A LA LARGA.

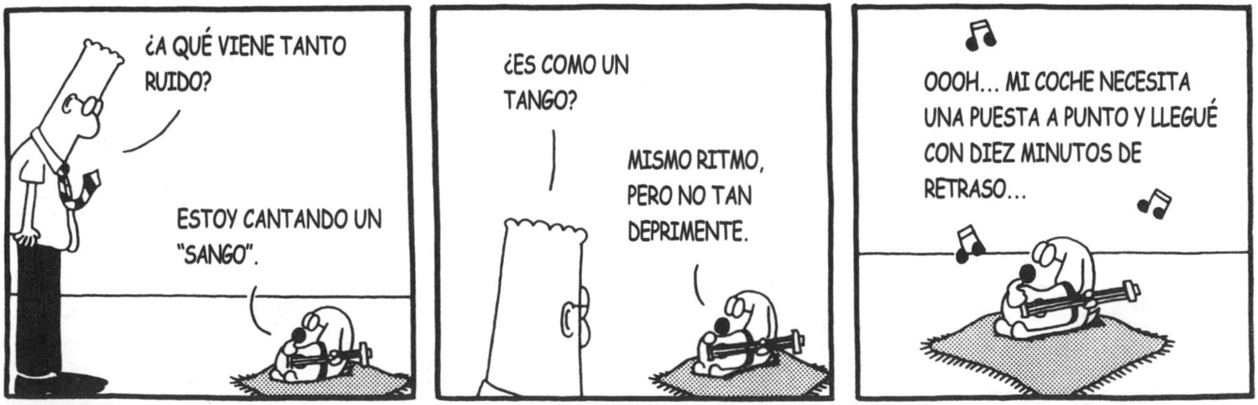
¿A QUÉ VIENE TANTO RUIDO?
ESTOY CANTANDO UN "SANGO".
¿ES COMO UN TANGO?
MISMO RITMO, PERO NO TAN DEPRIMENTE.
OOOH... MI COCHE NECESITA UNA PUESTA A PUNTO Y LLEGUÉ CON DIEZ MINUTOS DE RETRASO...

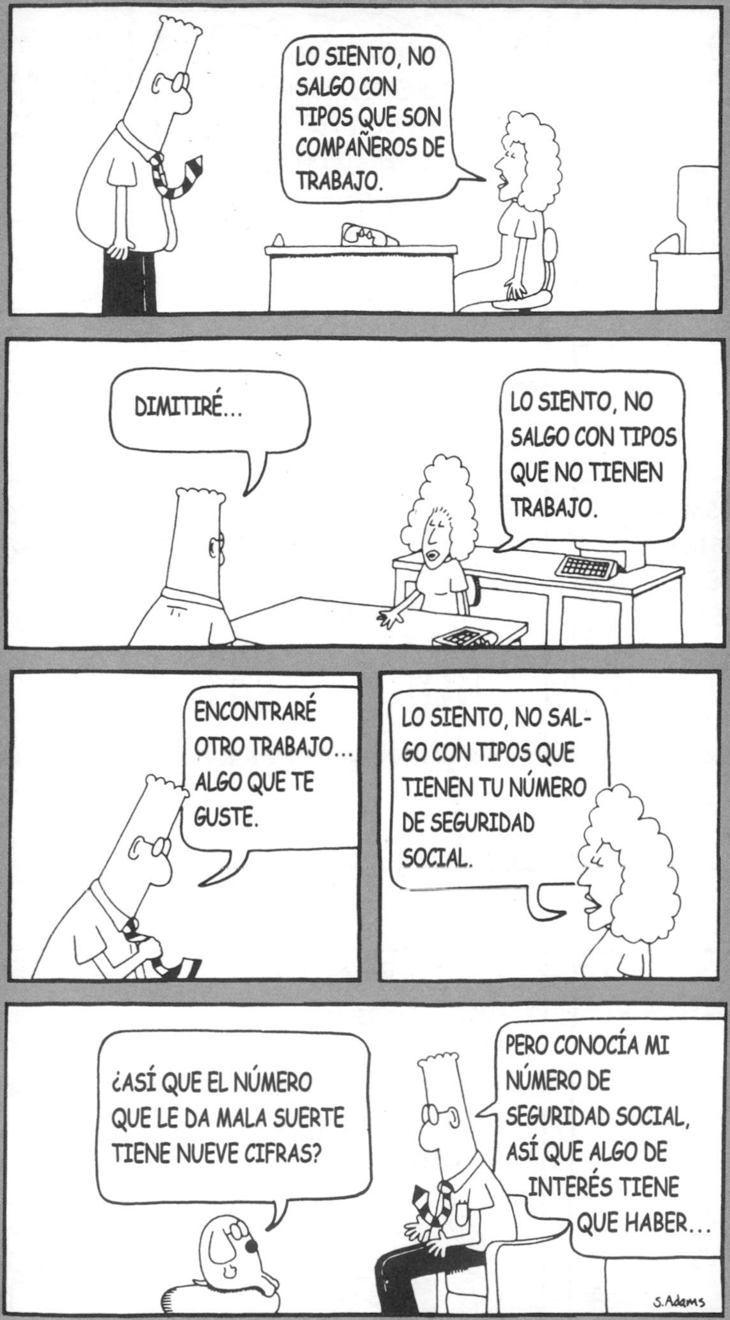
LO SIENTO, NO SALGO CON TIPOS QUE SON COMPAÑEROS DE TRABAJO.
DIMITIRÉ...
LO SIENTO, NO SALGO CON TIPOS QUE NO TIENEN TRABAJO.
ENCONTRARÉ OTRO TRABAJO... ALGO QUE TE GUSTE.
LO SIENTO, NO SAL-GO CON TIPOS QUE TIENEN TU NÚMERO DE SEGURIDAD SOCIAL.
¿ASÍ QUE EL NÚMERO QUE LE DA MALA SUERTE TIENE NUEVE CIFRAS?
PERO CONOCÍA MI NÚMERO DE SEGURIDAD SOCIAL, ASÍ QUE ALGO DE INTERÉS TIENE QUE HABER...
S. Adams

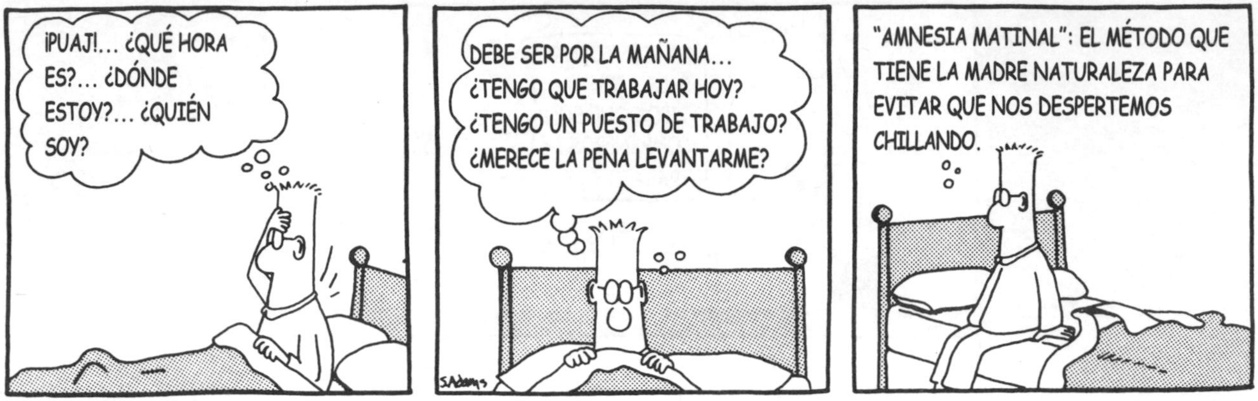
¡PUAJ!... ¿QUÉ HORA ES?... ¿DÓNDE ESTOY?... ¿QUIÉN SOY?
DEBE SER POR LA MAÑANA... ¿TENGO QUE TRABAJAR HOY? ¿TENGO UN PUESTO DE TRABAJO? ¿MERECE LA PENA LEVANTARME?
S.Adams
"AMNESIA MATINAL": EL MÉTODO QUE TIENE LA MADRE NATURALEZA PARA EVITAR QUE NOS DESPERTEMOS CHILLANDO.

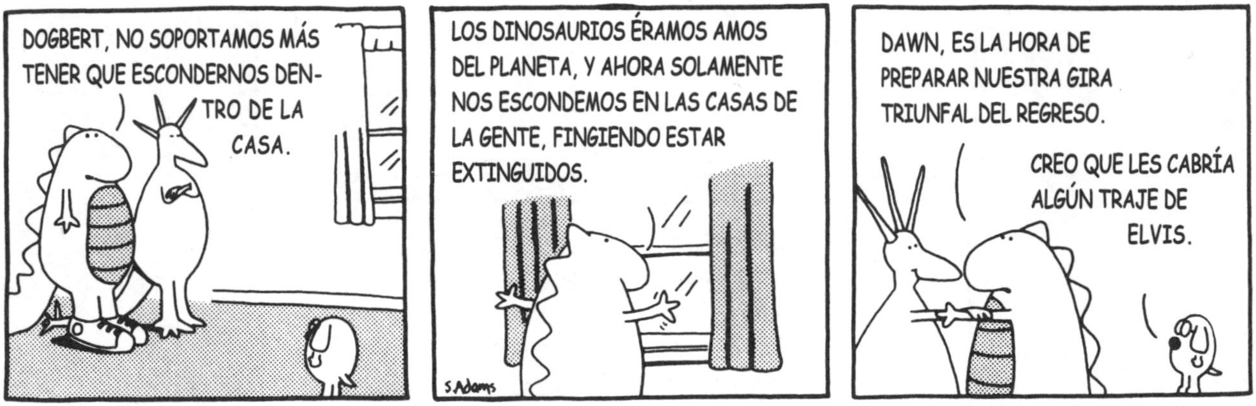
DOGBERT, NO SOPORTAMOS MÁS TENER QUE ESCONDERNOS DENTRO DE LA CASA.
LOS DINOSAURIOS ÉRAMOS AMOS DEL PLANETA, Y AHORA SOLAMENTE NOS ESCONDEMOS EN LAS CASAS DE LA GENTE, FINGIENDO ESTAR EXTINGUIDOS.
S.Adams
DAWN, ES LA HORA DE PREPARAR NUESTRA GIRA TRIUNFAL DEL REGRESO.
CREO QUE LES CABRÍA ALGÚN TRAJE DE ELVIS.

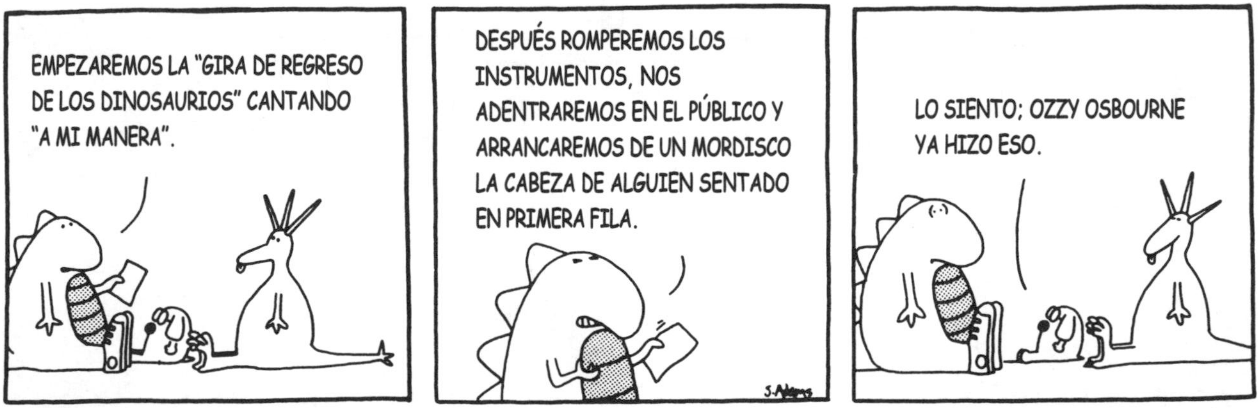
EMPEZAREMOS LA "GIRA DE REGRESO DE LOS DINOSAURIOS" CANTANDO "A MI MANERA".
DESPUÉS ROMPEREMOS LOS INSTRUMENTOS, NOS ADENTRAREMOS EN EL PÚBLICO Y ARRANCAREMOS DE UN MORDISCO LA CABEZA DE ALGUIEN SENTADO EN PRIMERA FILA.
S.Adams
LO SIENTO; OZZY OSBOURNE YA HIZO ESO.

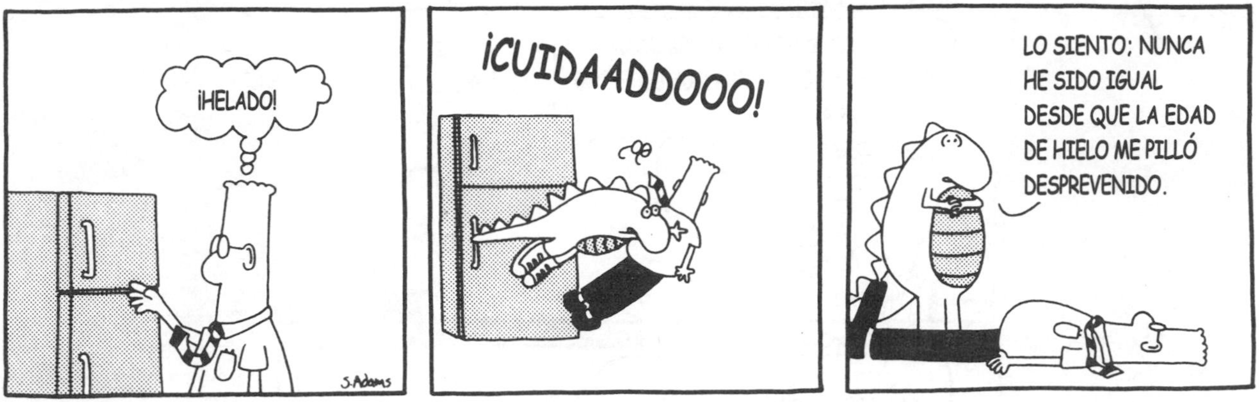
¡HELADO!
¡CUIDAADDOOO!
LO SIENTO; NUNCA HE SIDO IGUAL DESDE QUE LA EDAD DE HIELO ME PILLÓ DESPREVENIDO.
S. Adams

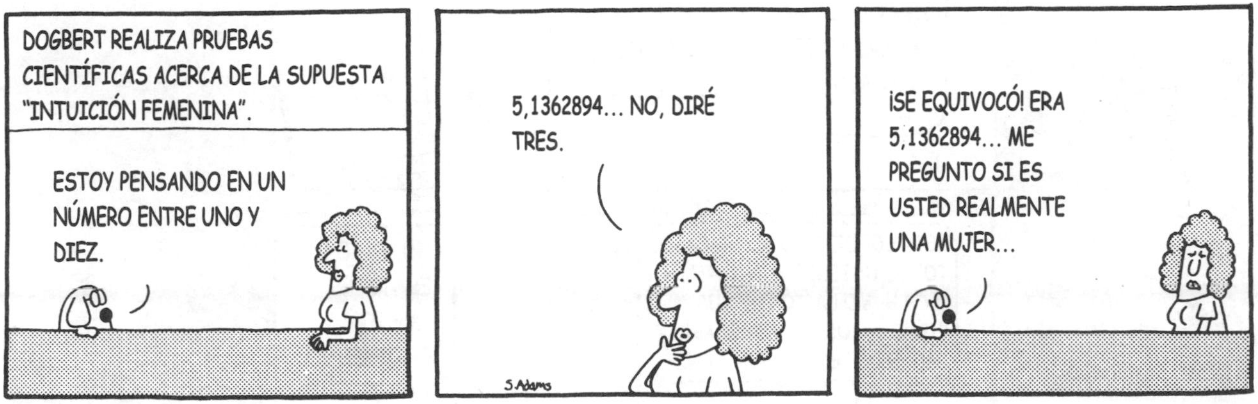
DOGBERT REALIZA PRUEBAS CIENTÍFICAS ACERCA DE LA SUPUESTA "INTUICIÓN FEMENINA".
ESTOY PENSANDO EN UN NÚMERO ENTRE UNO Y DIEZ.
5,1362894... NO, DIRÉ TRES.
¡SE EQUIVOCÓ! ERA 5,1362894... ME PREGUNTO SI ES USTED REALMENTE UNA MUJER...
S. Adams

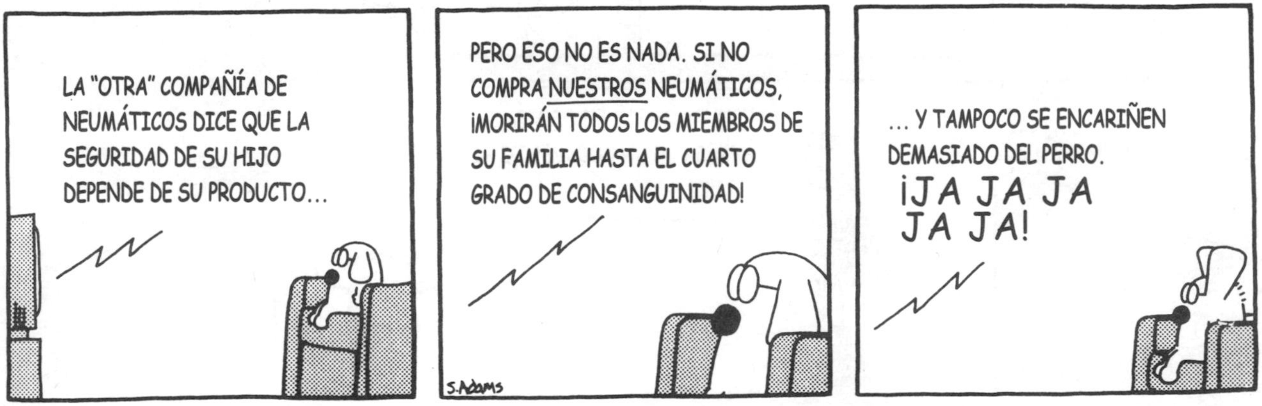
LA "OTRA" COMPAÑÍA DE NEUMÁTICOS DICE QUE LA SEGURIDAD DE SU HIJO DEPENDE DE SU PRODUCTO...
PERO ESO NO ES NADA. SI NO COMPRA NUESTROS NEUMÁTICOS, ¡MORIRÁN TODOS LOS MIEMBROS DE SU FAMILIA HASTA EL CUARTO GRADO DE CONSANGUINIDAD!
... Y TAMPOCO SE ENCARIÑEN DEMASIADO DEL PERRO.
¡JA JA JA JA JA!
S. Adams

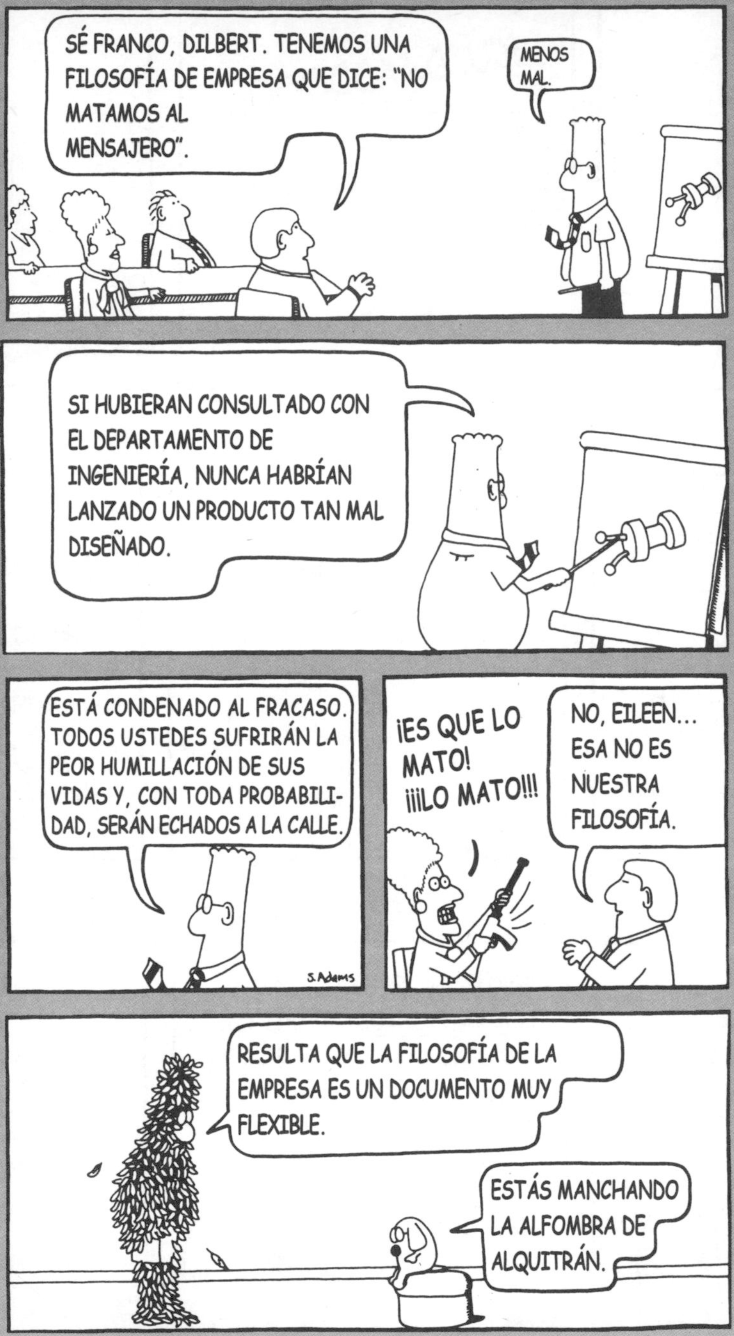
SÉ FRANCO, DILBERT. TENEMOS UNA FILOSOFÍA DE EMPRESA QUE DICE: "NO MATAMOS AL MENSAJERO".
MENOS MAL.
SI HUBIERAN CONSULTADO CON EL DEPARTAMENTO DE INGENIERÍA, NUNCA HABRÍAN LANZADO UN PRODUCTO TAN MAL DISEÑADO.
ESTÁ CONDENADO AL FRACASO. TODOS USTEDES SUFRIRÁN LA PEOR HUMILLACIÓN DE SUS VIDAS Y, CON TODA PROBABILIDAD, SERÁN ECHADOS A LA CALLE.
S. Adams
¡ES QUE LO MATO! ¡¡¡LO MATO!!!
NO, EILEEN... ESA NO ES NUESTRA FILOSOFÍA.
RESULTA QUE LA FILOSOFÍA DE LA EMPRESA ES UN DOCUMENTO MUY FLEXIBLE.
ESTÁS MANCHANDO LA ALFOMBRA DE ALQUITRÁN.

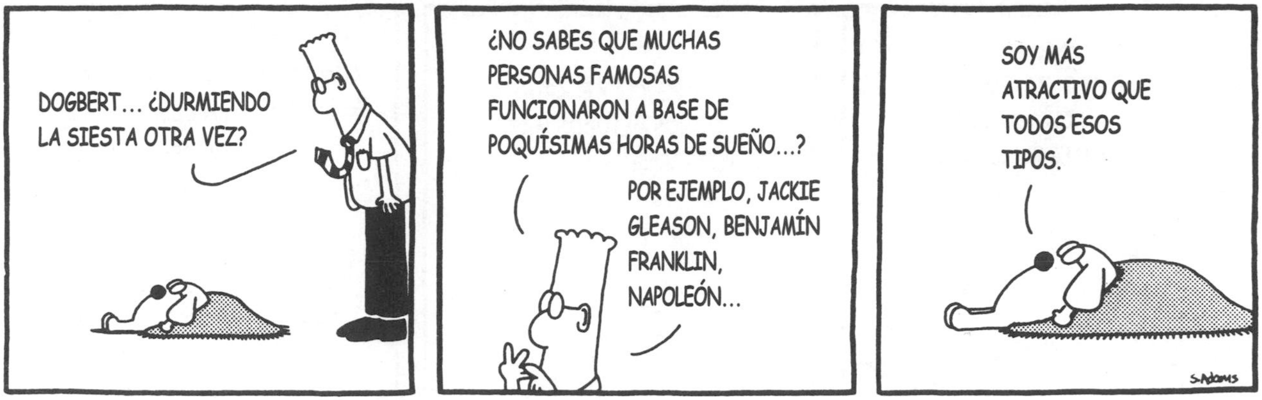
DOGBERT... ¿DURMIENDO LA SIESTA OTRA VEZ?
¿NO SABES QUE MUCHAS PERSONAS FAMOSAS FUNCIONARON A BASE DE POQUÍSIMAS HORAS DE SUEÑO...?
POR EJEMPLO, JACKIE GLEASON, BENJAMÍN FRANKLIN, NAPOLEÓN...
SOY MÁS ATRACTIVO QUE TODOS ESOS TIPOS.
S. Adams

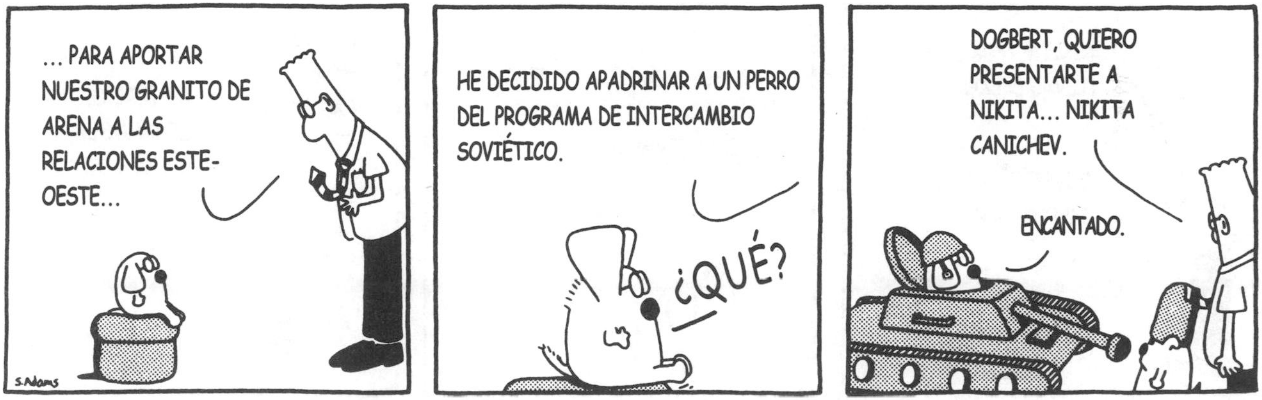
... PARA APORTAR NUESTRO GRANITO DE ARENA A LAS RELACIONES ESTE-OESTE...
S. Adams
HE DECIDIDO APADRINAR A UN PERRO DEL PROGRAMA DE INTERCAMBIO SOVIÉTICO.
¿QUÉ?
DOGBERT, QUIERO PRESENTARTE A NIKITA... NIKITA CANICHEV.
ENCANTADO.

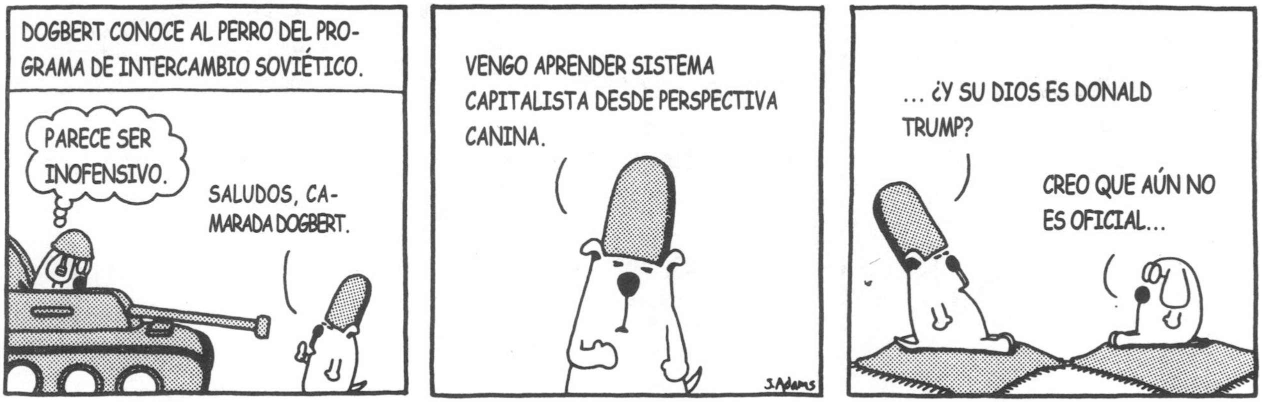
DOGBERT CONOCE AL PERRO DEL PROGRAMA DE INTERCAMBIO SOVIÉTICO.
PARECE SER INOFENSIVO.
SALUDOS, CAMARADA DOGBERT.
VENGO APRENDER SISTEMA CAPITALISTA DESDE PERSPECTIVA CANINA.
S. Adams
... ¿Y SU DIOS ES DONALD TRUMP?
CREO QUE AÚN NO ES OFICIAL...

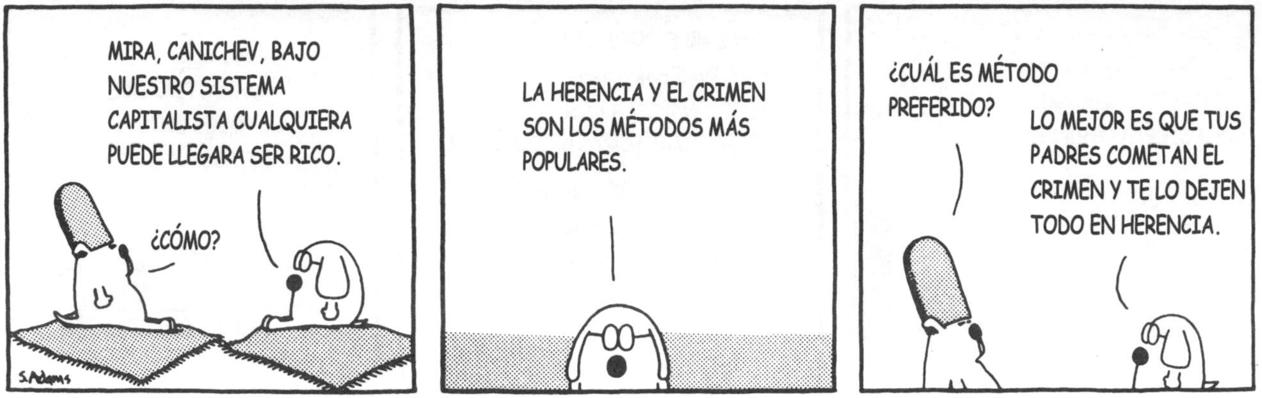
MIRA, CANICHEV, BAJO NUESTRO SISTEMA CAPITALISTA CUALQUIERA PUEDE LLEGARA SER RICO.
¿CÓMO?
LA HERENCIA Y EL CRIMEN SON LOS MÉTODOS MÁS POPULARES.
¿CUÁL ES MÉTODO PREFERIDO?
LO MEJOR ES QUE TUS PADRES COMETAN EL CRIMEN Y TE LO DEJEN TODO EN HERENCIA.

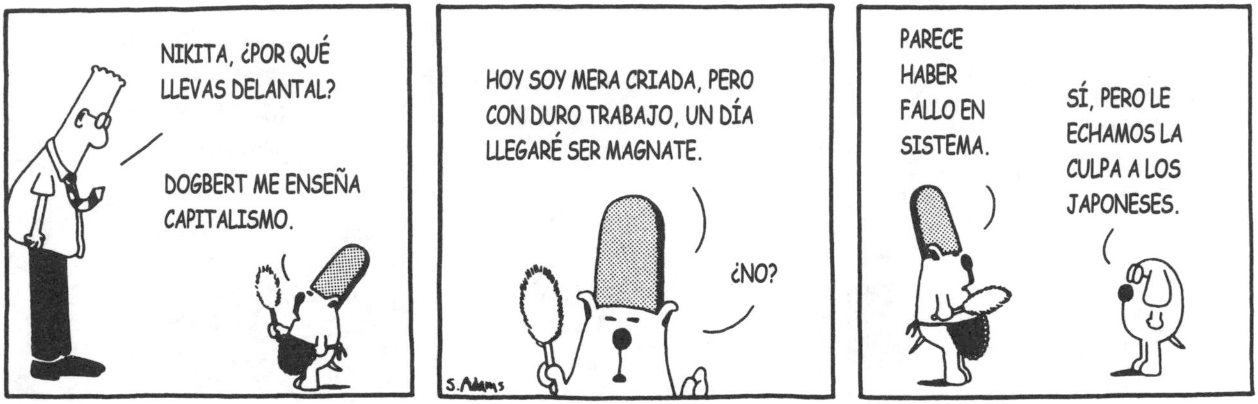
NIKITA, ¿POR QUÉ LLEVAS DELANTAL?
DOGBERT ME ENSEÑA CAPITALISMO.
HOY SOY MERA CRIADA, PERO CON DURO TRABAJO, UN DÍA LLEGARÉ SER MAGNATE.
¿NO?
PARECE HABER FALLO EN SISTEMA.
SÍ, PERO LE ECHAMOS LA CULPA A LOS JAPONESES.

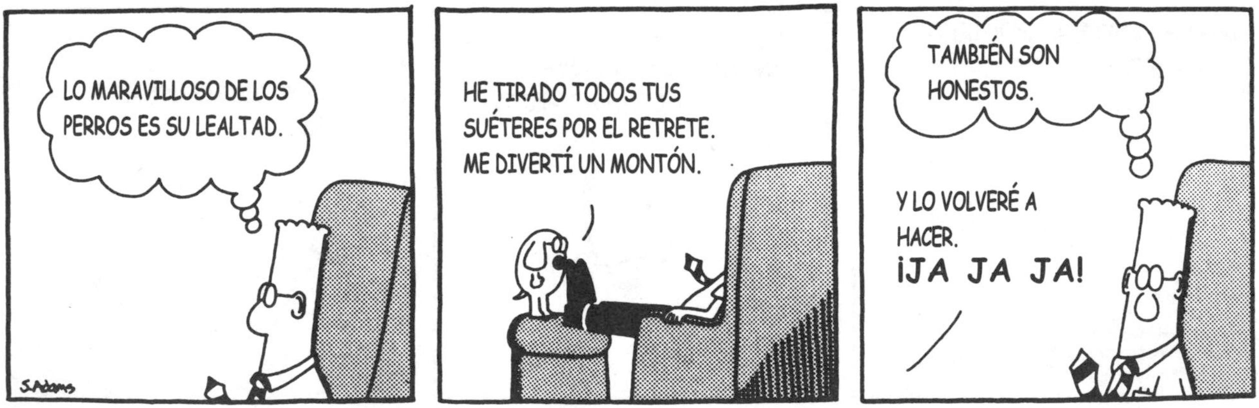
LO MARAVILLOSO DE LOS PERROS ES SU LEALTAD.
HE TIRADO TODOS TUS SUÉTERES POR EL RETRETE. ME DIVERTÍ UN MONTÓN.
TAMBIÉN SON HONESTOS.
Y LO VOLVERÉ A HACER.
¡JA JA JA!

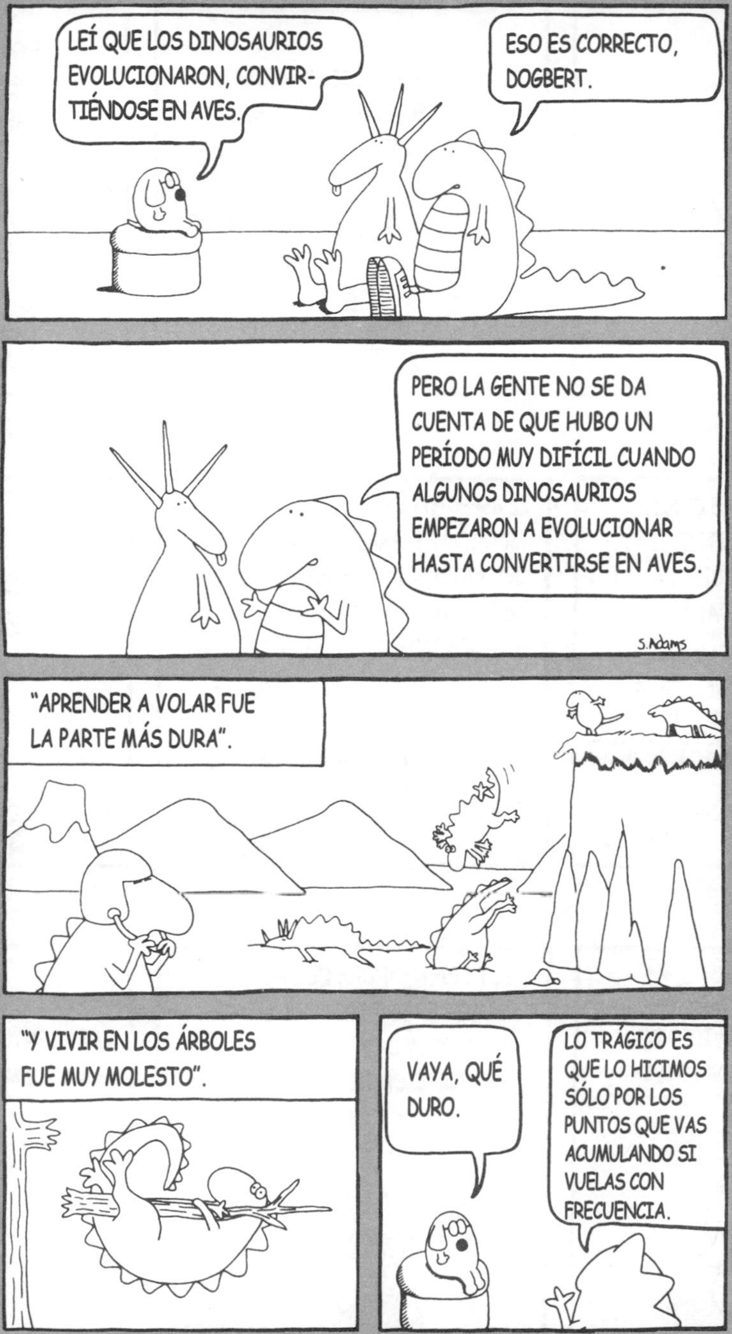
LEÍ QUE LOS DINOSAURIOS EVOLUCIONARON, CONVIR-TIÉNDOSE EN AVES.
ESO ES CORRECTO, DOGBERT.
PERO LA GENTE NO SE DA CUENTA DE QUE HUBO UN PERÍODO MUY DIFÍCIL CUANDO ALGUNOS DINOSAURIOS EMPEZARON A EVOLUCIONAR HASTA CONVERTIRSE EN AVES.
S. Adams
"APRENDER A VOLAR FUE LA PARTE MÁS DURA".
"Y VIVIR EN LOS ÁRBOLES FUE MUY MOLESTO".
VAYA, QUÉ DURO.
LO TRÁGICO ES QUE LO HICIMOS SÓLO POR LOS PUNTOS QUE VAS ACUMULANDO SI VUELAS CON FRECUENCIA.

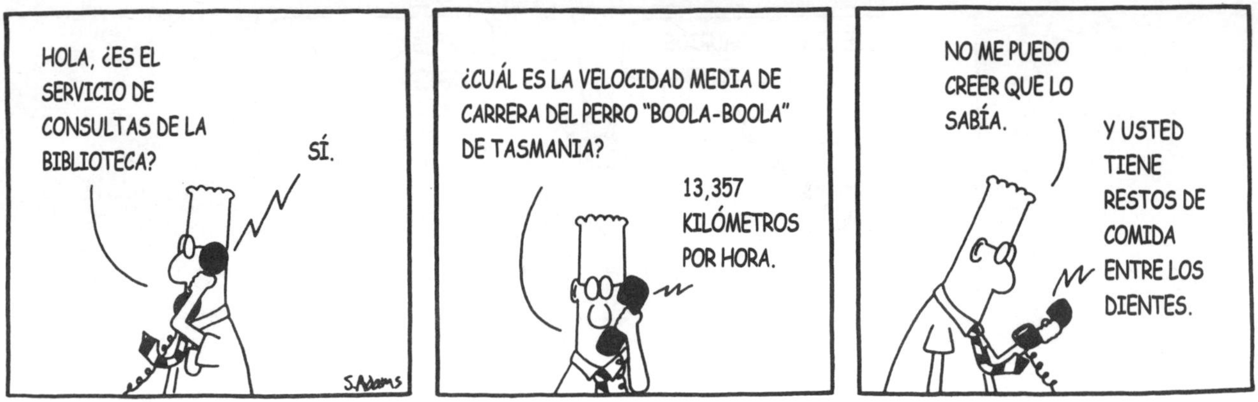
HOLA, ¿ES EL SERVICIO DE CONSULTAS DE LA BIBLIOTECA?
SÍ.
¿CUÁL ES LA VELOCIDAD MEDIA DE CARRERA DEL PERRO "BOOLA-BOOLA" DE TASMANIA?
13,357 KILÓMETROS POR HORA.
NO ME PUEDO CREER QUE LO SABÍA.
Y USTED TIENE RESTOS DE COMIDA ENTRE LOS DIENTES.
S. Adams

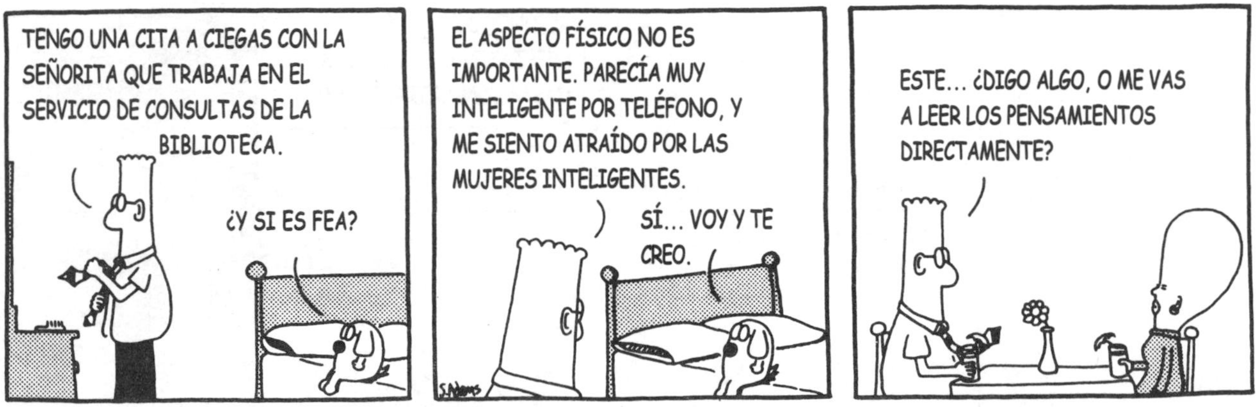
TENGO UNA CITA A CIEGAS CON LA SEÑORITA QUE TRABAJA EN EL SERVICIO DE CONSULTAS DE LA BIBLIOTECA.
¿Y SI ES FEA?
EL ASPECTO FÍSICO NO ES IMPORTANTE. PARECÍA MUY INTELIGENTE POR TELÉFONO, Y ME SIENTO ATRAÍDO POR LAS MUJERES INTELIGENTES.
SÍ... VOY Y TE CREO.
ESTE... ¿DIGO ALGO, O ME VAS A LEER LOS PENSAMIENTOS DIRECTAMENTE?
S. Adams

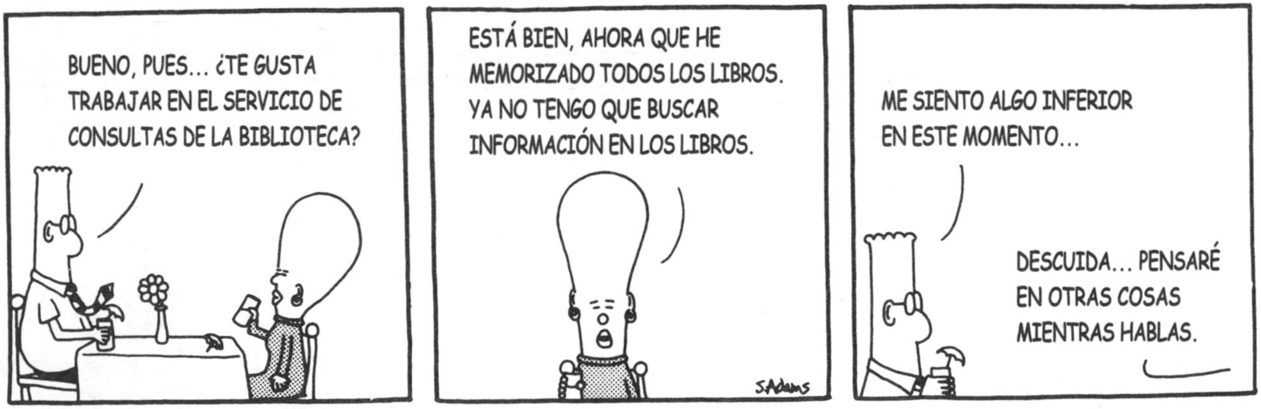
BUENO, PUES... ¿TE GUSTA TRABAJAR EN EL SERVICIO DE CONSULTAS DE LA BIBLIOTECA?
ESTÁ BIEN, AHORA QUE HE MEMORIZADO TODOS LOS LIBROS. YA NO TENGO QUE BUSCAR INFORMACIÓN EN LOS LIBROS.
ME SIENTO ALGO INFERIOR EN ESTE MOMENTO...
DESCUIDA... PENSARÉ EN OTRAS COSAS MIENTRAS HABLAS.
S. Adams

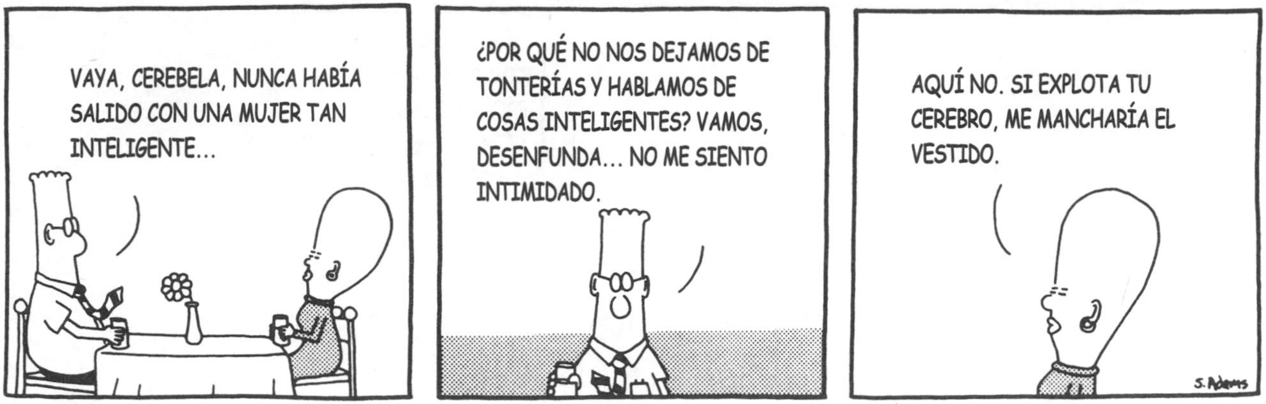
VAYA, CEREBELA, NUNCA HABÍA SALIDO CON UNA MUJER TAN INTELIGENTE...
¿POR QUÉ NO NOS DEJAMOS DE TONTERÍAS Y HABLAMOS DE COSAS INTELIGENTES? VAMOS, DESENFUNDA... NO ME SIENTO INTIMIDADO.
AQUÍ NO. SI EXPLOTA TU CEREBRO, ME MANCHARÍA EL VESTIDO.
S. Adams

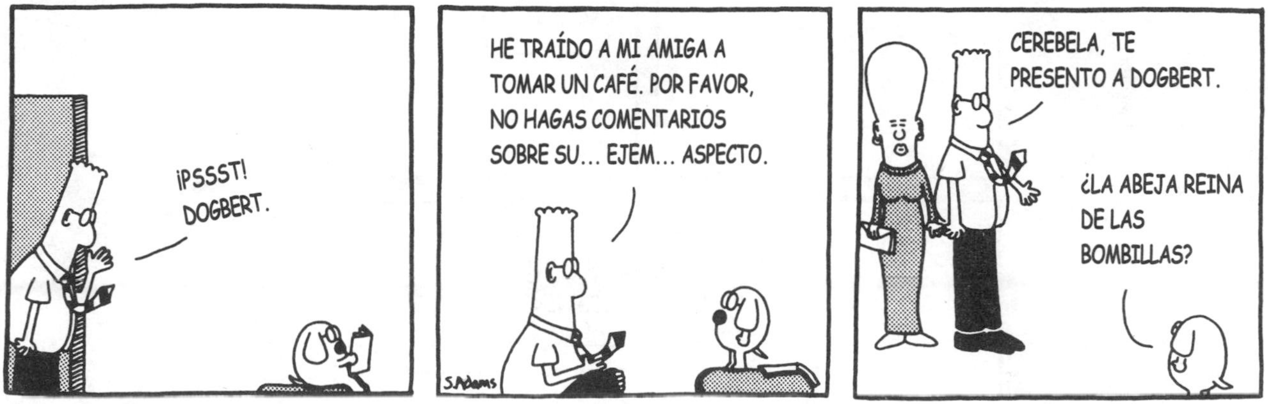
¡PSSST! DOGBERT.
HE TRAÍDO A MI AMIGA A TOMAR UN CAFÉ. POR FAVOR, NO HAGAS COMENTARIOS SOBRE SU... EJEM... ASPECTO.
S. Adams
CEREBELA, TE PRESENTO A DOGBERT.
¿LA ABEJA REINA DE LAS BOMBILLAS?

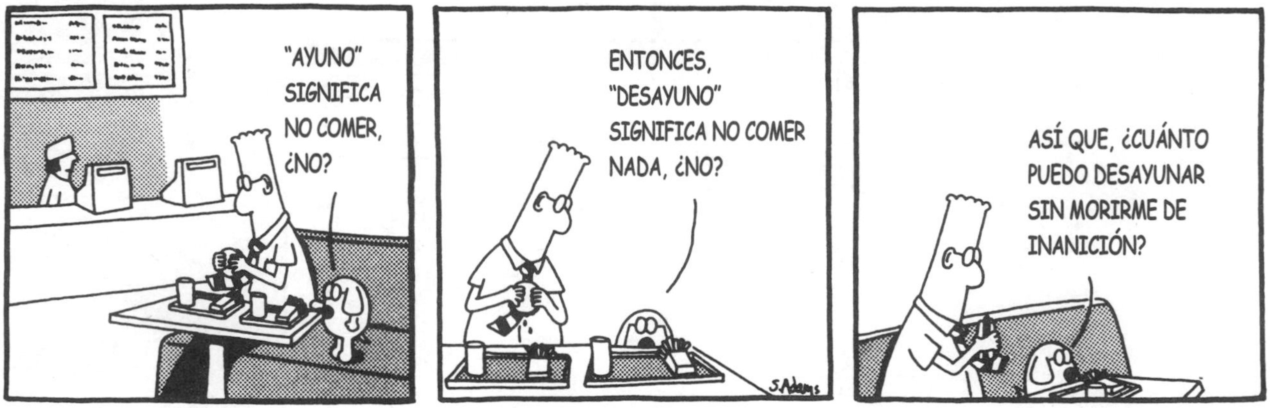
"AYUNO" SIGNIFICA NO COMER, ¿NO?
ENTONCES, "DESAYUNO" SIGNIFICA NO COMER NADA, ¿NO?
S. Adams
ASÍ QUE, ¿CUÁNTO PUEDO DESAYUNAR SIN MORIRME DE INANICIÓN?

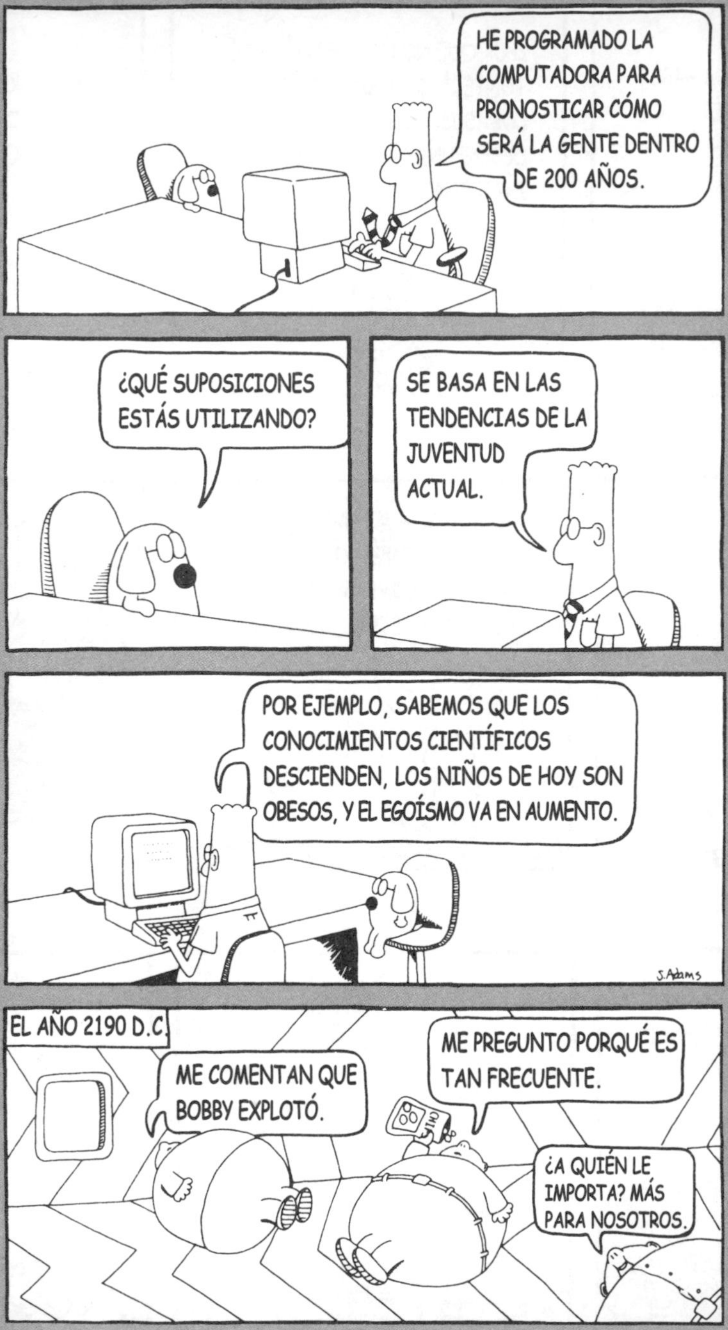
HE PROGRAMADO LA COMPUTADORA PARA PRONOSTICAR CÓMO SERÁ LA GENTE DENTRO DE 200 AÑOS.
¿QUÉ SUPOSICIONES ESTÁS UTILIZANDO?
SE BASA EN LAS TENDENCIAS DE LA JUVENTUD ACTUAL.
POR EJEMPLO, SABEMOS QUE LOS CONOCIMIENTOS CIENTÍFICOS DESCIENDEN, LOS NIÑOS DE HOY SON OBESOS, Y EL EGOÍSMO VA EN AUMENTO.
S. Adams
EL AÑO 2190 D.C.
ME COMENTAN QUE BOBBY EXPLOTÓ.
ME PREGUNTO PORQUÉ ES TAN FRECUENTE.
¿A QUIÉN LE IMPORTA? MÁS PARA NOSOTROS.

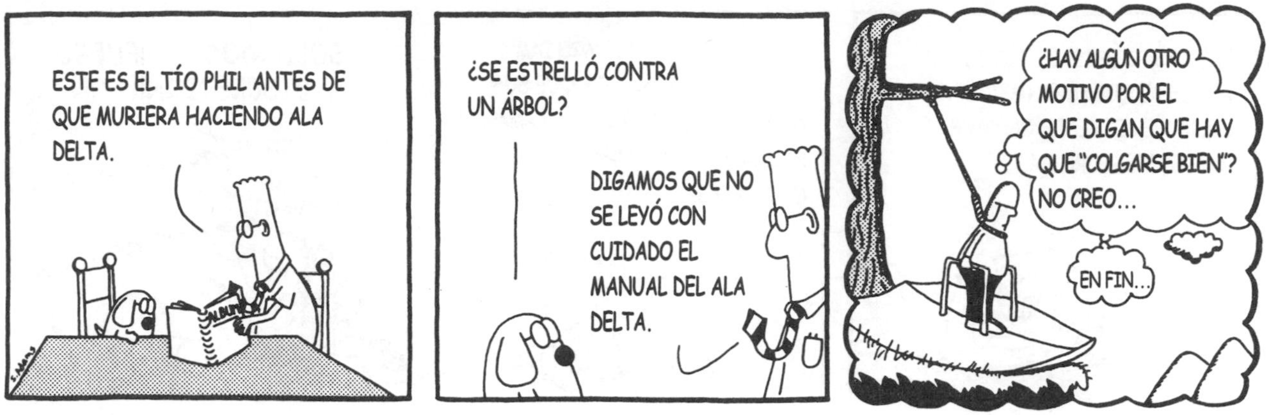
ESTE ES EL TÍO PHIL ANTES DE QUE MURIERA HACIENDO ALA DELTA.
¿SE ESTRELLÓ CONTRA UN ÁRBOL?
DIGAMOS QUE NO SE LEYÓ CON CUIDADO EL MANUAL DEL ALA DELTA.
¿HAY ALGÚN OTRO MOTIVO POR EL QUE DIGAN QUE HAY QUE "COLGARSE BIEN"? NO CREO...
EN FIN...

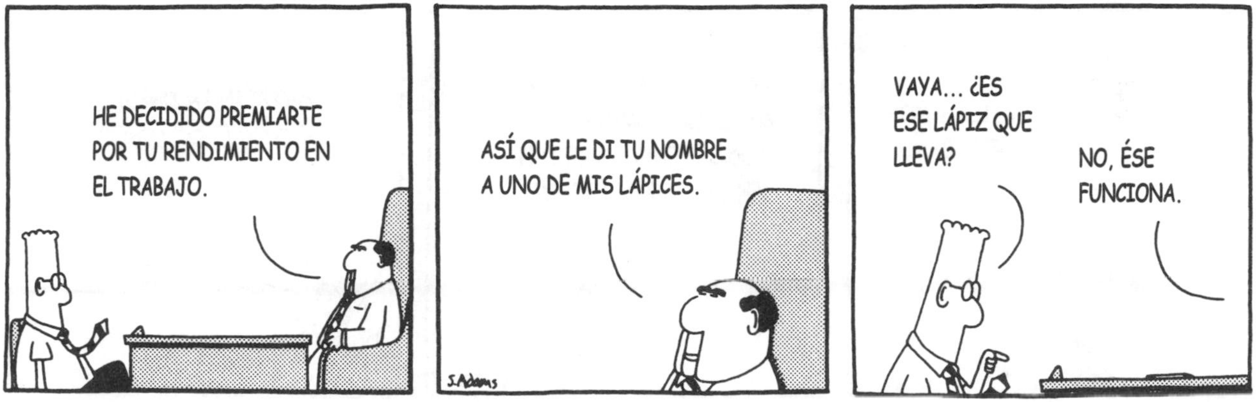
HE DECIDIDO PREMIARTE POR TU RENDIMIENTO EN EL TRABAJO.
ASÍ QUE LE DI TU NOMBRE A UNO DE MIS LÁPICES.
S.Adams
VAYA... ¿ES ESE LÁPIZ QUE LLEVA?
NO, ÉSE FUNCIONA.

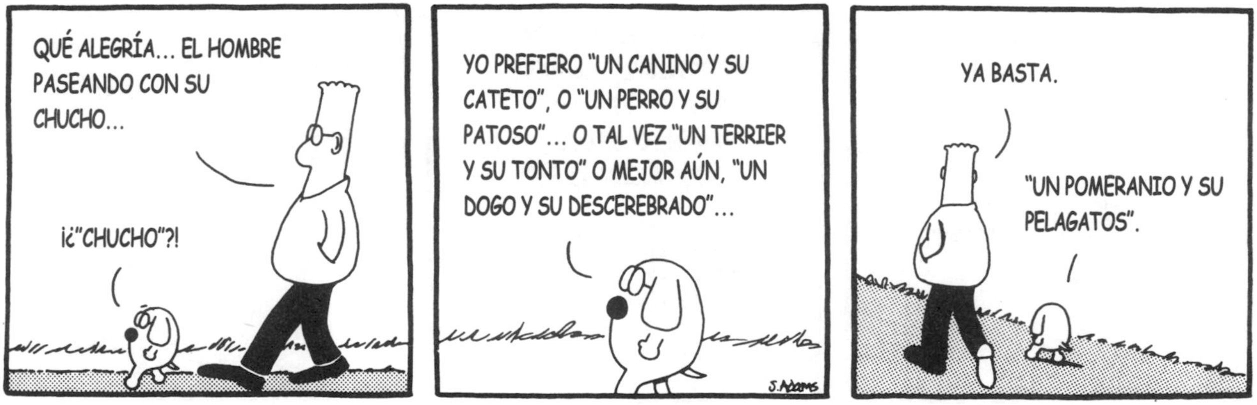
QUÉ ALEGRÍA... EL HOMBRE PASEANDO CON SU CHUCHO...
¡¿"CHUCHO"?!
YO PREFIERO "UN CANINO Y SU CATETO", O "UN PERRO Y SU PATOSO"... O TAL VEZ "UN TERRIER Y SU TONTO" O MEJOR AÚN, "UN DOGO Y SU DESCEREBRADO"...
S.Adams
YA BASTA.
"UN POMERANIO Y SU PELAGATOS".

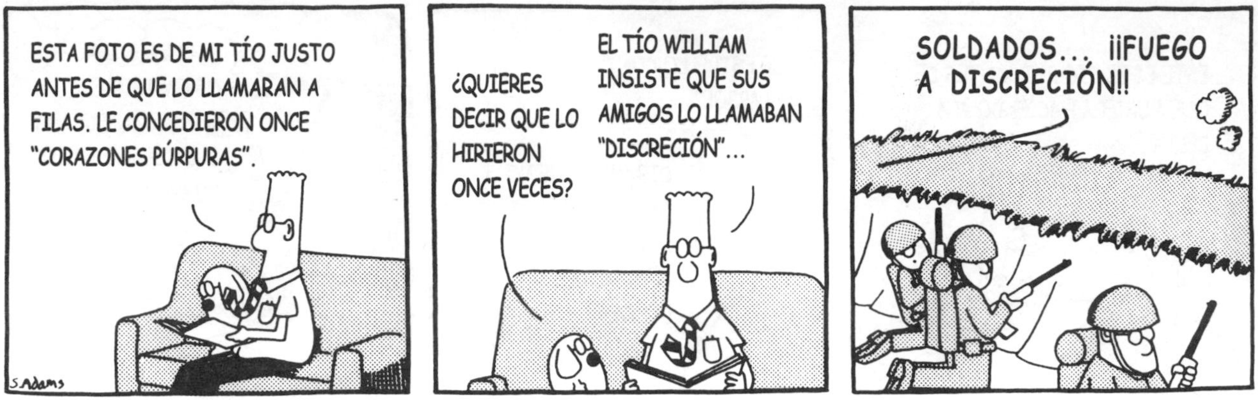
ESTA FOTO ES DE MI TÍO JUSTO ANTES DE QUE LO LLAMARAN A FILAS. LE CONCEDIERON ONCE "CORAZONES PÚRPURAS".
S. Adams
¿QUIERES DECIR QUE LO HIRIERON ONCE VECES?
EL TÍO WILLIAM INSISTE QUE SUS AMIGOS LO LLAMABAN "DISCRECIÓN"...
SOLDADOS... ¡¡FUEGO A DISCRECIÓN!!

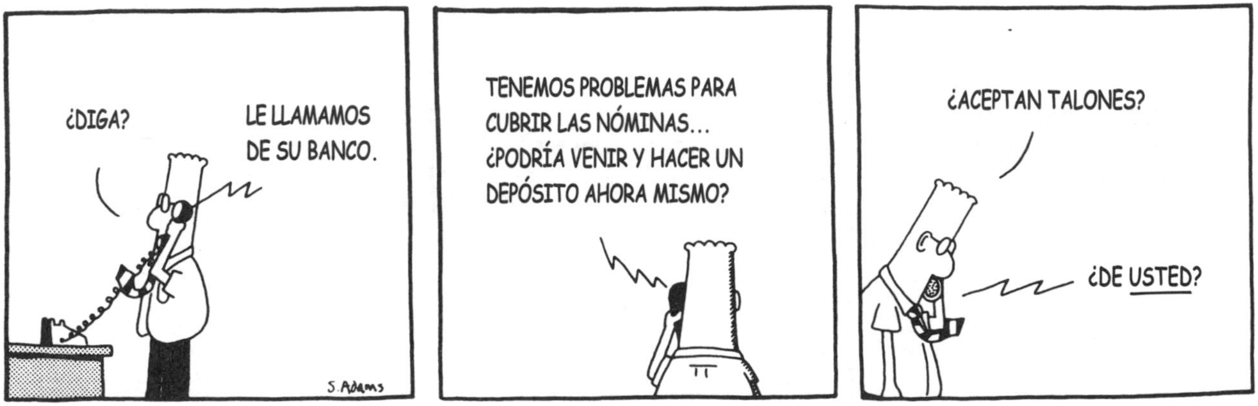
¿DIGA?
LE LLAMAMOS DE SU BANCO.
S. Adams
TENEMOS PROBLEMAS PARA CUBRIR LAS NÓMINAS... ¿PODRÍA VENIR Y HACER UN DEPÓSITO AHORA MISMO?
¿ACEPTAN TALONES?
¿DE USTED?

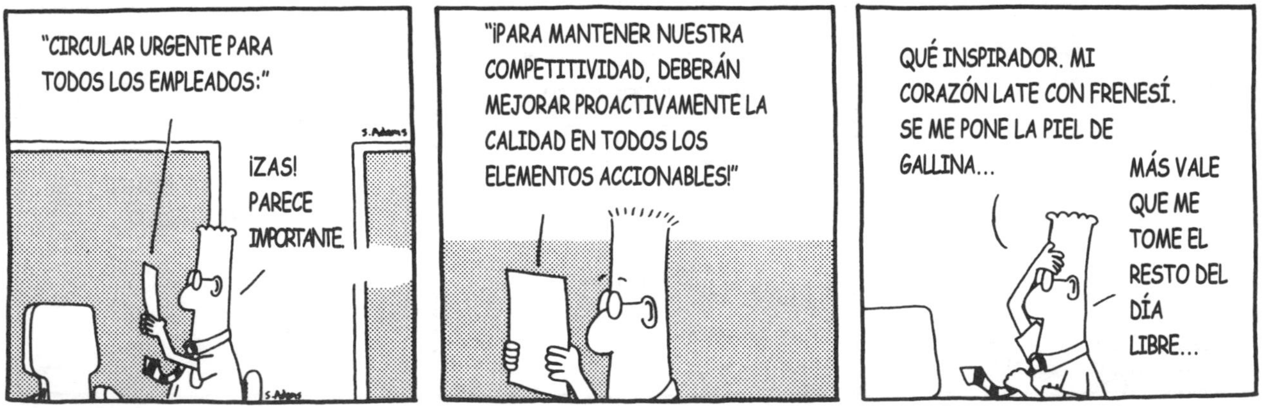
"CIRCULAR URGENTE PARA TODOS LOS EMPLEADOS:"
¡ZAS! PARECE IMPORTANTE.
S. Adams
"¡PARA MANTENER NUESTRA COMPETITIVIDAD, DEBERÁN MEJORAR PROACTIVAMENTE LA CALIDAD EN TODOS LOS ELEMENTOS ACCIONABLES!"
QUÉ INSPIRADOR. MI CORAZÓN LATE CON FRENESÍ. SE ME PONE LA PIEL DE GALLINA...
MÁS VALE QUE ME TOME EL RESTO DEL DÍA LIBRE...

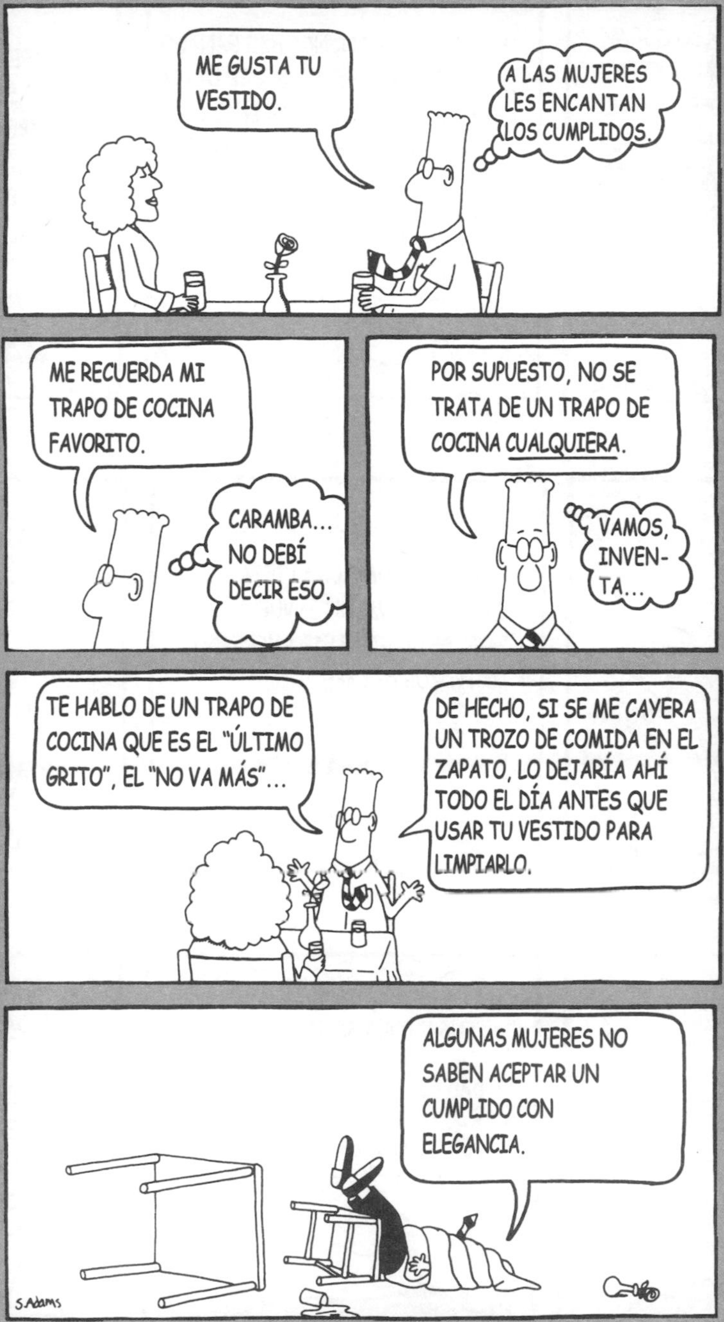
ME GUSTA TU VESTIDO.
A LAS MUJERES LES ENCANTAN LOS CUMPLIDOS.
ME RECUERDA MI TRAPO DE COCINA FAVORITO.
CARAMBA... NO DEBÍ DECIR ESO.
POR SUPUESTO, NO SE TRATA DE UN TRAPO DE COCINA CUALQUIERA.
VAMOS, INVEN-TA...
TE HABLO DE UN TRAPO DE COCINA QUE ES EL "ÚLTIMO GRITO", EL "NO VA MÁS"...
DE HECHO, SI SE ME CAYERA UN TROZO DE COMIDA EN EL ZAPATO, LO DEJARÍA AHÍ TODO EL DÍA ANTES QUE USAR TU VESTIDO PARA LIMPIARLO.
ALGUNAS MUJERES NO SABEN ACEPTAR UN CUMPLIDO CON ELEGANCIA.
S. Adams

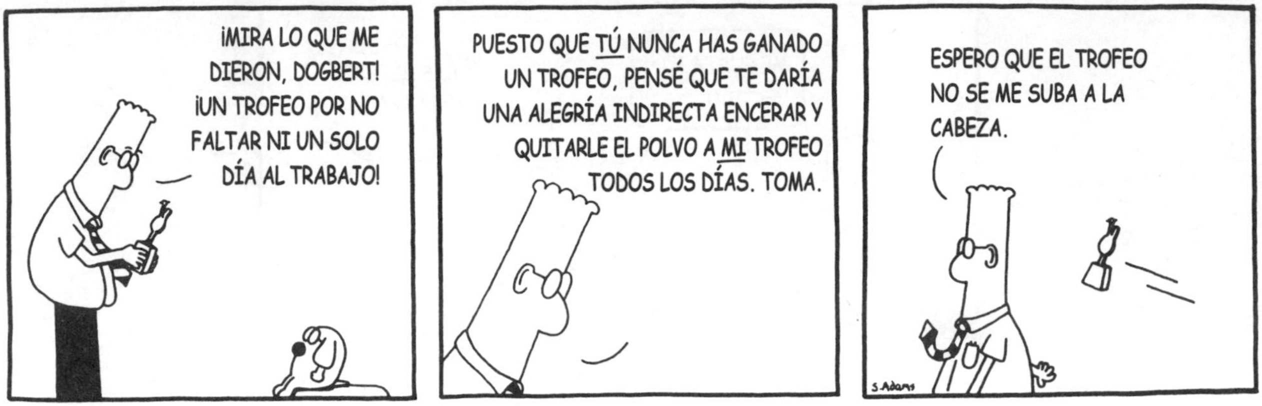
¡MIRA LO QUE ME DIERON, DOGBERT! ¡UN TROFEO POR NO FALTAR NI UN SOLO DÍA AL TRABAJO!
PUESTO QUE TÚ NUNCA HAS GANADO UN TROFEO, PENSÉ QUE TE DARÍA UNA ALEGRÍA INDIRECTA ENCERAR Y QUITARLE EL POLVO A MI TROFEO TODOS LOS DÍAS. TOMA.
ESPERO QUE EL TROFEO NO SE ME SUBA A LA CABEZA.
S. Adams

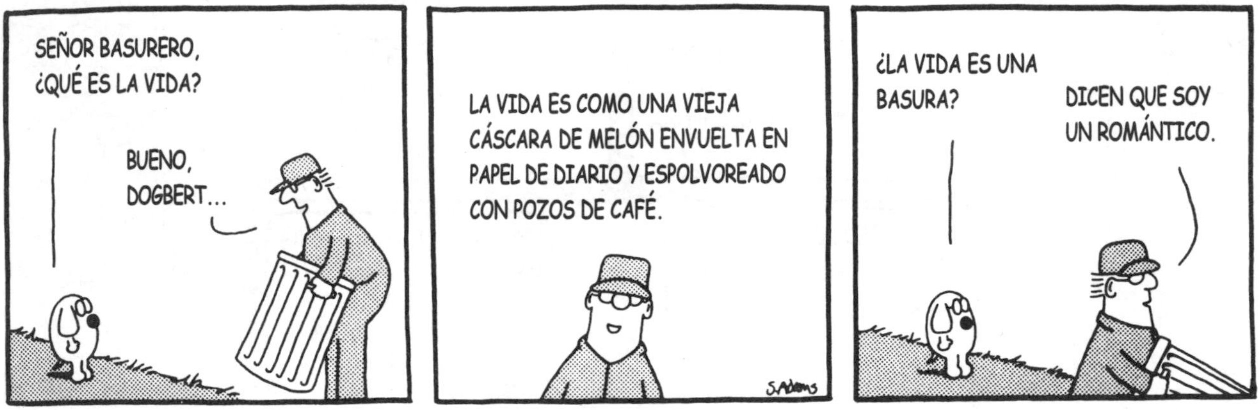
SEÑOR BASURERO, ¿QUÉ ES LA VIDA?
BUENO, DOGBERT...
LA VIDA ES COMO UNA VIEJA CÁSCARA DE MELÓN ENVUELTA EN PAPEL DE DIARIO Y ESPOLVOREADO CON POZOS DE CAFÉ.
S. Adams
¿LA VIDA ES UNA BASURA?
DICEN QUE SOY UN ROMÁNTICO.

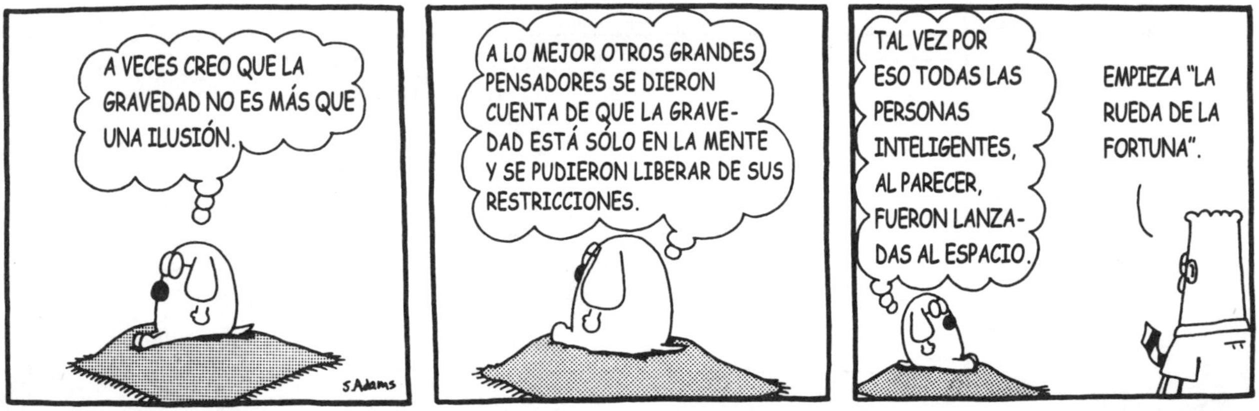
A VECES CREO QUE LA GRAVEDAD NO ES MÁS QUE UNA ILUSIÓN.
S. Adams
A LO MEJOR OTROS GRANDES PENSADORES SE DIERON CUENTA DE QUE LA GRAVEDAD ESTÁ SÓLO EN LA MENTE Y SE PUDIERON LIBERAR DE SUS RESTRICCIONES.
TAL VEZ POR ESO TODAS LAS PERSONAS INTELIGENTES, AL PARECER, FUERON LANZADAS AL ESPACIO.
EMPIEZA "LA RUEDA DE LA FORTUNA".

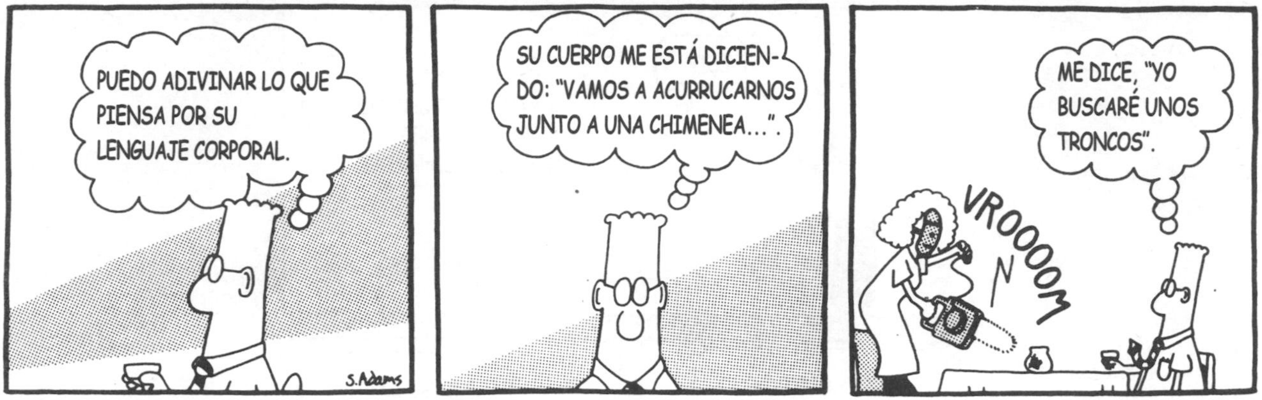
PUEDO ADIVINAR LO QUE PIENSA POR SU LENGUAJE CORPORAL.
S. Adams
SU CUERPO ME ESTÁ DICIENDO: "VAMOS A ACURRUCARNOS JUNTO A UNA CHIMENEA...".
ME DICE, "YO BUSCARÉ UNOS TRONCOS".
VROOOOOM

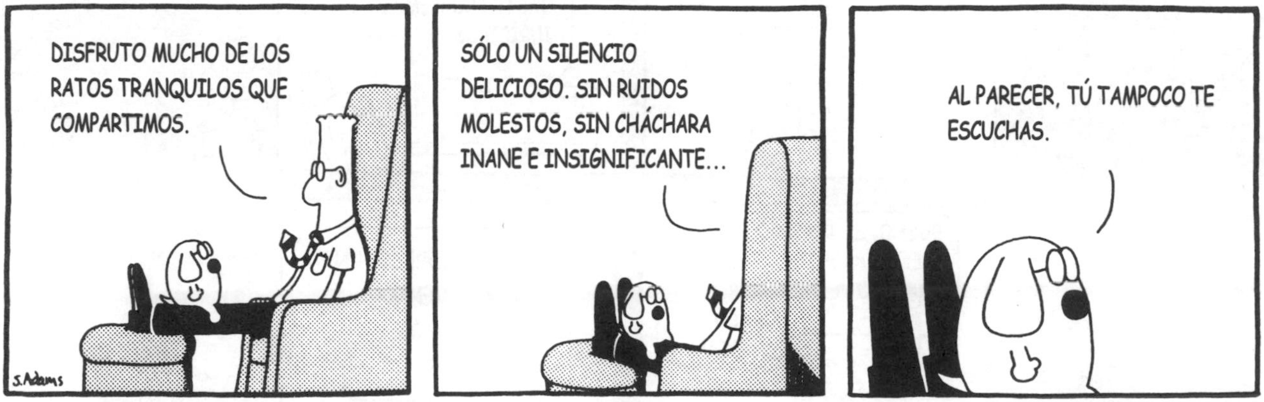
DISFRUTO MUCHO DE LOS RATOS TRANQUILOS QUE COMPARTIMOS.
S. Adams
SÓLO UN SILENCIO DELICIOSO. SIN RUIDOS MOLESTOS, SIN CHÁCHARA INANE E INSIGNIFICANTE...
AL PARECER, TÚ TAMPOCO TE ESCUCHAS.

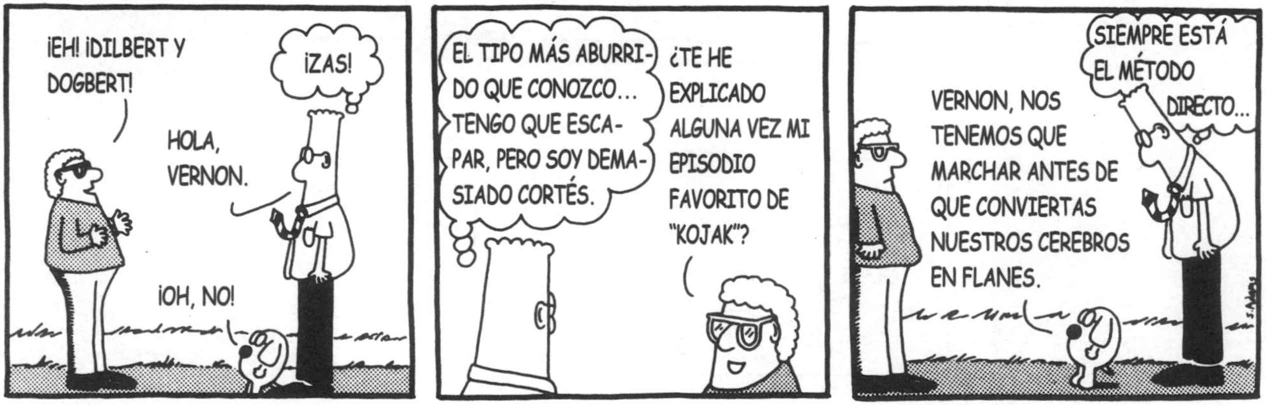
¡EH! ¡DILBERT Y DOGBERT!
¡ZAS!
HOLA, VERNON.
¡OH, NO!
EL TIPO MÁS ABURRIDO QUE CONOZCO... TENGO QUE ESCAPAR, PERO SOY DEMASIADO CORTÉS.
¿TE HE EXPLICADO ALGUNA VEZ MI EPISODIO FAVORITO DE "KOJAK"?
SIEMPRE ESTÁ EL MÉTODO DIRECTO...
VERNON, NOS TENEMOS QUE MARCHAR ANTES DE QUE CONVIERTAS NUESTROS CEREBROS EN FLANES.

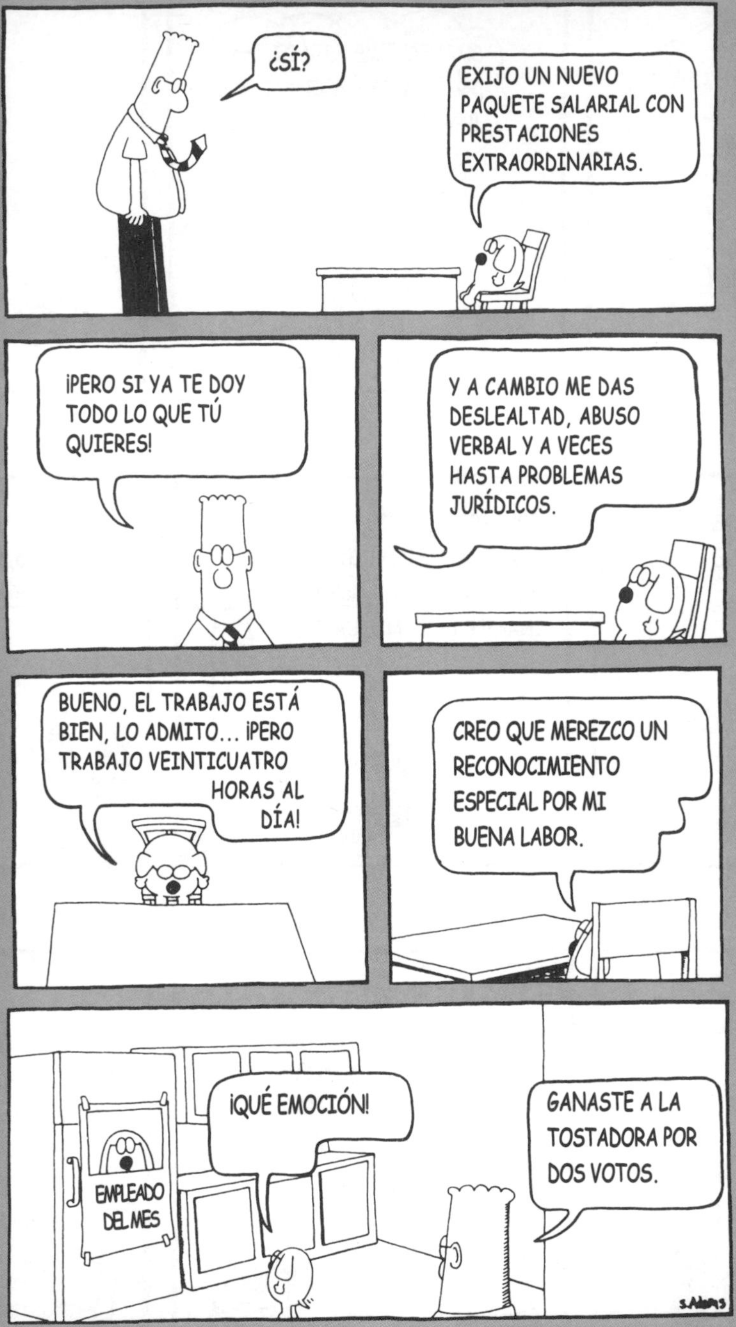
¿SÍ?
EXIJO UN NUEVO PAQUETE SALARIAL CON PRESTACIONES EXTRAORDINARIAS.
¡PERO SI YA TE DOY TODO LO QUE TÚ QUIERES!
Y A CAMBIO ME DAS DESLEALTAD, ABUSO VERBAL Y A VECES HASTA PROBLEMAS JURÍDICOS.
BUENO, EL TRABAJO ESTÁ BIEN, LO ADMITO... ¡PERO TRABAJO VEINTICUATRO HORAS AL DÍA!
CREO QUE MEREZCO UN RECONOCIMIENTO ESPECIAL POR MI BUENA LABOR.
EMPLEADO DEL MES
¡QUÉ EMOCIÓN!
GANASTE A LA TOSTADORA POR DOS VOTOS.
S. ADAMS

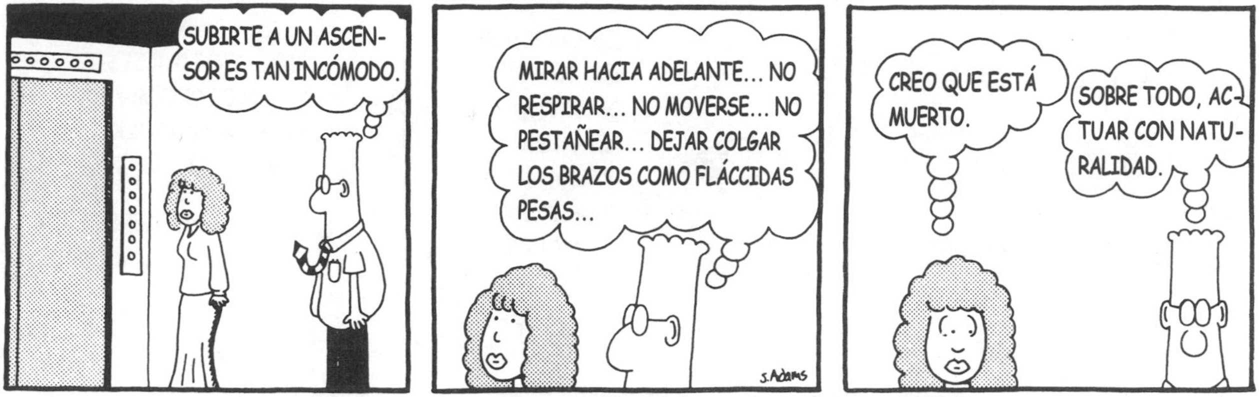
SUBIRTE A UN ASCENSOR ES TAN INCÓMODO.
MIRAR HACIA ADELANTE... NO RESPIRAR... NO MOVERSE... NO PESTAÑEAR... DEJAR COLGAR LOS BRAZOS COMO FLÁCCIDAS PESAS...
S. Adams
CREO QUE ESTÁ MUERTO.
SOBRE TODO, ACTUAR CON NATURALIDAD.

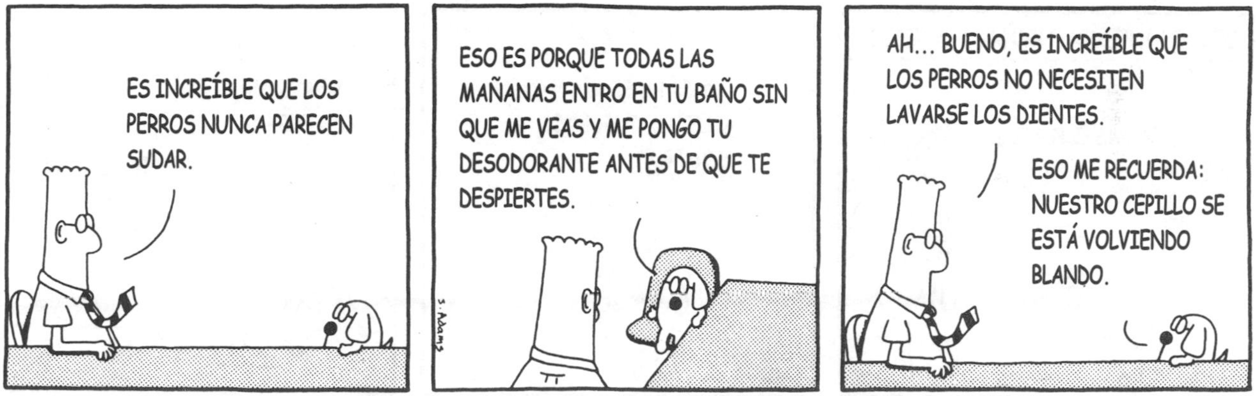
ES INCREÍBLE QUE LOS PERROS NUNCA PARECEN SUDAR.
ESO ES PORQUE TODAS LAS MAÑANAS ENTRO EN TU BAÑO SIN QUE ME VEAS Y ME PONGO TU DESODORANTE ANTES DE QUE TE DESPIERTES.
S. Adams
AH... BUENO, ES INCREÍBLE QUE LOS PERROS NO NECESITEN LAVARSE LOS DIENTES.
ESO ME RECUERDA: NUESTRO CEPILLO SE ESTÁ VOLVIENDO BLANDO.

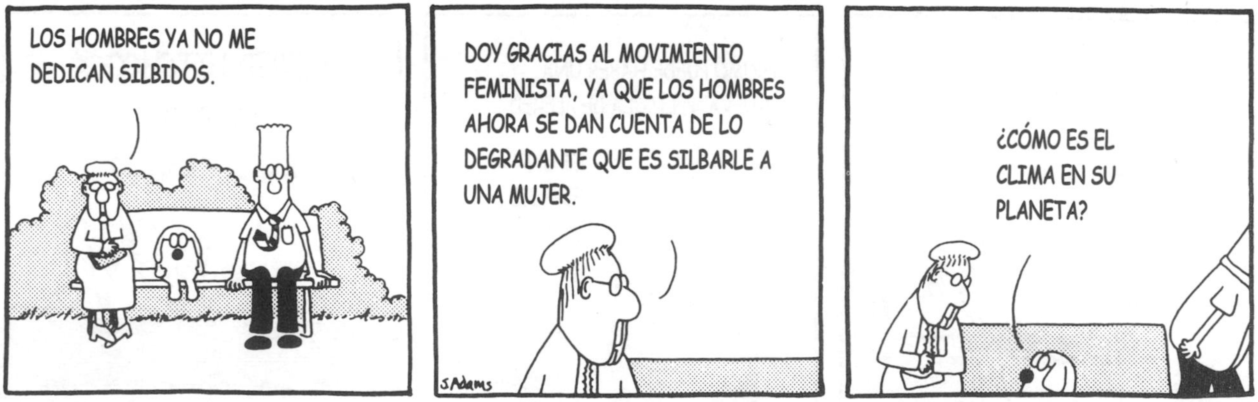
LOS HOMBRES YA NO ME DEDICAN SILBIDOS.
DOY GRACIAS AL MOVIMIENTO FEMINISTA, YA QUE LOS HOMBRES AHORA SE DAN CUENTA DE LO DEGRADANTE QUE ES SILBARLE A UNA MUJER.
S. Adams
¿CÓMO ES EL CLIMA EN SU PLANETA?

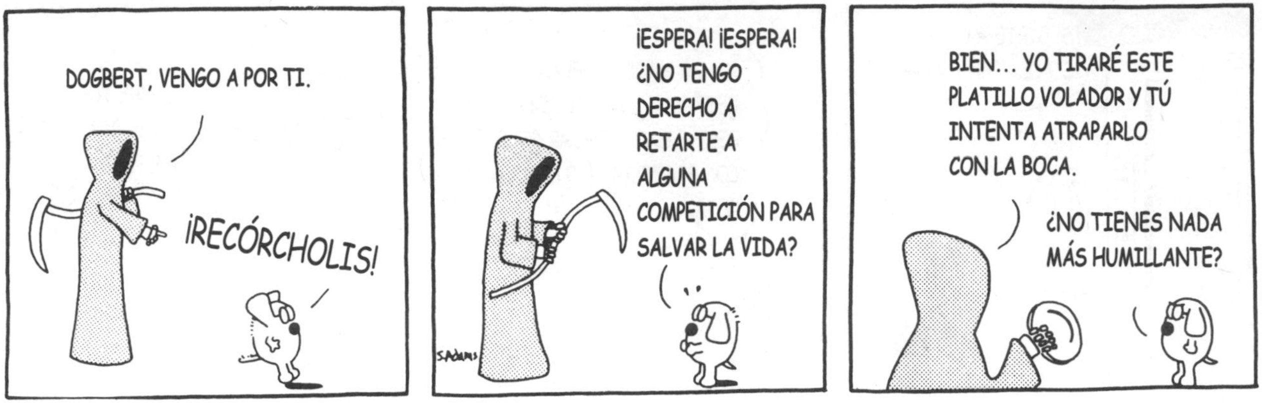
DOGBERT, VENGO A POR TI.
¡RECÓRCHOLIS!
¡ESPERA! ¡ESPERA! ¿NO TENGO DERECHO A RETARTE A ALGUNA COMPETICIÓN PARA SALVAR LA VIDA?
BIEN… YO TIRARÉ ESTE PLATILLO VOLADOR Y TÚ INTENTA ATRAPARLO CON LA BOCA.
¿NO TIENES NADA MÁS HUMILLANTE?

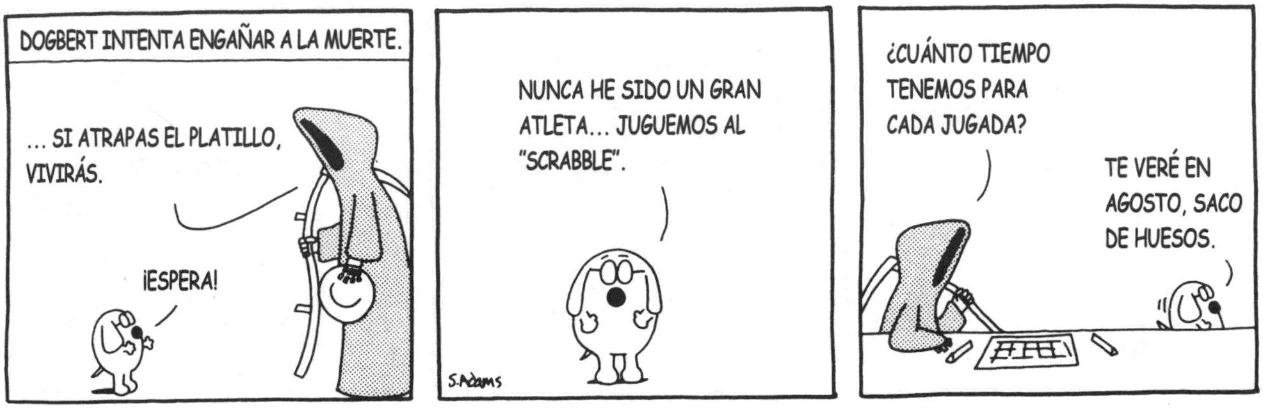
DOGBERT INTENTA ENGAÑAR A LA MUERTE.
… SI ATRAPAS EL PLATILLO, VIVIRÁS.
¡ESPERA!
NUNCA HE SIDO UN GRAN ATLETA… JUGUEMOS AL "SCRABBLE".
¿CUÁNTO TIEMPO TENEMOS PARA CADA JUGADA?
TE VERÉ EN AGOSTO, SACO DE HUESOS.

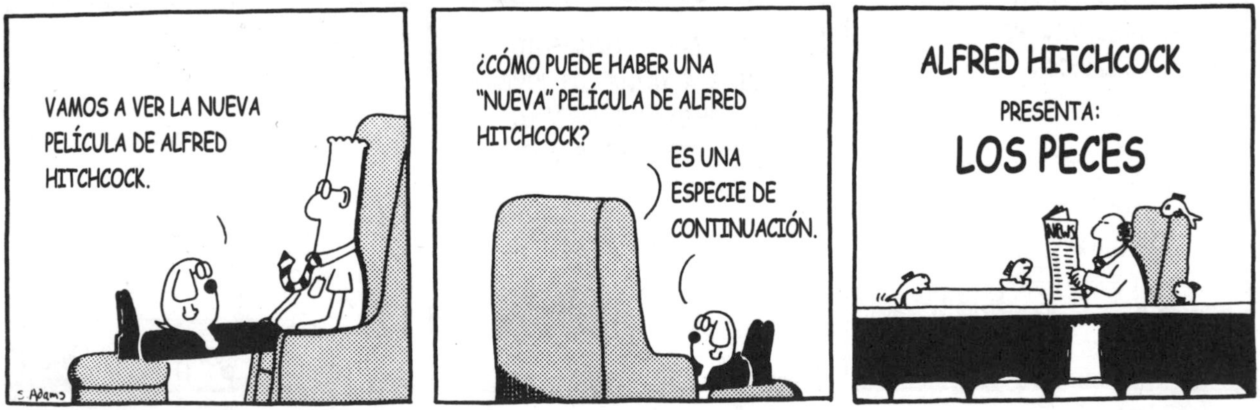
VAMOS A VER LA NUEVA PELÍCULA DE ALFRED HITCHCOCK.
¿CÓMO PUEDE HABER UNA "NUEVA" PELÍCULA DE ALFRED HITCHCOCK?
ES UNA ESPECIE DE CONTINUACIÓN.
ALFRED HITCHCOCK
PRESENTA:
LOS PECES

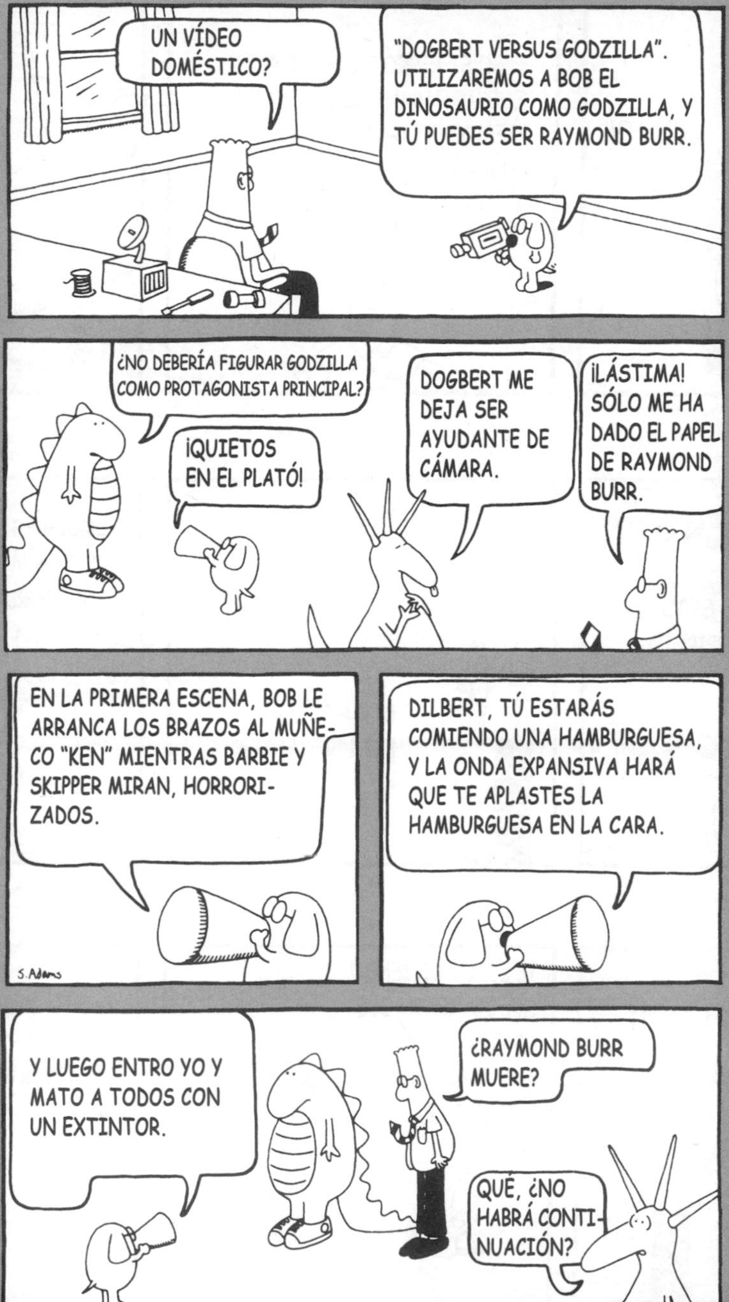
UN VÍDEO DOMÉSTICO?
"DOGBERT VERSUS GODZILLA". UTILIZAREMOS A BOB EL DINOSAURIO COMO GODZILLA, Y TÚ PUEDES SER RAYMOND BURR.
¿NO DEBERÍA FIGURAR GODZILLA COMO PROTAGONISTA PRINCIPAL?
¡QUIETOS EN EL PLATÓ!
DOGBERT ME DEJA SER AYUDANTE DE CÁMARA.
¡LÁSTIMA! SÓLO ME HA DADO EL PAPEL DE RAYMOND BURR.
EN LA PRIMERA ESCENA, BOB LE ARRANCA LOS BRAZOS AL MUÑECO "KEN" MIENTRAS BARBIE Y SKIPPER MIRAN, HORRORIZADOS.
S. Adams
DILBERT, TÚ ESTARÁS COMIENDO UNA HAMBURGUESA, Y LA ONDA EXPANSIVA HARÁ QUE TE APLASTES LA HAMBURGUESA EN LA CARA.
Y LUEGO ENTRO YO Y MATO A TODOS CON UN EXTINTOR.
¿RAYMOND BURR MUERE?
QUÉ, ¿NO HABRÁ CONTINUACIÓN?

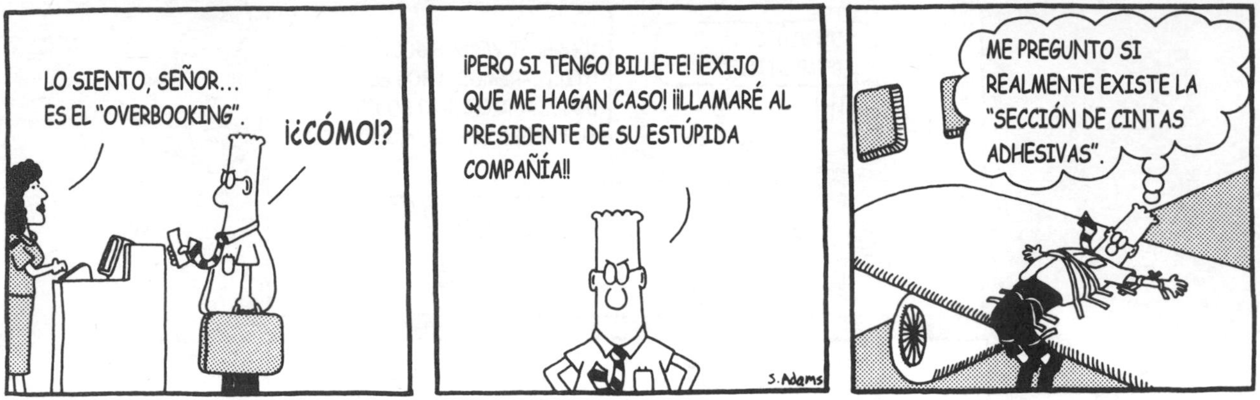
LO SIENTO, SEÑOR...
ES EL "OVERBOOKING".
¡¿CÓMO!?
¡PERO SI TENGO BILLETE! ¡EXIJO QUE ME HAGAN CASO! ¡¡LLAMARÉ AL PRESIDENTE DE SU ESTÚPIDA COMPAÑÍA!!
S. Adams
ME PREGUNTO SI REALMENTE EXISTE LA "SECCIÓN DE CINTAS ADHESIVAS".

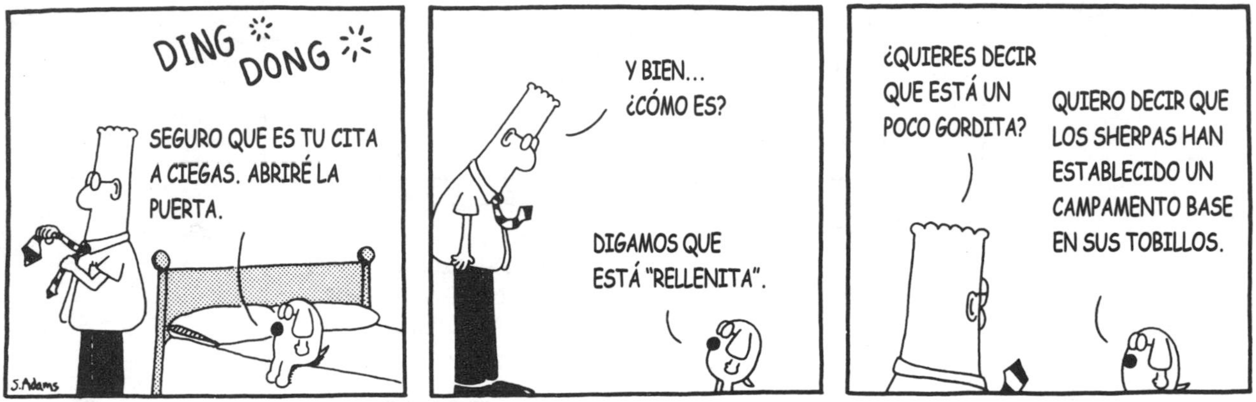
DING DONG
SEGURO QUE ES TU CITA A CIEGAS. ABRIRÉ LA PUERTA.
S. Adams
Y BIEN...
¿CÓMO ES?
DIGAMOS QUE ESTÁ "RELLENITA".
¿QUIERES DECIR QUE ESTÁ UN POCO GORDITA?
QUIERO DECIR QUE LOS SHERPAS HAN ESTABLECIDO UN CAMPAMENTO BASE EN SUS TOBILLOS.

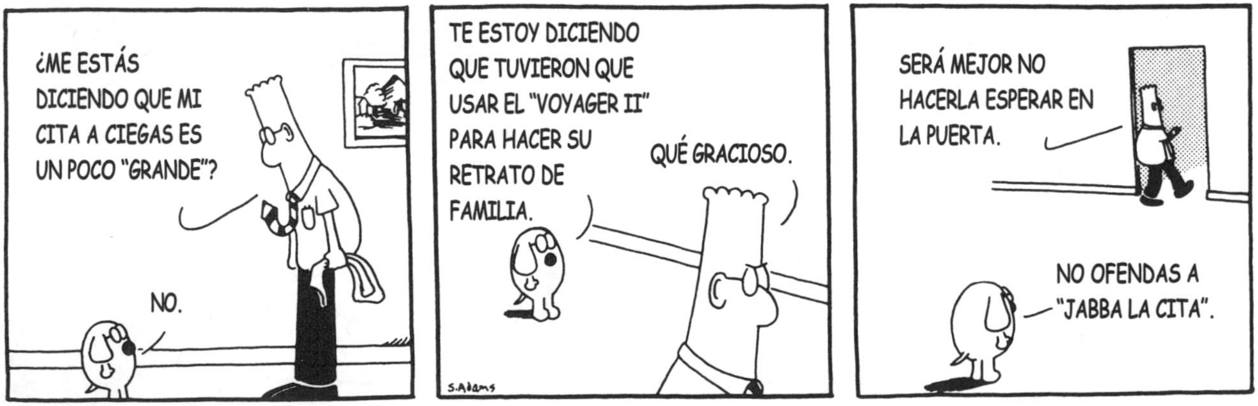
¿ME ESTÁS DICIENDO QUE MI CITA A CIEGAS ES UN POCO "GRANDE"?
NO.
TE ESTOY DICIENDO QUE TUVIERON QUE USAR EL "VOYAGER II" PARA HACER SU RETRATO DE FAMILIA.
QUÉ GRACIOSO.
S. Adams
SERÁ MEJOR NO HACERLA ESPERAR EN LA PUERTA.
NO OFENDAS A "JABBA LA CITA".

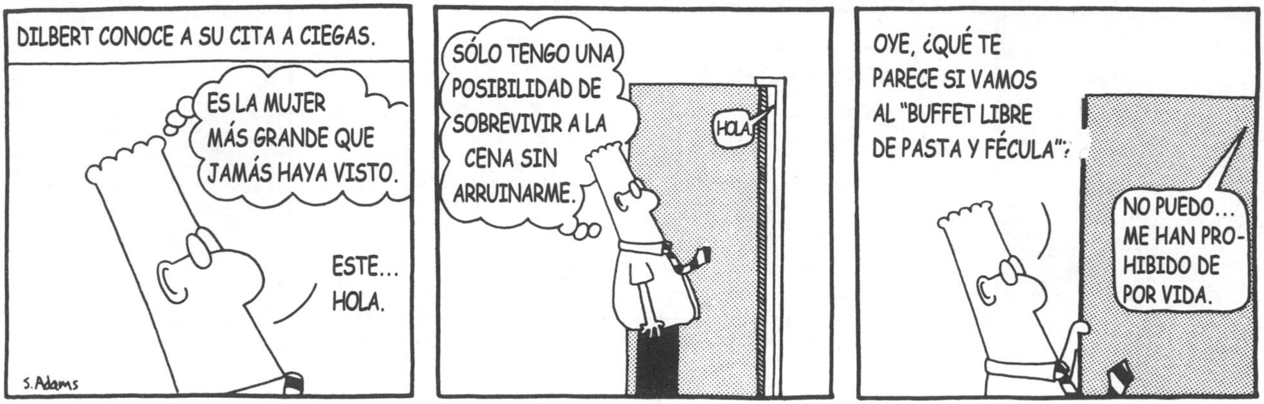
DILBERT CONOCE A SU CITA A CIEGAS.
ES LA MUJER MÁS GRANDE QUE JAMÁS HAYA VISTO.
ESTE... HOLA.
S. Adams
SÓLO TENGO UNA POSIBILIDAD DE SOBREVIVIR A LA CENA SIN ARRUINARME.
HOLA
OYE, ¿QUÉ TE PARECE SI VAMOS AL "BUFFET LIBRE DE PASTA Y FÉCULA"?
NO PUEDO... ME HAN PROHIBIDO DE POR VIDA.

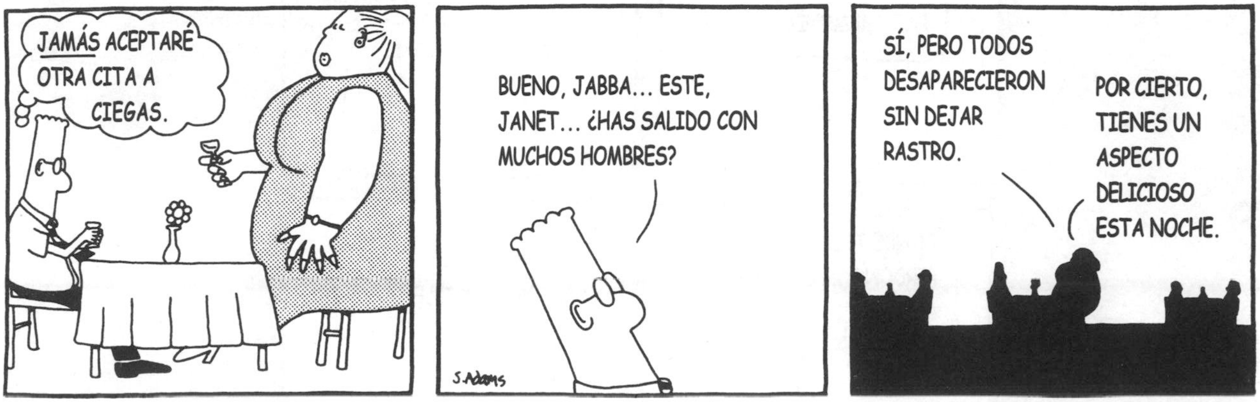
JAMÁS ACEPTARÉ OTRA CITA A CIEGAS.
BUENO, JABBA... ESTE, JANET... ¿HAS SALIDO CON MUCHOS HOMBRES?
S. Adams
SÍ, PERO TODOS DESAPARECIERON SIN DEJAR RASTRO.
POR CIERTO, TIENES UN ASPECTO DELICIOSO ESTA NOCHE.

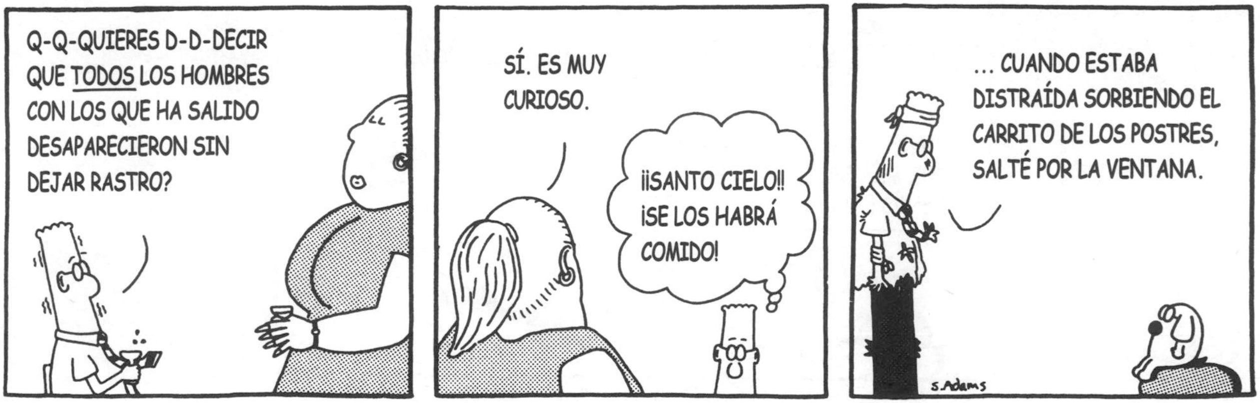
Q-Q-QUIERES D-D-DECIR QUE TODOS LOS HOMBRES CON LOS QUE HA SALIDO DESAPARECIERON SIN DEJAR RASTRO?
SÍ. ES MUY CURIOSO.
¡¡SANTO CIELO!! ¡SE LOS HABRÁ COMIDO!
... CUANDO ESTABA DISTRAÍDA SORBIENDO EL CARRITO DE LOS POSTRES, SALTÉ POR LA VENTANA.
S. Adams

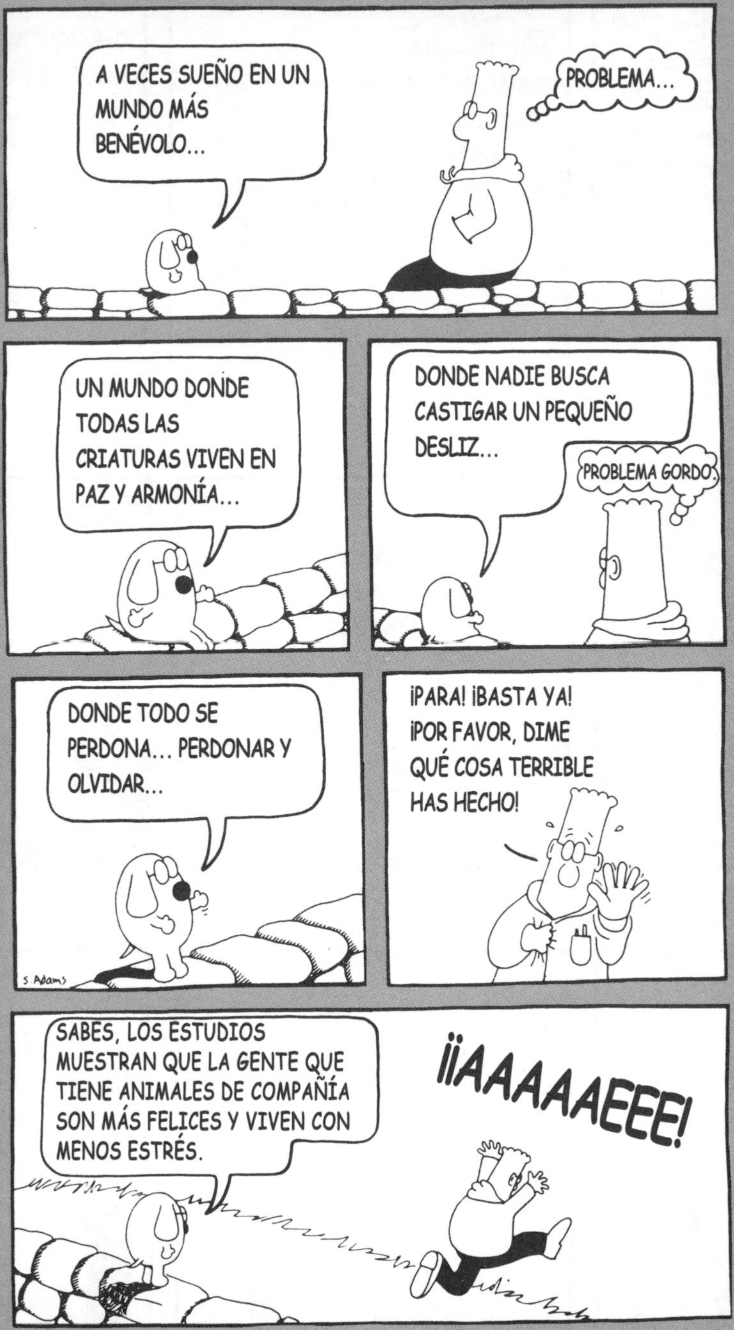
A VECES SUEÑO EN UN MUNDO MÁS BENÉVOLO...
PROBLEMA...
UN MUNDO DONDE TODAS LAS CRIATURAS VIVEN EN PAZ Y ARMONÍA...
DONDE NADIE BUSCA CASTIGAR UN PEQUEÑO DESLIZ...
PROBLEMA GORDO
DONDE TODO SE PERDONA... PERDONAR Y OLVIDAR...
S. Adams
¡PARA! ¡BASTA YA! ¡POR FAVOR, DIME QUÉ COSA TERRIBLE HAS HECHO!
SABES, LOS ESTUDIOS MUESTRAN QUE LA GENTE QUE TIENE ANIMALES DE COMPAÑÍA SON MÁS FELICES Y VIVEN CON MENOS ESTRÉS.
¡iAAAAAEEE!

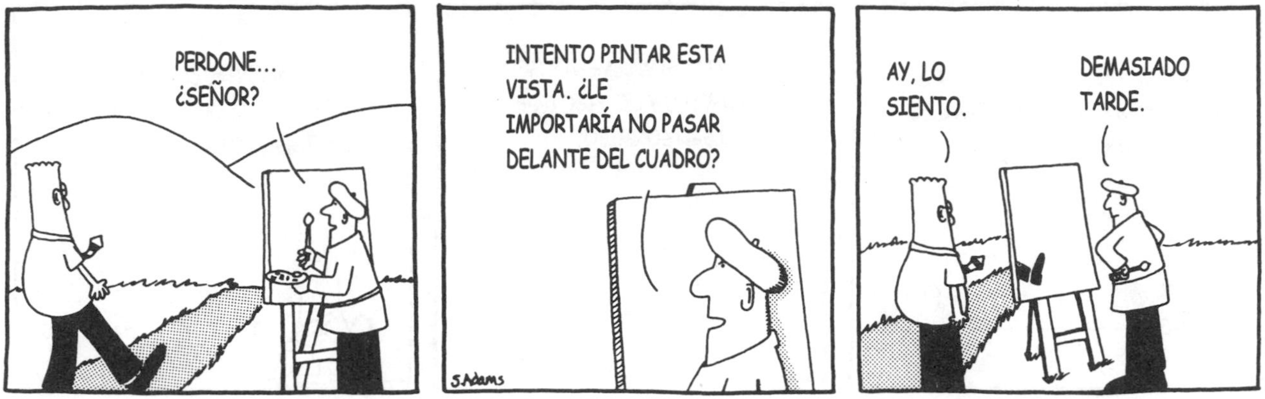
PERDONE... ¿SEÑOR?
INTENTO PINTAR ESTA VISTA. ¿LE IMPORTARÍA NO PASAR DELANTE DEL CUADRO?
S.Adams
AY, LO SIENTO.
DEMASIADO TARDE.

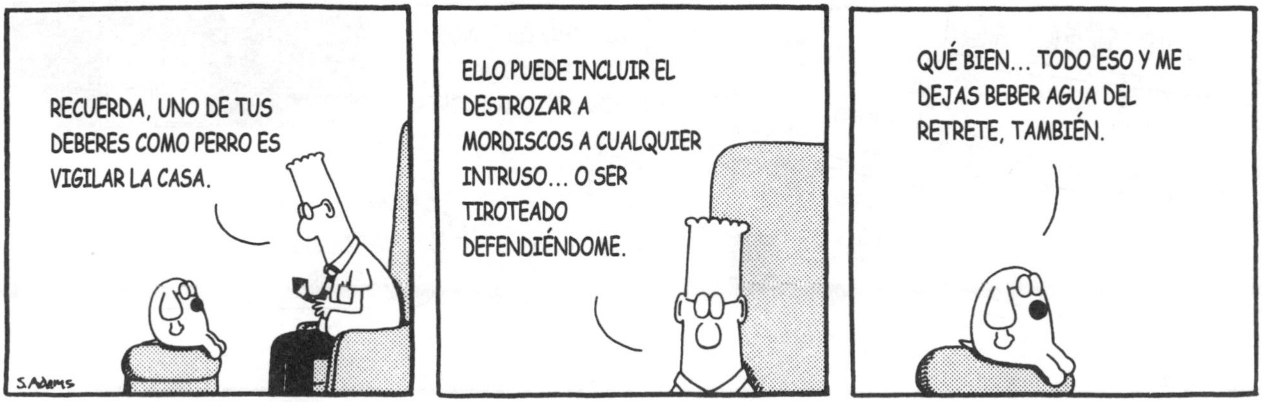
RECUERDA, UNO DE TUS DEBERES COMO PERRO ES VIGILAR LA CASA.
S.Adams
ELLO PUEDE INCLUIR EL DESTROZAR A MORDISCOS A CUALQUIER INTRUSO... O SER TIROTEADO DEFENDIÉNDOME.
QUÉ BIEN... TODO ESO Y ME DEJAS BEBER AGUA DEL RETRETE, TAMBIÉN.

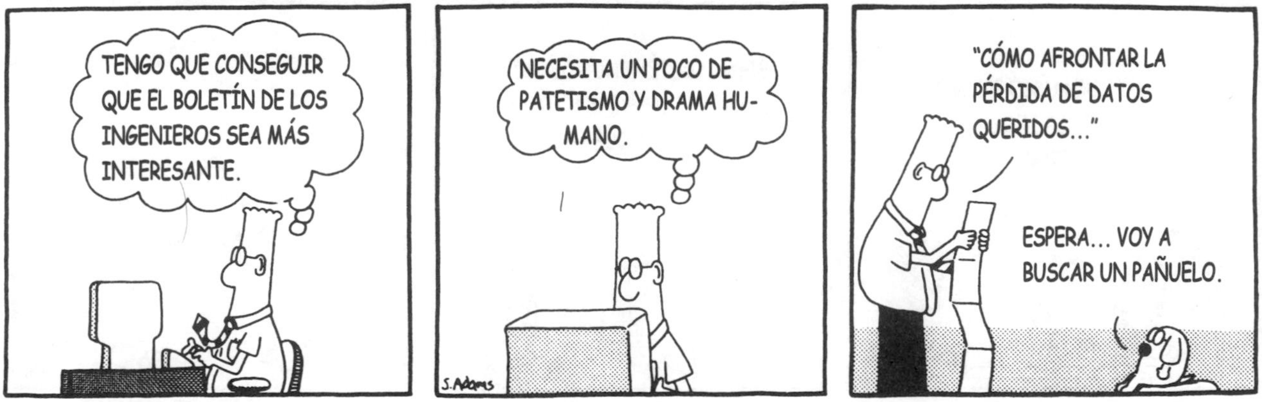
TENGO QUE CONSEGUIR QUE EL BOLETÍN DE LOS INGENIEROS SEA MÁS INTERESANTE.
NECESITA UN POCO DE PATETISMO Y DRAMA HU-MANO.
S.Adams
"CÓMO AFRONTAR LA PÉRDIDA DE DATOS QUERIDOS..."
ESPERA... VOY A BUSCAR UN PAÑUELO.

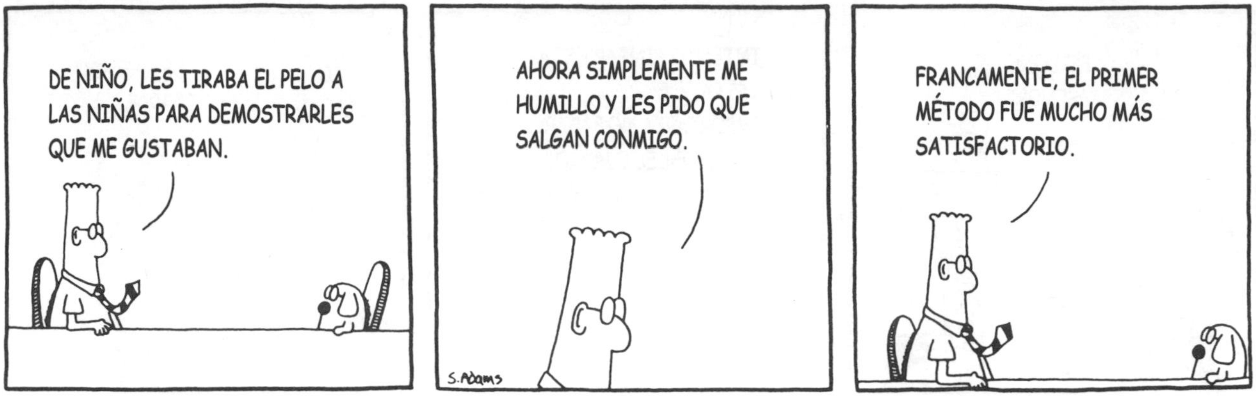
DE NIÑO, LES TIRABA EL PELO A LAS NIÑAS PARA DEMOSTRARLES QUE ME GUSTABAN.
AHORA SIMPLEMENTE ME HUMILLO Y LES PIDO QUE SALGAN CONMIGO.
S. Adams
FRANCAMENTE, EL PRIMER MÉTODO FUE MUCHO MÁS SATISFACTORIO.

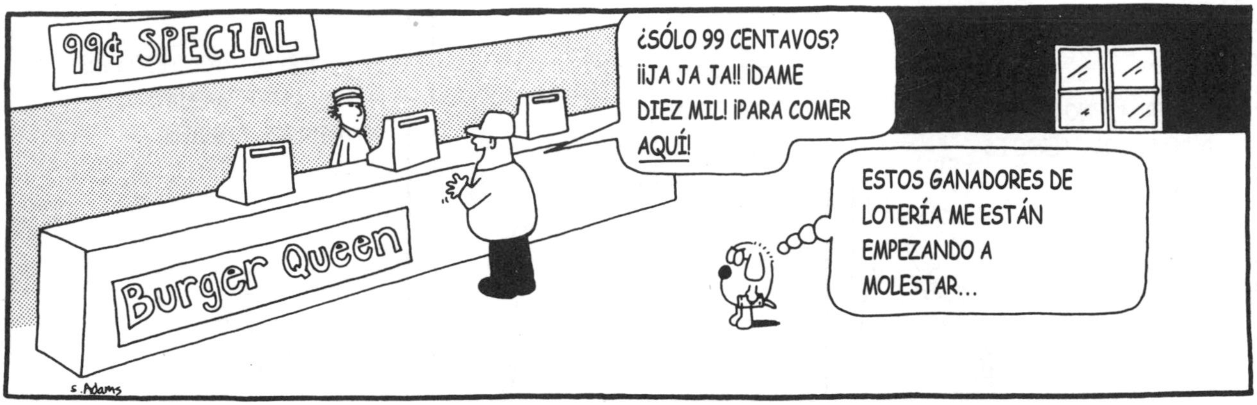
99¢ SPECIAL
Burger Queen
¿SÓLO 99 CENTAVOS? ¡¡JA JA JA!! ¡DAME DIEZ MIL! ¡PARA COMER AQUÍ!
ESTOS GANADORES DE LOTERÍA ME ESTÁN EMPEZANDO A MOLESTAR...
S. Adams

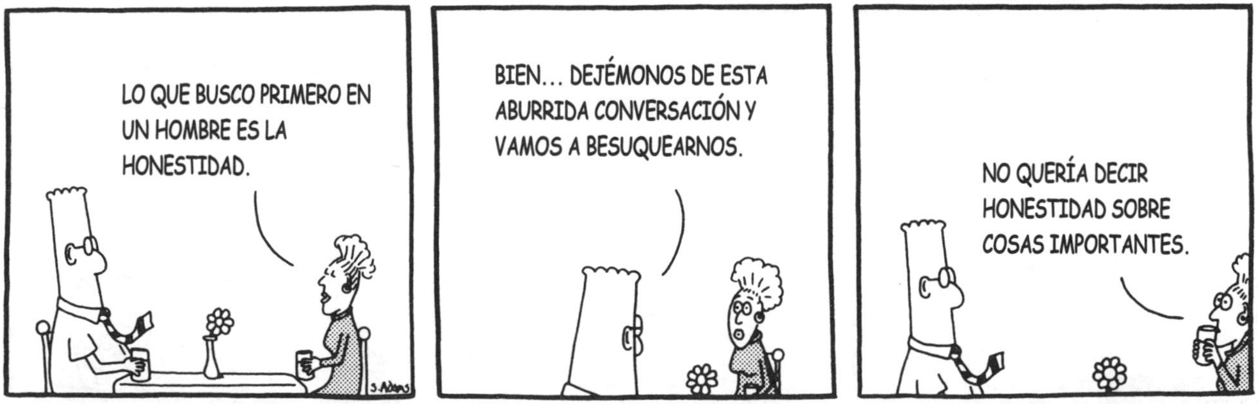
LO QUE BUSCO PRIMERO EN UN HOMBRE ES LA HONESTIDAD.
S. Adams
BIEN... DEJÉMONOS DE ESTA ABURRIDA CONVERSACIÓN Y VAMOS A BESUQUEARNOS.
NO QUERÍA DECIR HONESTIDAD SOBRE COSAS IMPORTANTES.

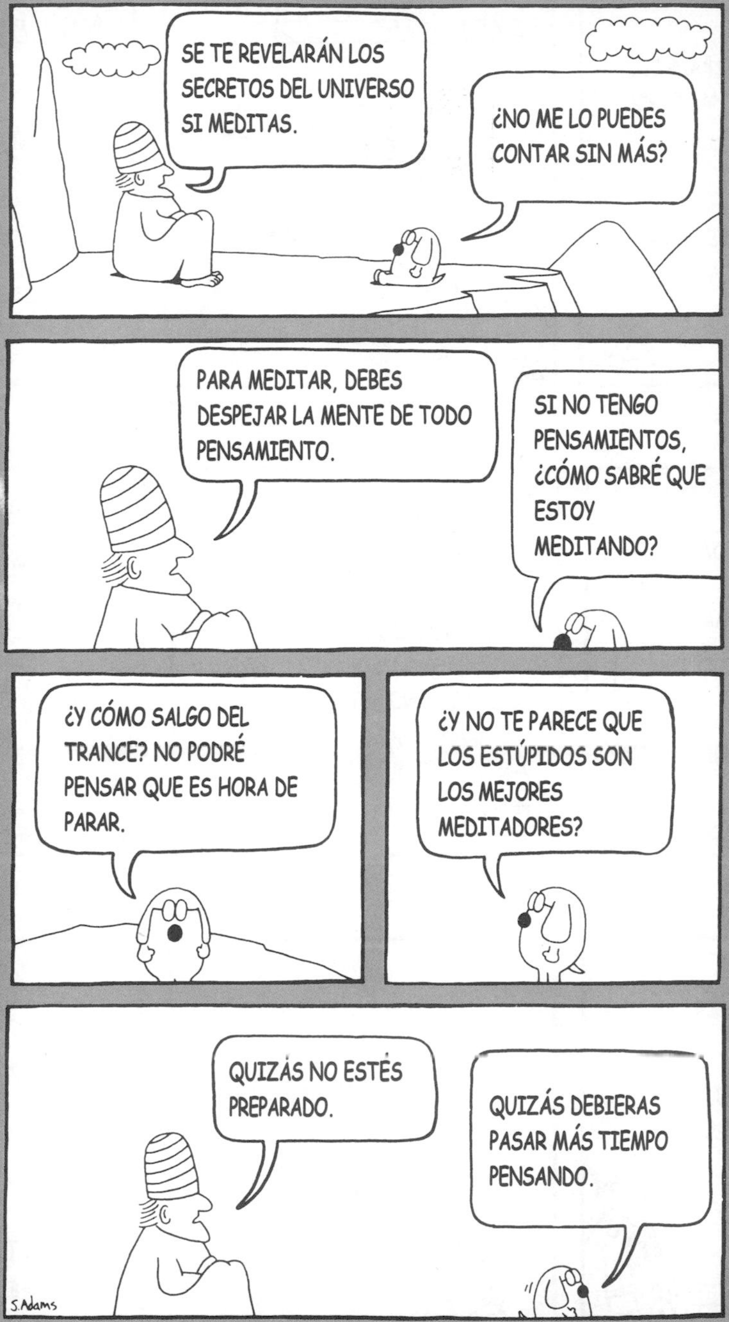
SE TE REVELARÁN LOS SECRETOS DEL UNIVERSO SI MEDITAS.
¿NO ME LO PUEDES CONTAR SIN MÁS?
PARA MEDITAR, DEBES DESPEJAR LA MENTE DE TODO PENSAMIENTO.
SI NO TENGO PENSAMIENTOS, ¿CÓMO SABRÉ QUE ESTOY MEDITANDO?
¿Y CÓMO SALGO DEL TRANCE? NO PODRÉ PENSAR QUE ES HORA DE PARAR.
¿Y NO TE PARECE QUE LOS ESTÚPIDOS SON LOS MEJORES MEDITADORES?
QUIZÁS NO ESTÉS PREPARADO.
QUIZÁS DEBIERAS PASAR MÁS TIEMPO PENSANDO.
S. Adams

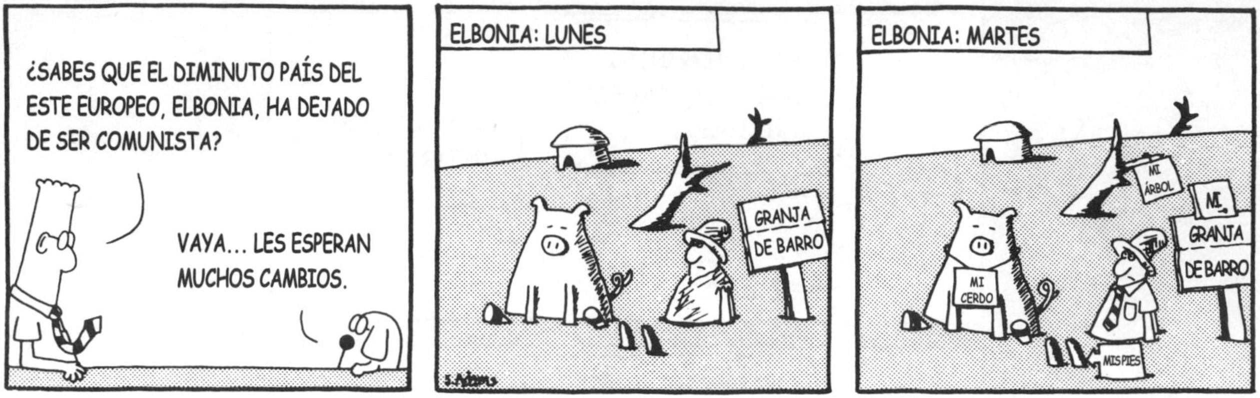
¿SABES QUE EL DIMINUTO PAÍS DEL ESTE EUROPEO, ELBONIA, HA DEJADO DE SER COMUNISTA?
VAYA... LES ESPERAN MUCHOS CAMBIOS.
ELBONIA: LUNES
GRANJA DE BARRO
S. Adams
ELBONIA: MARTES
MI ÁRBOL
MI
GRANJA DE BARRO
MI CERDO
MIS PIES

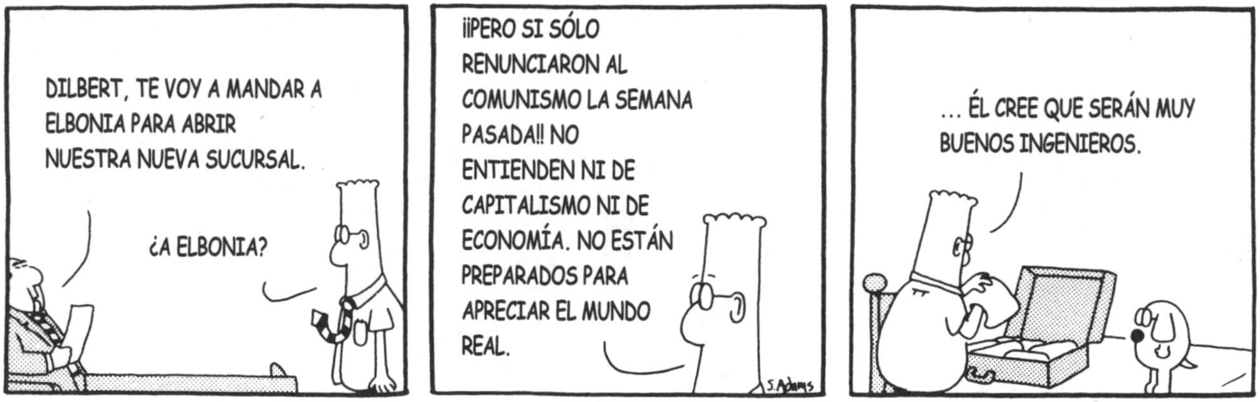
DILBERT, TE VOY A MANDAR A ELBONIA PARA ABRIR NUESTRA NUEVA SUCURSAL.
¿A ELBONIA?
¡¡PERO SI SÓLO RENUNCIARON AL COMUNISMO LA SEMANA PASADA!! NO ENTIENDEN NI DE CAPITALISMO NI DE ECONOMÍA. NO ESTÁN PREPARADOS PARA APRECIAR EL MUNDO REAL.
S. Adams
... ÉL CREE QUE SERÁN MUY BUENOS INGENIEROS.

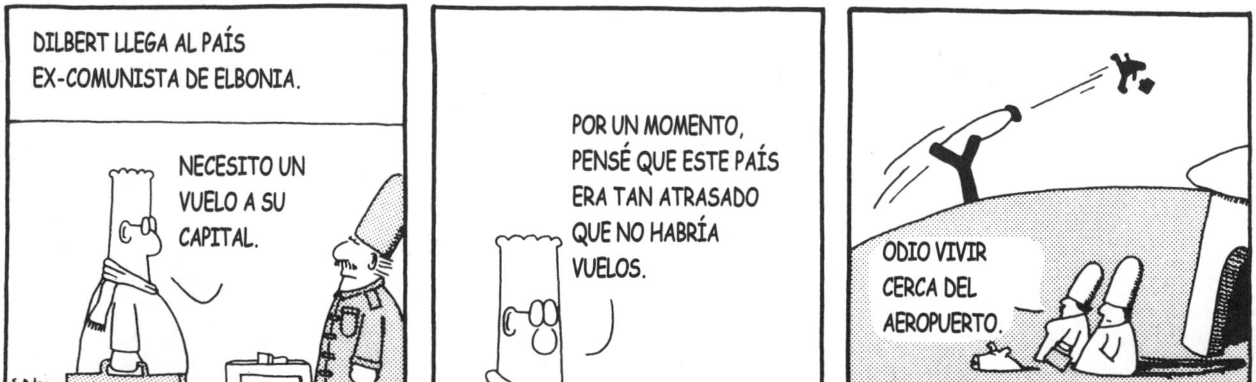
DILBERT LLEGA AL PAÍS EX-COMUNISTA DE ELBONIA.
NECESITO UN VUELO A SU CAPITAL.
S. Adams
POR UN MOMENTO, PENSÉ QUE ESTE PAÍS ERA TAN ATRASADO QUE NO HABRÍA VUELOS.
ODIO VIVIR CERCA DEL AEROPUERTO.

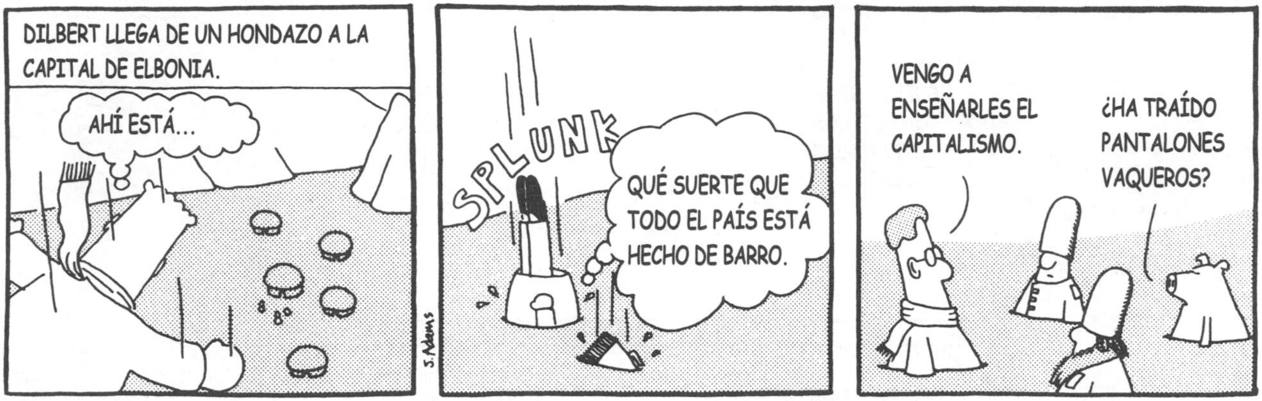
DILBERT LLEGA DE UN HONDAZO A LA CAPITAL DE ELBONIA.
AHÍ ESTÁ...
SPLUNK
QUÉ SUERTE QUE TODO EL PAÍS ESTÁ HECHO DE BARRO.
S. Adams
VENGO A ENSEÑARLES EL CAPITALISMO.
¿HA TRAÍDO PANTALONES VAQUEROS?

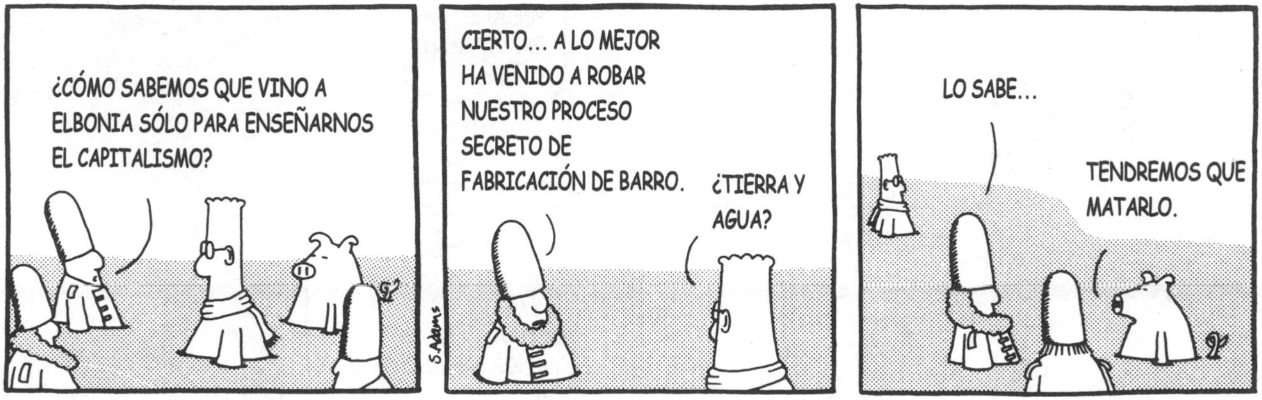
¿CÓMO SABEMOS QUE VINO A ELBONIA SÓLO PARA ENSEÑARNOS EL CAPITALISMO?
S. Adams
CIERTO... A LO MEJOR HA VENIDO A ROBAR NUESTRO PROCESO SECRETO DE FABRICACIÓN DE BARRO.
¿TIERRA Y AGUA?
LO SABE...
TENDREMOS QUE MATARLO.

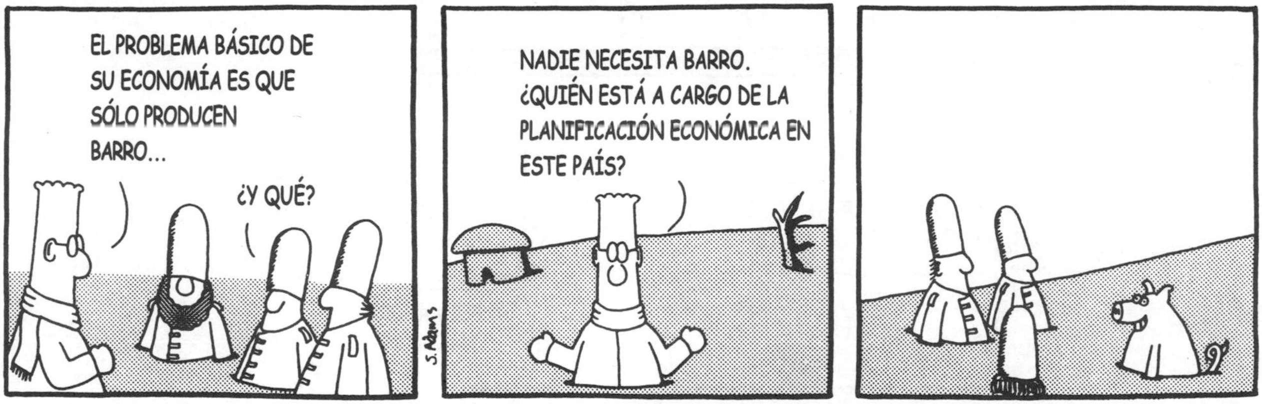
EL PROBLEMA BÁSICO DE SU ECONOMÍA ES QUE SÓLO PRODUCEN BARRO...
¿Y QUÉ?
S. Adams
NADIE NECESITA BARRO. ¿QUIÉN ESTÁ A CARGO DE LA PLANIFICACIÓN ECONÓMICA EN ESTE PAÍS?

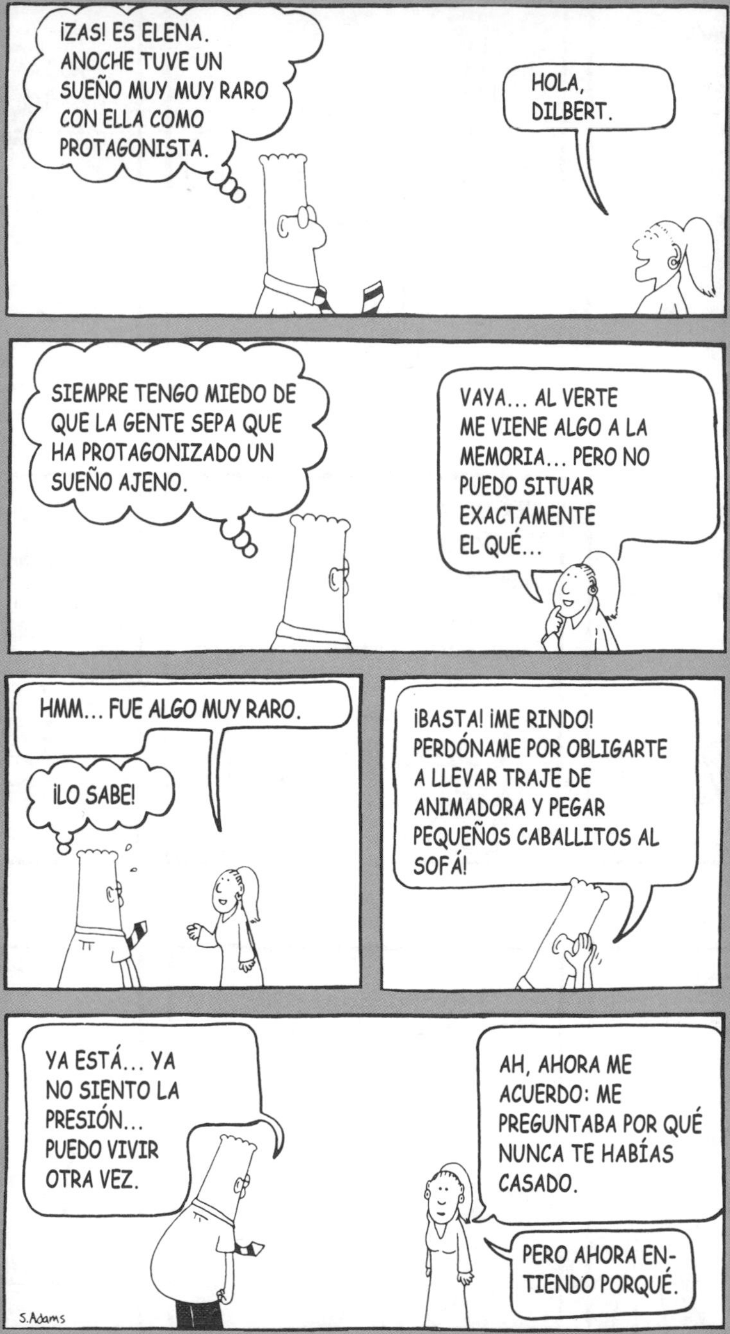
¡ZAS! ES ELENA. ANOCHE TUVE UN SUEÑO MUY MUY RARO CON ELLA COMO PROTAGONISTA.
HOLA, DILBERT.
SIEMPRE TENGO MIEDO DE QUE LA GENTE SEPA QUE HA PROTAGONIZADO UN SUEÑO AJENO.
VAYA... AL VERTE ME VIENE ALGO A LA MEMORIA... PERO NO PUEDO SITUAR EXACTAMENTE EL QUÉ...
HMM... FUE ALGO MUY RARO.
¡LO SABE!
¡BASTA! ¡ME RINDO! PERDÓNAME POR OBLIGARTE A LLEVAR TRAJE DE ANIMADORA Y PEGAR PEQUEÑOS CABALLITOS AL SOFÁ!
YA ESTÁ... YA NO SIENTO LA PRESIÓN... PUEDO VIVIR OTRA VEZ.
AH, AHORA ME ACUERDO: ME PREGUNTABA POR QUÉ NUNCA TE HABÍAS CASADO.
PERO AHORA EN-TIENDO PORQUÉ.
S.Adams

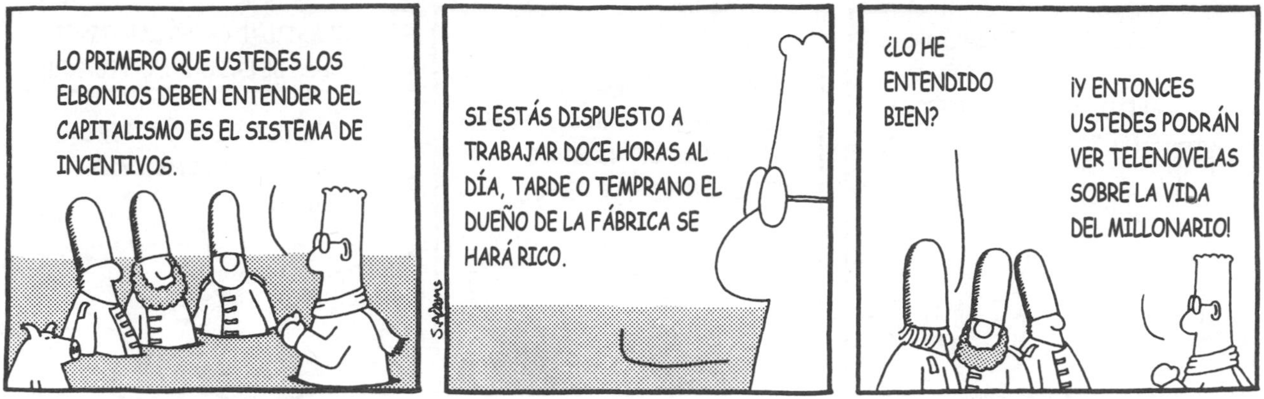
LO PRIMERO QUE USTEDES LOS ELBONIOS DEBEN ENTENDER DEL CAPITALISMO ES EL SISTEMA DE INCENTIVOS.
S.Adams
SI ESTÁS DISPUESTO A TRABAJAR DOCE HORAS AL DÍA, TARDE O TEMPRANO EL DUEÑO DE LA FÁBRICA SE HARÁ RICO.
¿LO HE ENTENDIDO BIEN?
¡Y ENTONCES USTEDES PODRÁN VER TELENOVELAS SOBRE LA VIDA DEL MILLONARIO!

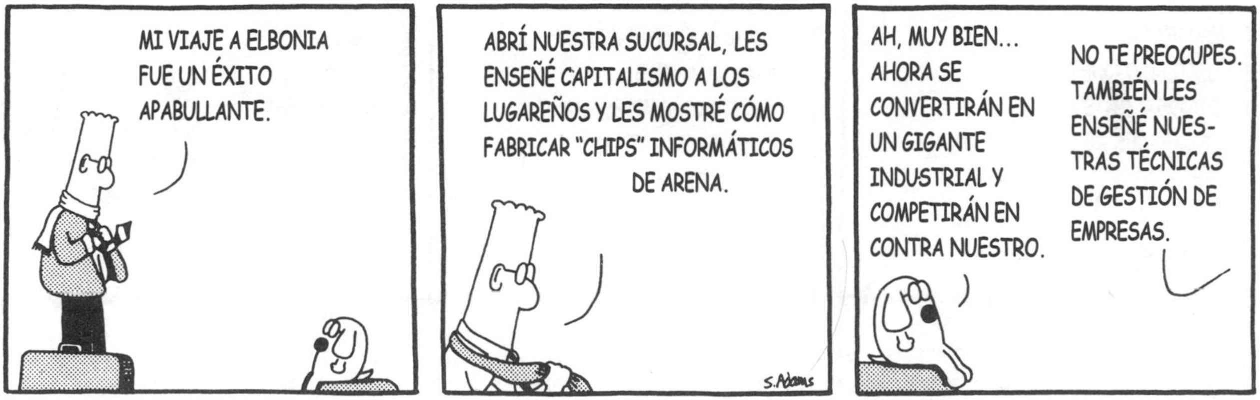
MI VIAJE A ELBONIA FUE UN ÉXITO APABULLANTE.
ABRÍ NUESTRA SUCURSAL, LES ENSEÑÉ CAPITALISMO A LOS LUGAREÑOS Y LES MOSTRÉ CÓMO FABRICAR "CHIPS" INFORMÁTICOS DE ARENA.
S.Adams
AH, MUY BIEN... AHORA SE CONVERTIRÁN EN UN GIGANTE INDUSTRIAL Y COMPETIRÁN EN CONTRA NUESTRO.
NO TE PREOCUPES. TAMBIÉN LES ENSEÑÉ NUESTRAS TÉCNICAS DE GESTIÓN DE EMPRESAS.

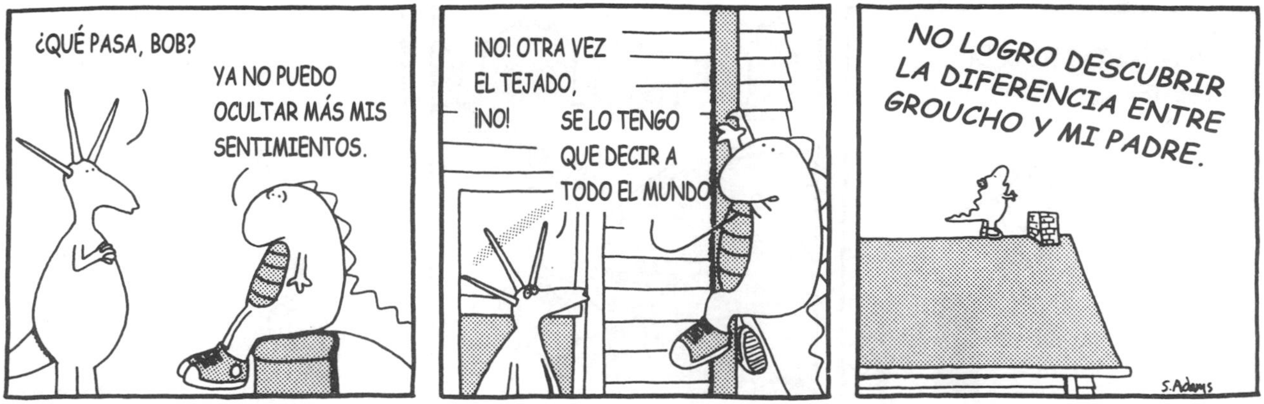
¿QUÉ PASA, BOB?
YA NO PUEDO OCULTAR MÁS MIS SENTIMIENTOS.
¡NO! OTRA VEZ EL TEJADO, ¡NO!
SE LO TENGO QUE DECIR A TODO EL MUNDO
NO LOGRO DESCUBRIR LA DIFERENCIA ENTRE GROUCHO Y MI PADRE.
S.Adams

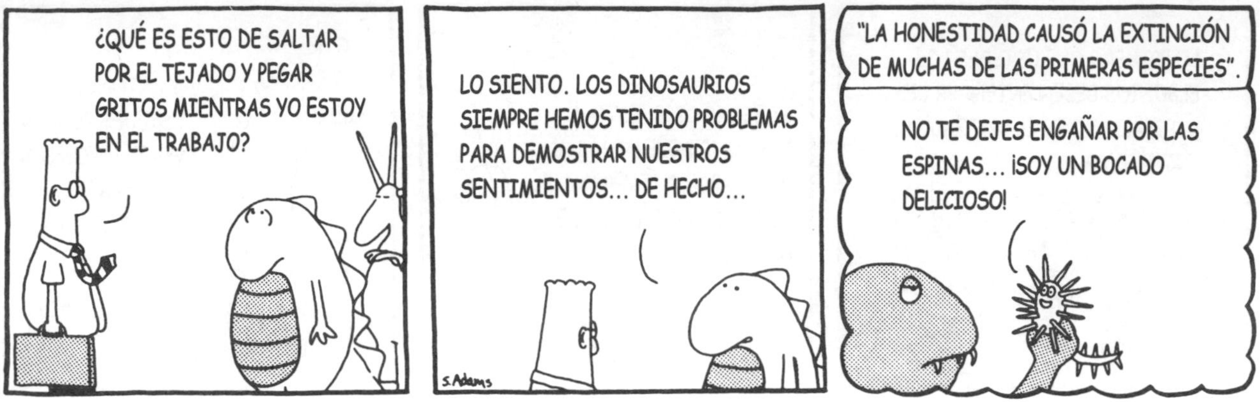
¿QUÉ ES ESTO DE SALTAR POR EL TEJADO Y PEGAR GRITOS MIENTRAS YO ESTOY EN EL TRABAJO?
LO SIENTO. LOS DINOSAURIOS SIEMPRE HEMOS TENIDO PROBLEMAS PARA DEMOSTRAR NUESTROS SENTIMIENTOS... DE HECHO...
"LA HONESTIDAD CAUSÓ LA EXTINCIÓN DE MUCHAS DE LAS PRIMERAS ESPECIES".
NO TE DEJES ENGAÑAR POR LAS ESPINAS... ¡SOY UN BOCADO DELICIOSO!
S. Adams

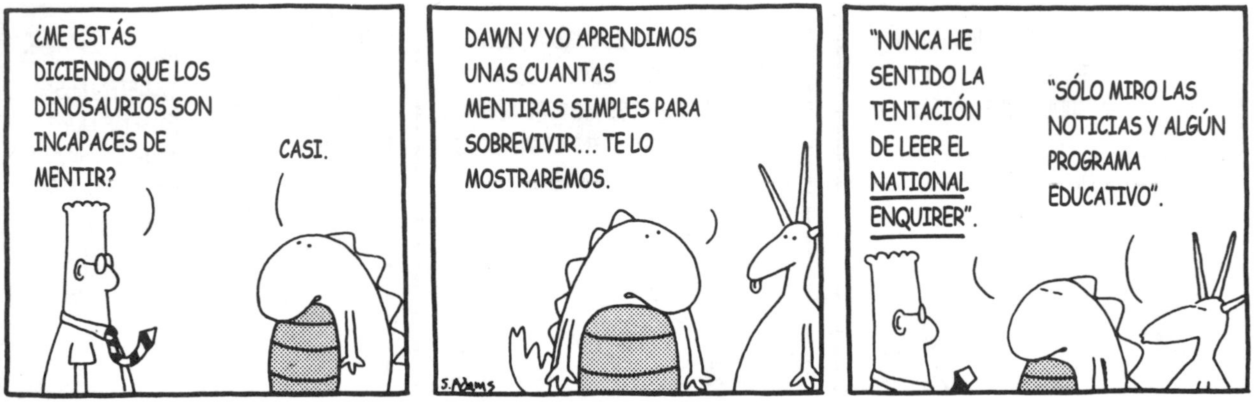
¿ME ESTÁS DICIENDO QUE LOS DINOSAURIOS SON INCAPACES DE MENTIR?
CASI.
DAWN Y YO APRENDIMOS UNAS CUANTAS MENTIRAS SIMPLES PARA SOBREVIVIR... TE LO MOSTRAREMOS.
S. Adams
"NUNCA HE SENTIDO LA TENTACIÓN DE LEER EL NATIONAL ENQUIRER".
"SÓLO MIRO LAS NOTICIAS Y ALGÚN PROGRAMA EDUCATIVO".

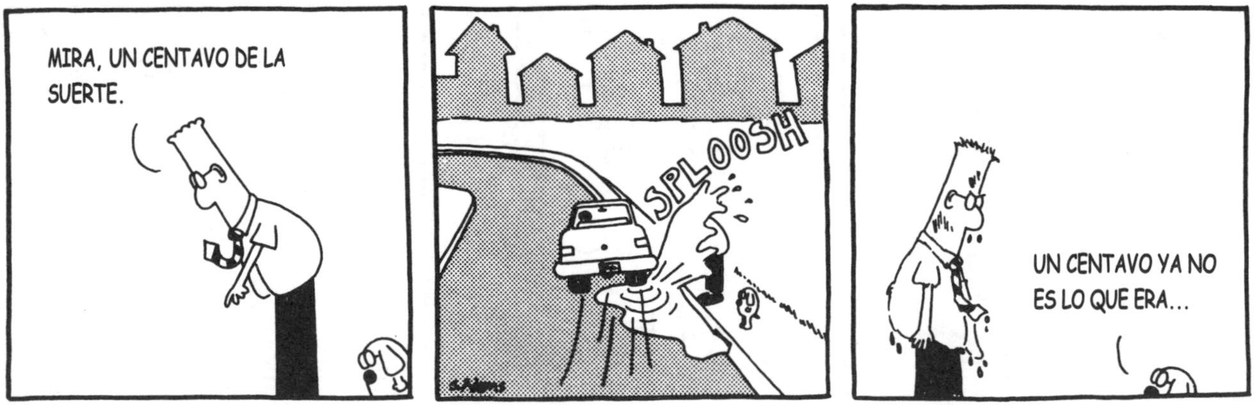
MIRA, UN CENTAVO DE LA SUERTE.
SPLOOSH
S. Adams
UN CENTAVO YA NO ES LO QUE ERA...

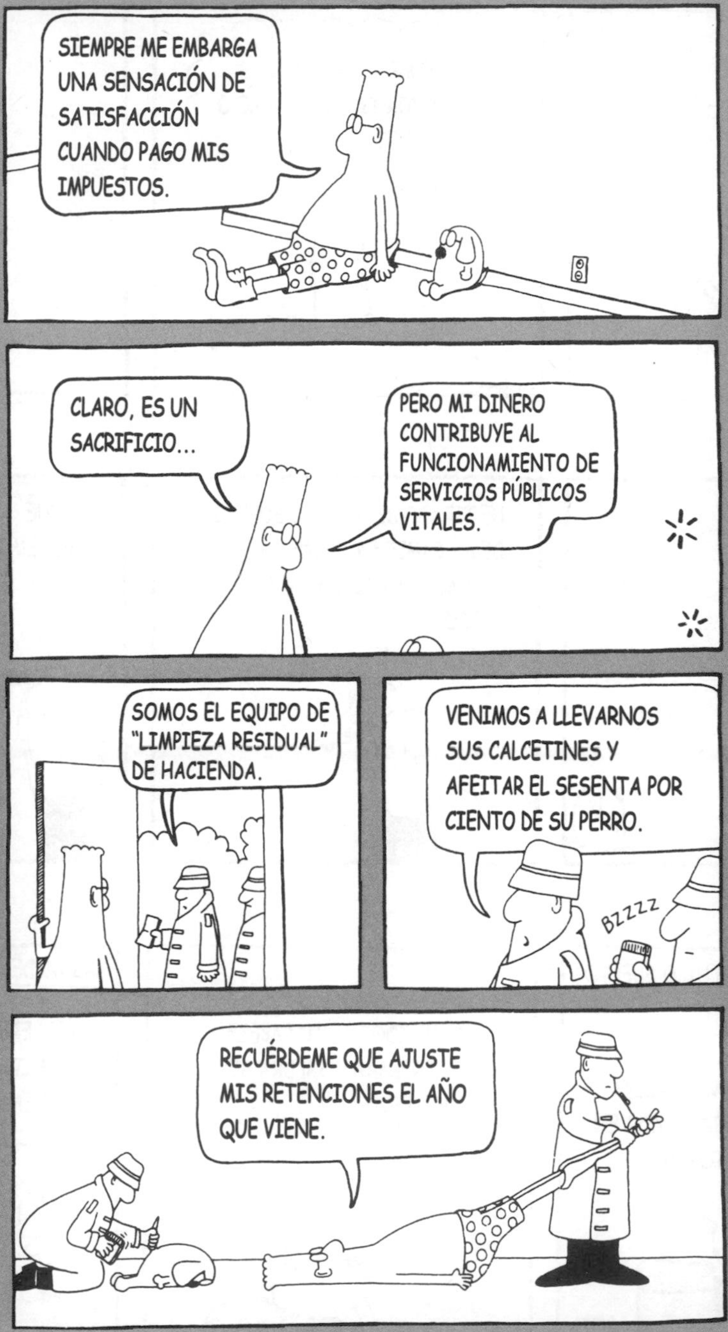
SIEMPRE ME EMBARGA UNA SENSACIÓN DE SATISFACCIÓN CUANDO PAGO MIS IMPUESTOS.
CLARO, ES UN SACRIFICIO...
PERO MI DINERO CONTRIBUYE AL FUNCIONAMIENTO DE SERVICIOS PÚBLICOS VITALES.
SOMOS EL EQUIPO DE "LIMPIEZA RESIDUAL" DE HACIENDA.
VENIMOS A LLEVARNOS SUS CALCETINES Y AFEITAR EL SESENTA POR CIENTO DE SU PERRO.
BZZZZ
RECUÉRDEME QUE AJUSTE MIS RETENCIONES EL AÑO QUE VIENE.

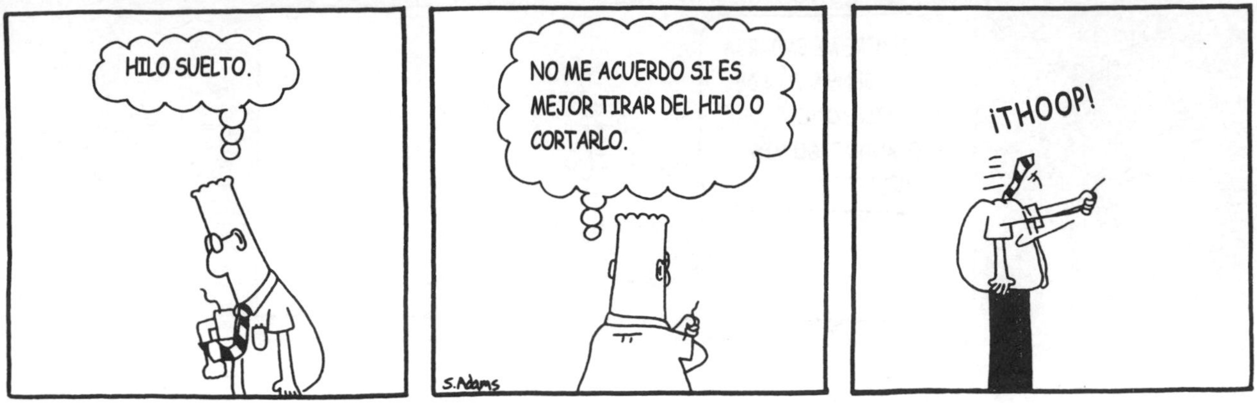
HILO SUELTO.
NO ME ACUERDO SI ES MEJOR TIRAR DEL HILO O CORTARLO.
S.Adams
¡THOOP!

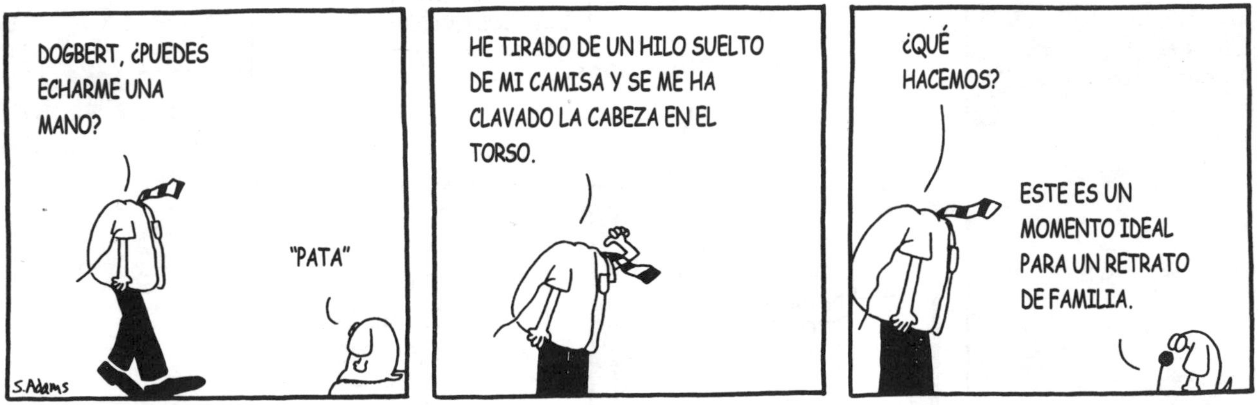
DOGBERT, ¿PUEDES ECHARME UNA MANO?
"PATA"
S.Adams
HE TIRADO DE UN HILO SUELTO DE MI CAMISA Y SE ME HA CLAVADO LA CABEZA EN EL TORSO.
¿QUÉ HACEMOS?
ESTE ES UN MOMENTO IDEAL PARA UN RETRATO DE FAMILIA.

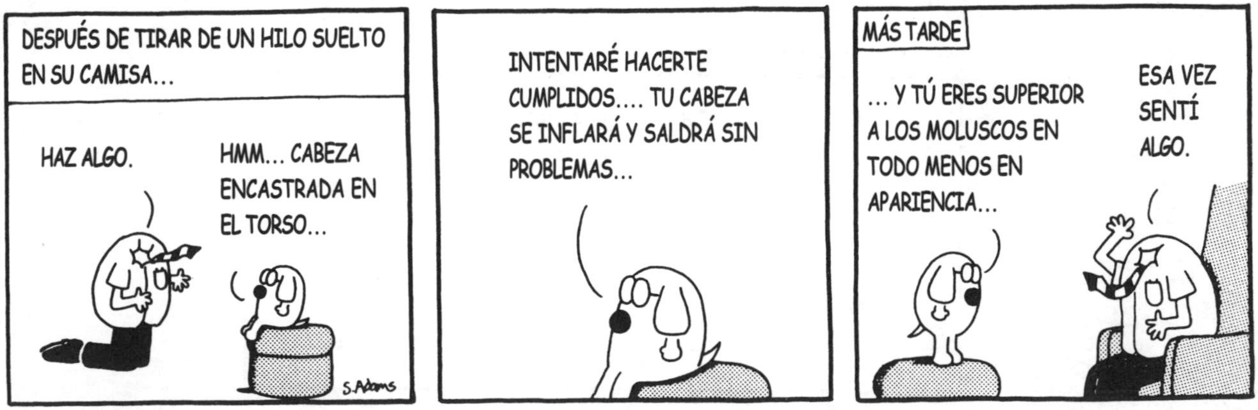
DESPUÉS DE TIRAR DE UN HILO SUELTO EN SU CAMISA...
HAZ ALGO.
HMM... CABEZA ENCASTRADA EN EL TORSO...
S.Adams
INTENTARÉ HACERTE CUMPLIDOS.... TU CABEZA SE INFLARÁ Y SALDRÁ SIN PROBLEMAS...
MÁS TARDE
... Y TÚ ERES SUPERIOR A LOS MOLUSCOS EN TODO MENOS EN APARIENCIA...
ESA VEZ SENTÍ ALGO.

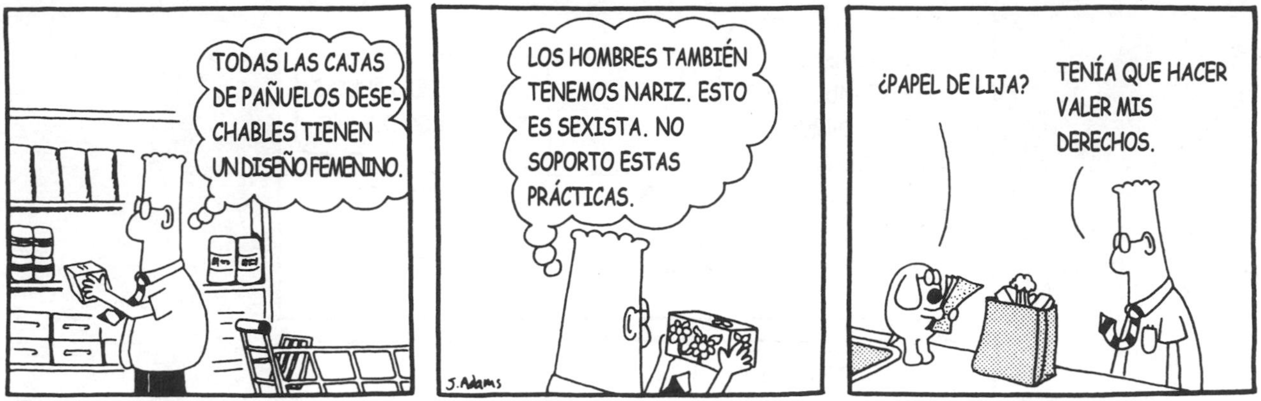
TODAS LAS CAJAS DE PAÑUELOS DESECHABLES TIENEN UN DISEÑO FEMENINO.
LOS HOMBRES TAMBIÉN TENEMOS NARIZ. ESTO ES SEXISTA. NO SOPORTO ESTAS PRÁCTICAS.
S. Adams
¿PAPEL DE LIJA?
TENÍA QUE HACER VALER MIS DERECHOS.

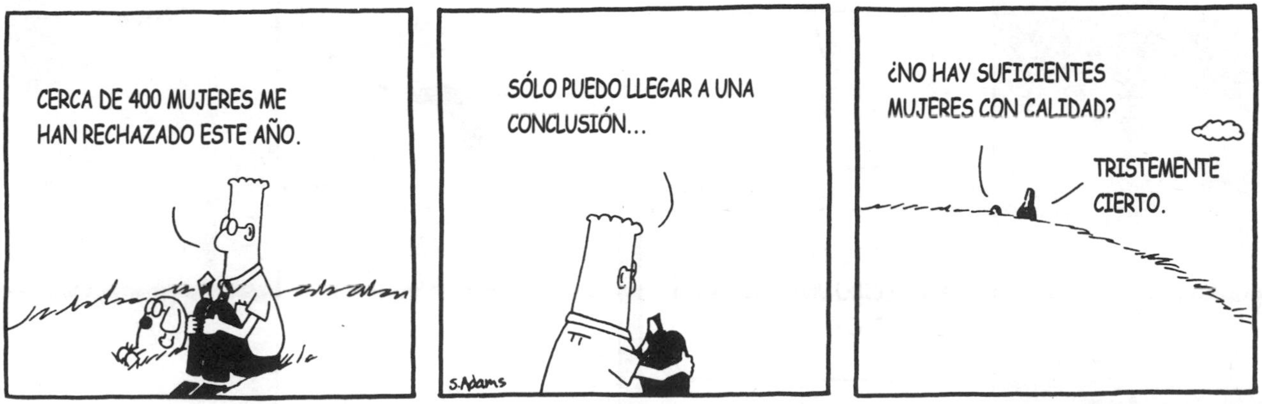
CERCA DE 400 MUJERES ME HAN RECHAZADO ESTE AÑO.
SÓLO PUEDO LLEGAR A UNA CONCLUSIÓN...
S. Adams
¿NO HAY SUFICIENTES MUJERES CON CALIDAD?
TRISTEMENTE CIERTO.

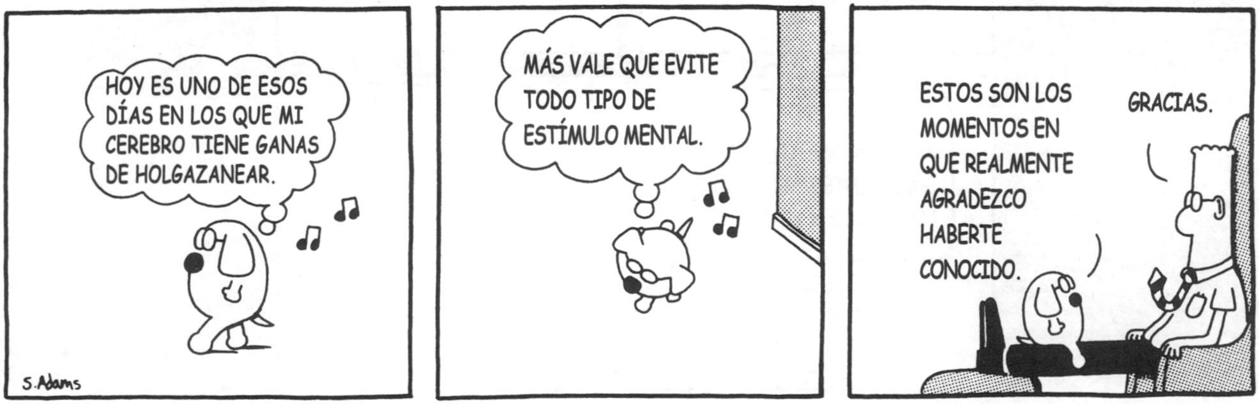
HOY ES UNO DE ESOS DÍAS EN LOS QUE MI CEREBRO TIENE GANAS DE HOLGAZANEAR.
S. Adams
MÁS VALE QUE EVITE TODO TIPO DE ESTÍMULO MENTAL.
ESTOS SON LOS MOMENTOS EN QUE REALMENTE AGRADEZCO HABERTE CONOCIDO.
GRACIAS.

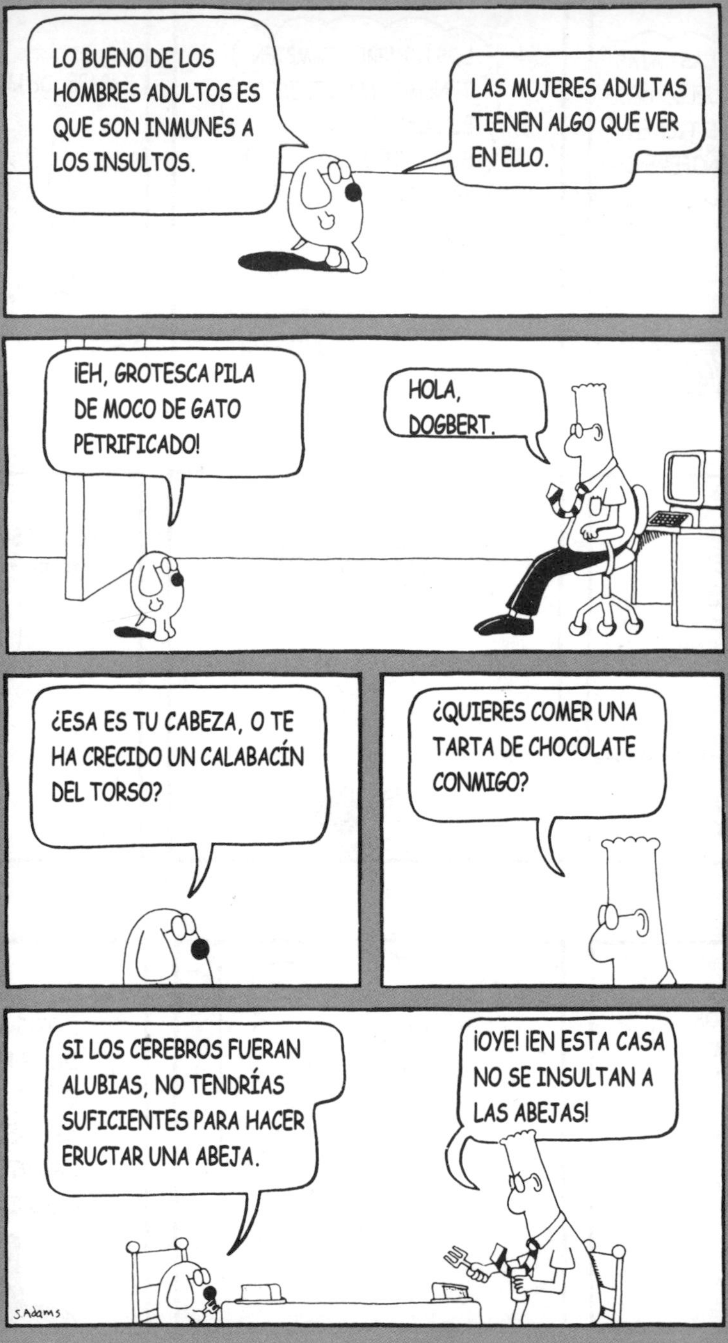
LO BUENO DE LOS HOMBRES ADULTOS ES QUE SON INMUNES A LOS INSULTOS.
LAS MUJERES ADULTAS TIENEN ALGO QUE VER EN ELLO.
¡EH, GROTESCA PILA DE MOCO DE GATO PETRIFICADO!
HOLA, DOGBERT.
¿ESA ES TU CABEZA, O TE HA CRECIDO UN CALABACÍN DEL TORSO?
¿QUIERES COMER UNA TARTA DE CHOCOLATE CONMIGO?
SI LOS CEREBROS FUERAN ALUBIAS, NO TENDRÍAS SUFICIENTES PARA HACER ERUCTAR UNA ABEJA.
¡OYE! ¡EN ESTA CASA NO SE INSULTAN A LAS ABEJAS!
S.Adams

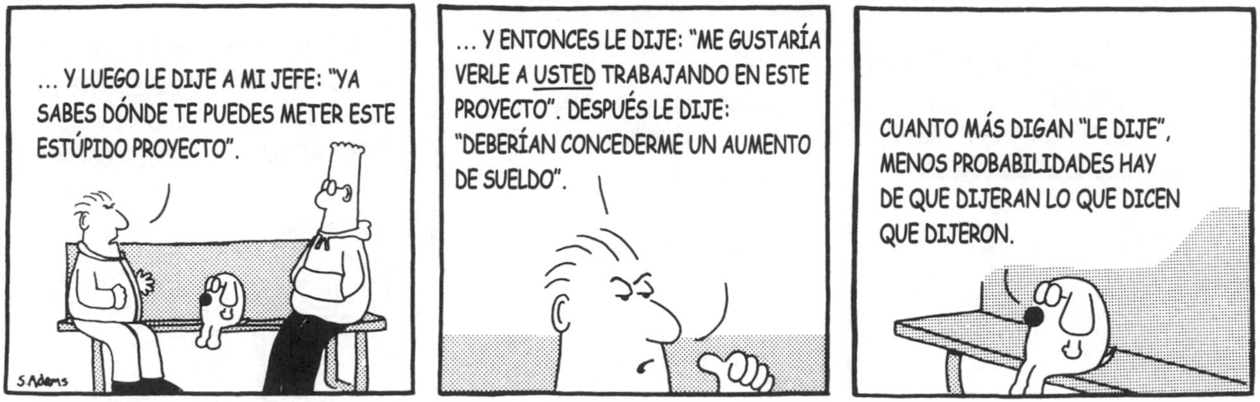
... Y LUEGO LE DIJE A MI JEFE: "YA SABES DÓNDE TE PUEDES METER ESTE ESTÚPIDO PROYECTO".
S.Adams
... Y ENTONCES LE DIJE: "ME GUSTARÍA VERLE A USTED TRABAJANDO EN ESTE PROYECTO". DESPUÉS LE DIJE: "DEBERÍAN CONCEDERME UN AUMENTO DE SUELDO".
CUANTO MÁS DIGAN "LE DIJE", MENOS PROBABILIDADES HAY DE QUE DIJERAN LO QUE DICEN QUE DIJERON.

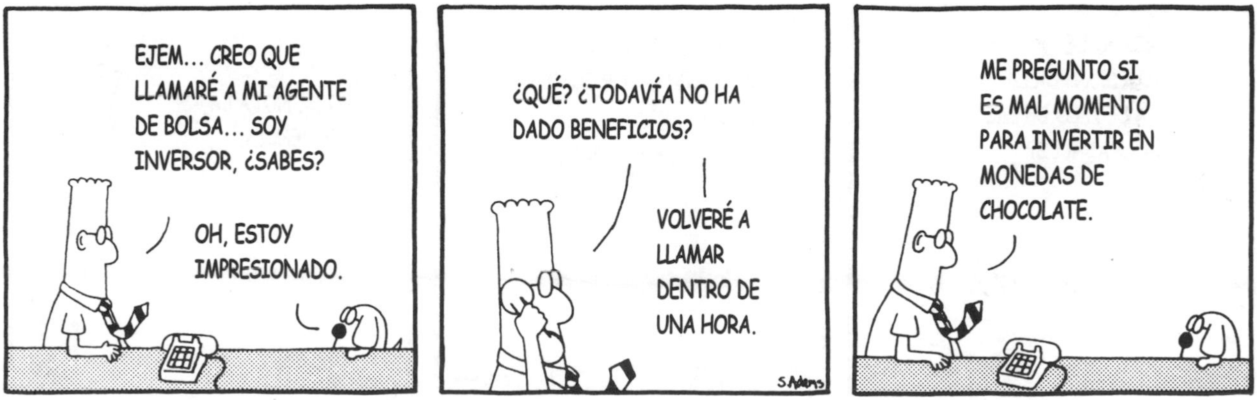
EJEM... CREO QUE LLAMARÉ A MI AGENTE DE BOLSA... SOY INVERSOR, ¿SABES?
OH, ESTOY IMPRESIONADO.
¿QUÉ? ¿TODAVÍA NO HA DADO BENEFICIOS?
VOLVERÉ A LLAMAR DENTRO DE UNA HORA.
S.Adams
ME PREGUNTO SI ES MAL MOMENTO PARA INVERTIR EN MONEDAS DE CHOCOLATE.

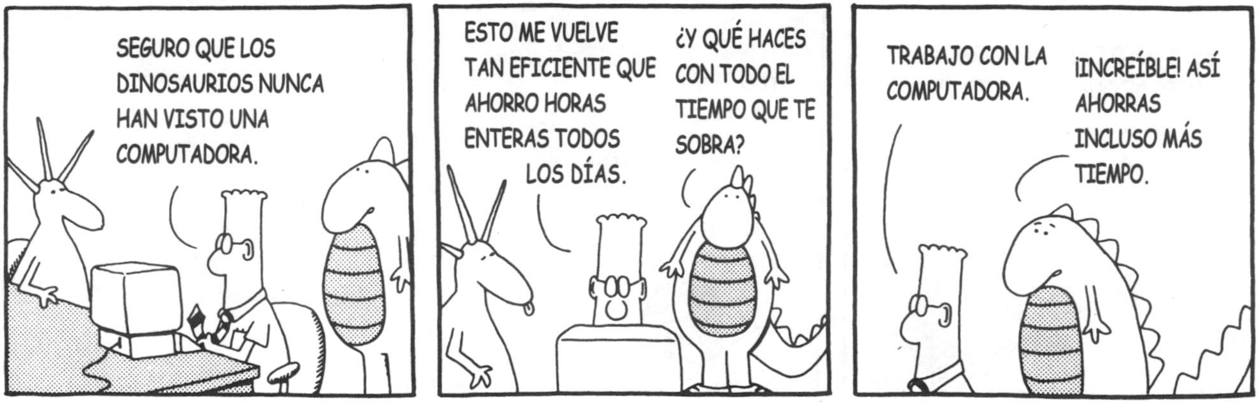
SEGURO QUE LOS DINOSAURIOS NUNCA HAN VISTO UNA COMPUTADORA.
ESTO ME VUELVE TAN EFICIENTE QUE AHORRO HORAS ENTERAS TODOS LOS DÍAS.
¿Y QUÉ HACES CON TODO EL TIEMPO QUE TE SOBRA?
TRABAJO CON LA COMPUTADORA.
¡INCREÍBLE! ASÍ AHORRAS INCLUSO MÁS TIEMPO.

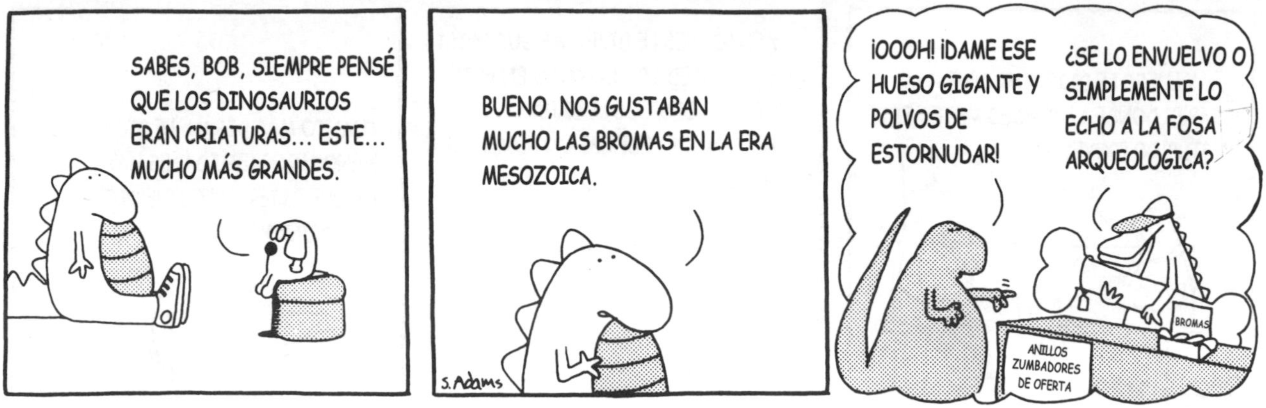
SABES, BOB, SIEMPRE PENSÉ QUE LOS DINOSAURIOS ERAN CRIATURAS... ESTE... MUCHO MÁS GRANDES.
BUENO, NOS GUSTABAN MUCHO LAS BROMAS EN LA ERA MESOZOICA.
¡OOOH! ¡DAME ESE HUESO GIGANTE Y POLVOS DE ESTORNUDAR!
¿SE LO ENVUELVO O SIMPLEMENTE LO ECHO A LA FOSA ARQUEOLÓGICA?
BROMAS
ANILLOS ZUMBADORES DE OFERTA

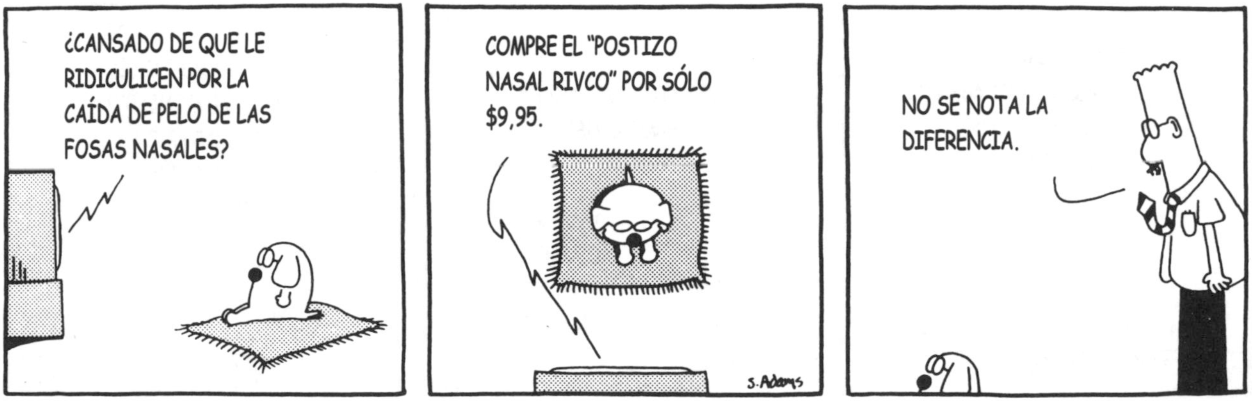
¿CANSADO DE QUE LE RIDICULICEN POR LA CAÍDA DE PELO DE LAS FOSAS NASALES?
COMPRE EL "POSTIZO NASAL RIVCO" POR SÓLO $9,95.
NO SE NOTA LA DIFERENCIA.

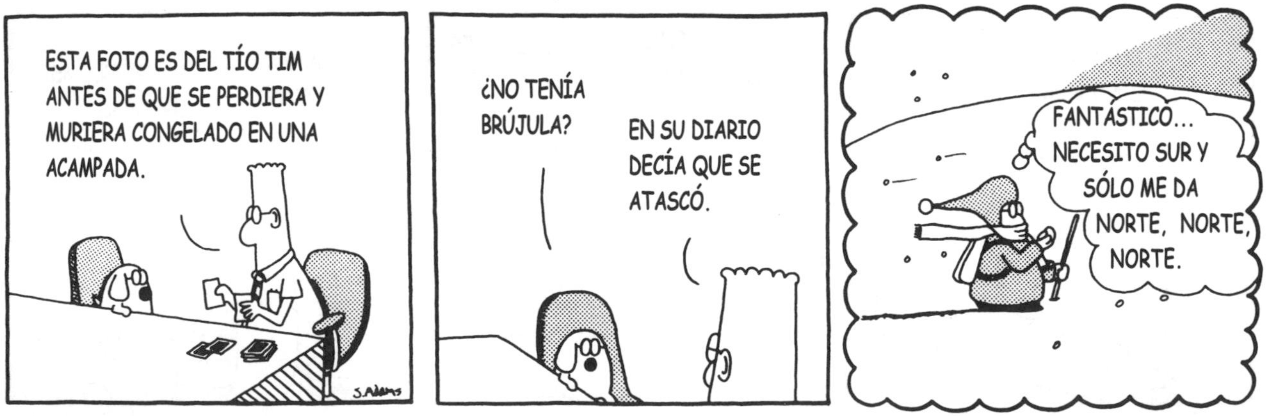
ESTA FOTO ES DEL TÍO TIM ANTES DE QUE SE PERDIERA Y MURIERA CONGELADO EN UNA ACAMPADA.
¿NO TENÍA BRÚJULA?
EN SU DIARIO DECÍA QUE SE ATASCÓ.
FANTÁSTICO... NECESITO SUR Y SÓLO ME DA NORTE, NORTE, NORTE.

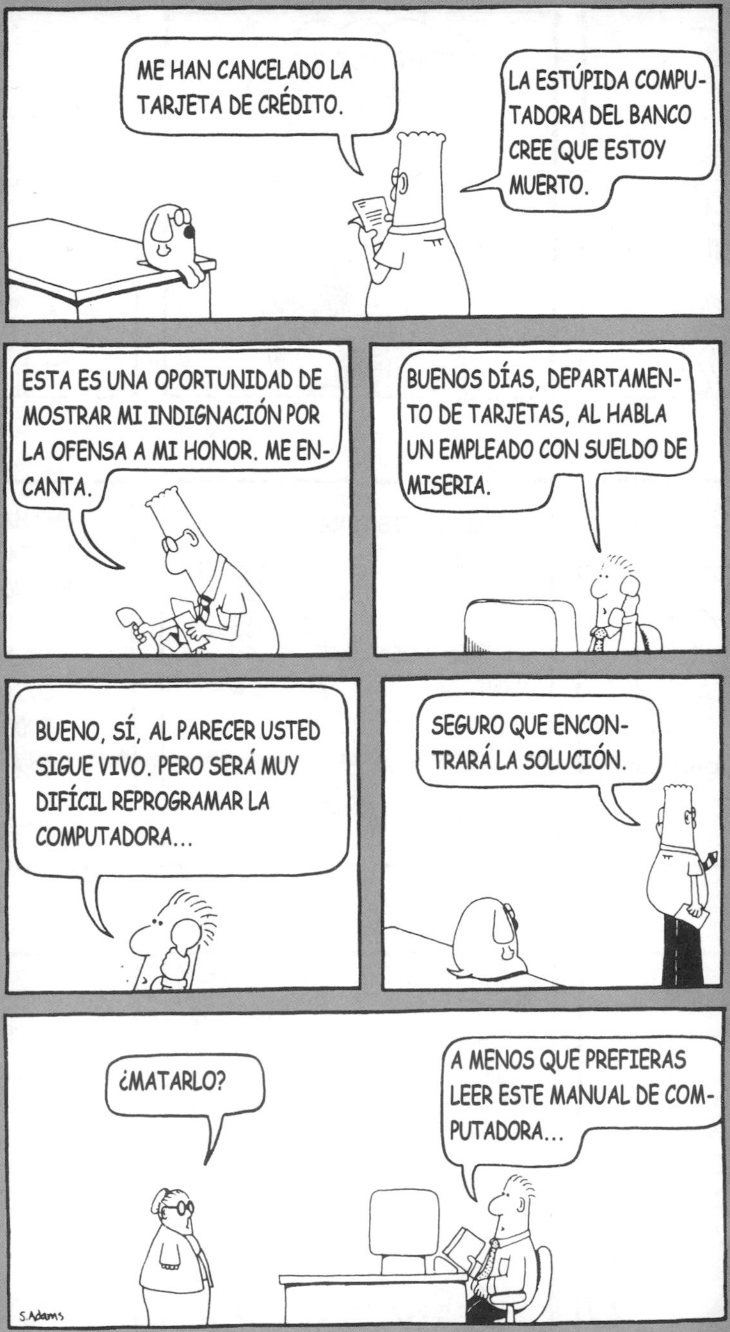
ME HAN CANCELADO LA TARJETA DE CRÉDITO.
LA ESTÚPIDA COMPUTADORA DEL BANCO CREE QUE ESTOY MUERTO.
ESTA ES UNA OPORTUNIDAD DE MOSTRAR MI INDIGNACIÓN POR LA OFENSA A MI HONOR. ME ENCANTA.
BUENOS DÍAS, DEPARTAMENTO DE TARJETAS, AL HABLA UN EMPLEADO CON SUELDO DE MISERIA.
BUENO, SÍ, AL PARECER USTED SIGUE VIVO. PERO SERÁ MUY DIFÍCIL REPROGRAMAR LA COMPUTADORA...
SEGURO QUE ENCONTRARÁ LA SOLUCIÓN.
¿MATARLO?
A MENOS QUE PREFIERAS LEER ESTE MANUAL DE COMPUTADORA...
S.Adams

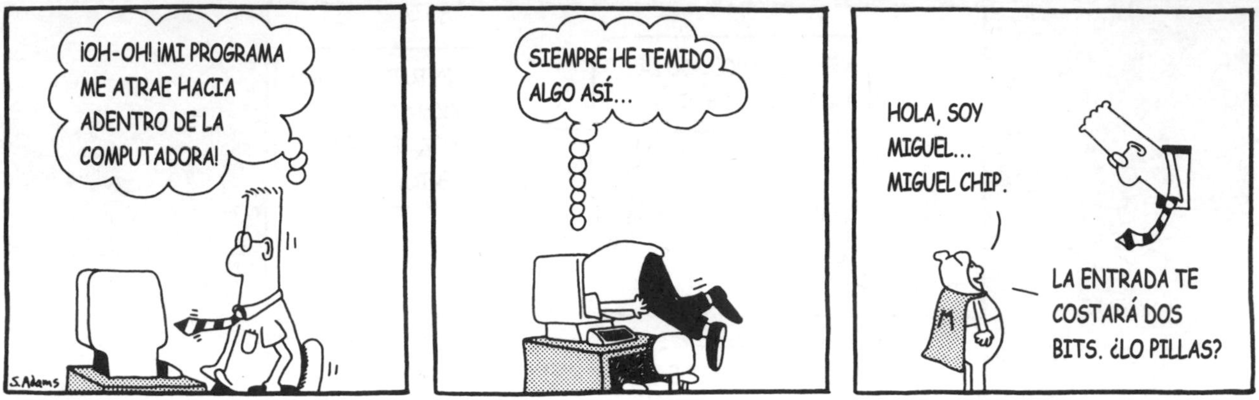
¡OH-OH! ¡MI PROGRAMA ME ATRAE HACIA ADENTRO DE LA COMPUTADORA!
S.Adams
SIEMPRE HE TEMIDO ALGO ASÍ...
HOLA, SOY MIGUEL... MIGUEL CHIP.
LA ENTRADA TE COSTARÁ DOS BITS. ¿LO PILLAS?

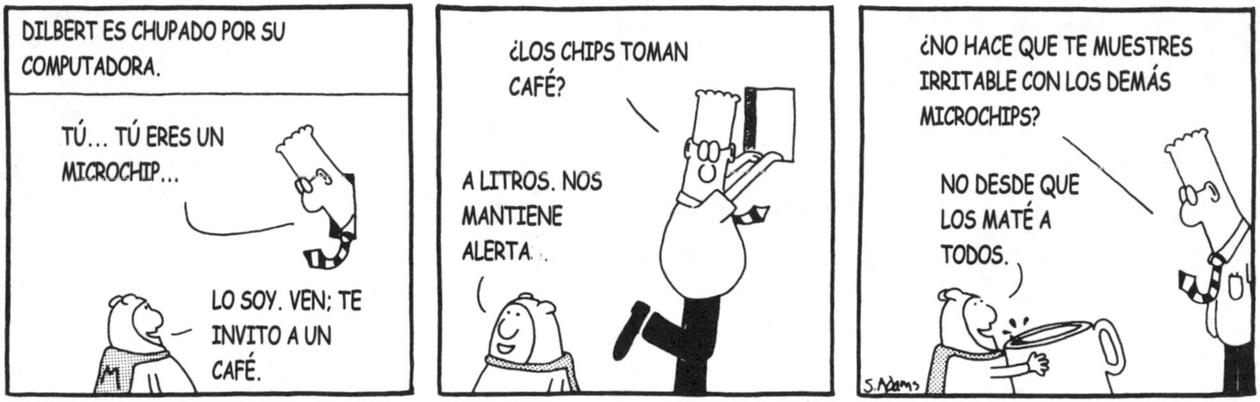
DILBERT ES CHUPADO POR SU COMPUTADORA.
TÚ... TÚ ERES UN MICROCHIP...
LO SOY. VEN; TE INVITO A UN CAFÉ.
¿LOS CHIPS TOMAN CAFÉ?
A LITROS. NOS MANTIENE ALERTA...
¿NO HACE QUE TE MUESTRES IRRITABLE CON LOS DEMÁS MICROCHIPS?
NO DESDE QUE LOS MATÉ A TODOS.
S.Adams

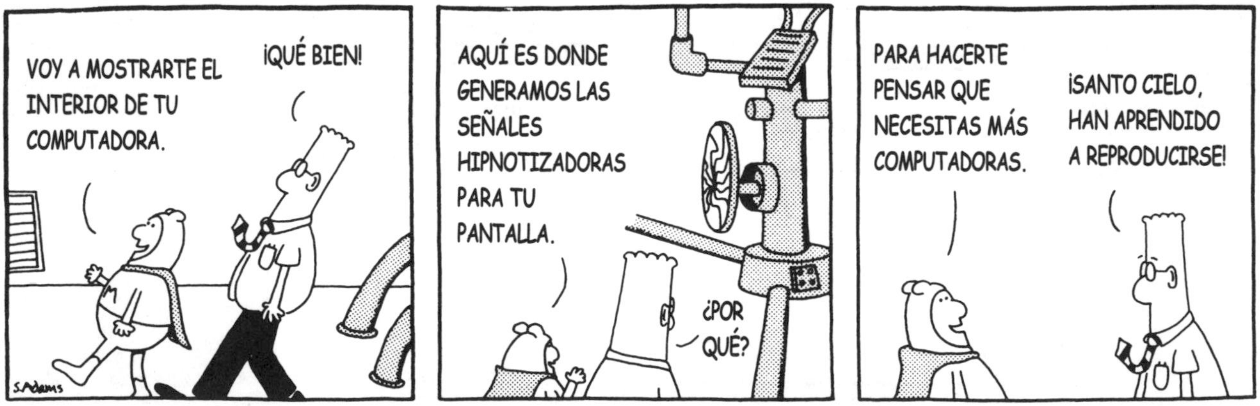
VOY A MOSTRARTE EL INTERIOR DE TU COMPUTADORA.
¡QUÉ BIEN!
S.Adams
AQUÍ ES DONDE GENERAMOS LAS SEÑALES HIPNOTIZADORAS PARA TU PANTALLA.
¿POR QUÉ?
PARA HACERTE PENSAR QUE NECESITAS MÁS COMPUTADORAS.
¡SANTO CIELO, HAN APRENDIDO A REPRODUCIRSE!

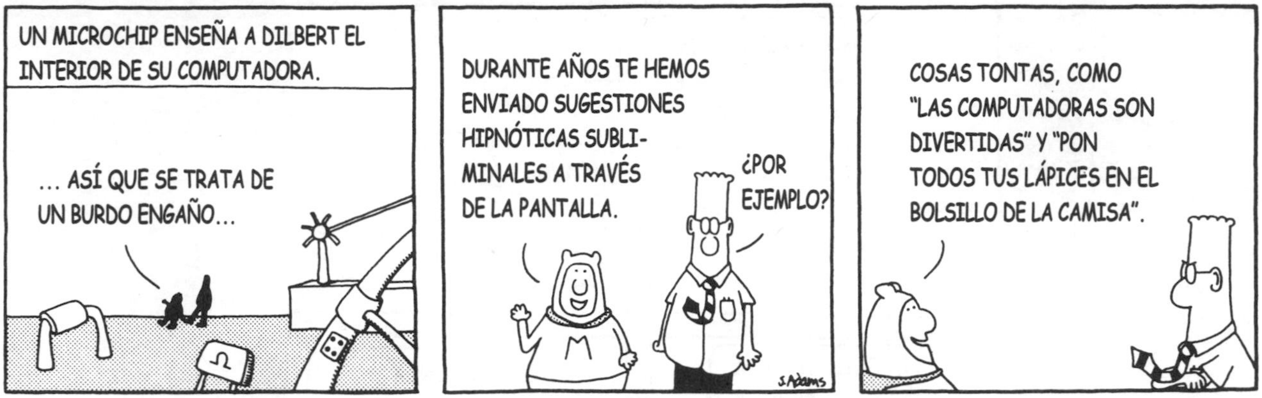
UN MICROCHIP ENSEÑA A DILBERT EL INTERIOR DE SU COMPUTADORA.
… ASÍ QUE SE TRATA DE UN BURDO ENGAÑO…
DURANTE AÑOS TE HEMOS ENVIADO SUGESTIONES HIPNÓTICAS SUBLI-MINALES A TRAVÉS DE LA PANTALLA.
¿POR EJEMPLO?
S.Adams
COSAS TONTAS, COMO "LAS COMPUTADORAS SON DIVERTIDAS" Y "PON TODOS TUS LÁPICES EN EL BOLSILLO DE LA CAMISA".

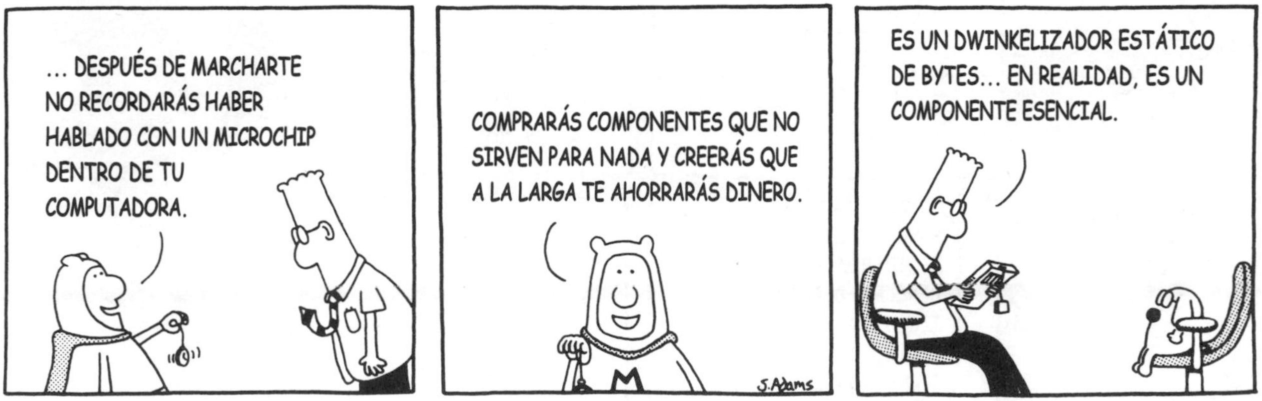
… DESPUÉS DE MARCHARTE NO RECORDARÁS HABER HABLADO CON UN MICROCHIP DENTRO DE TU COMPUTADORA.
COMPRARÁS COMPONENTES QUE NO SIRVEN PARA NADA Y CREERÁS QUE A LA LARGA TE AHORRARÁS DINERO.
S.Adams
ES UN DWINKELIZADOR ESTÁTICO DE BYTES… EN REALIDAD, ES UN COMPONENTE ESENCIAL.

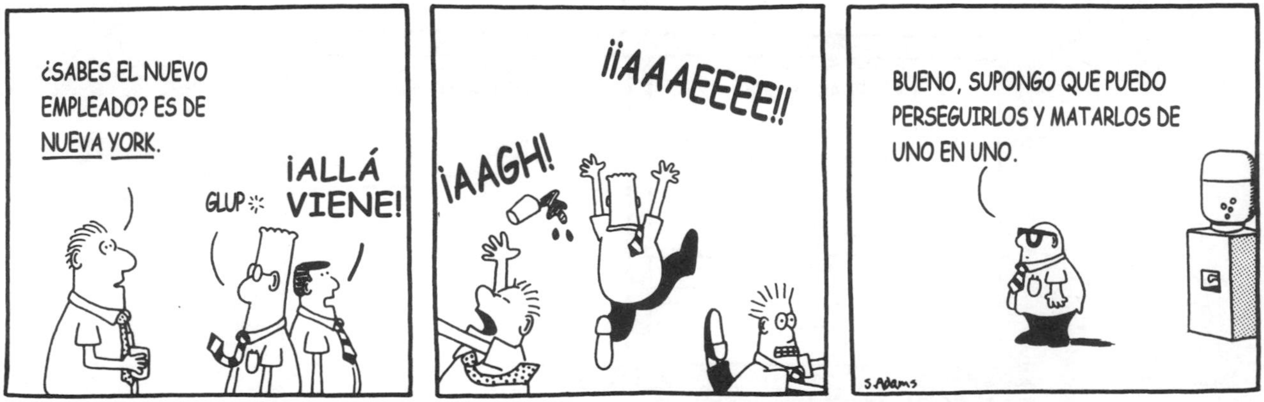
¿SABES EL NUEVO EMPLEADO? ES DE NUEVA YORK.
GLUP
¡ALLÁ VIENE!
¡¡AAAEEEE!!
¡AAGH!
BUENO, SUPONGO QUE PUEDO PERSEGUIRLOS Y MATARLOS DE UNO EN UNO.
S.Adams

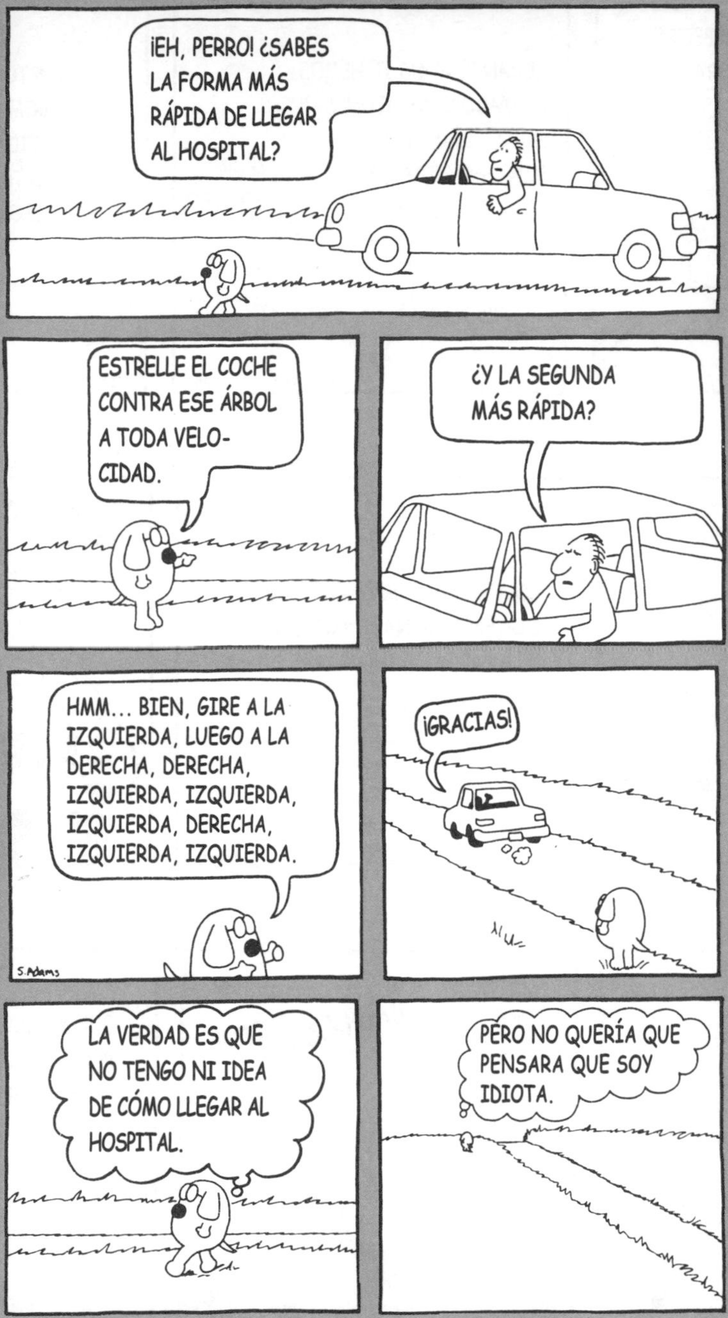
¡EH, PERRO! ¿SABES LA FORMA MÁS RÁPIDA DE LLEGAR AL HOSPITAL?
ESTRELLE EL COCHE CONTRA ESE ÁRBOL A TODA VELO-CIDAD.
¿Y LA SEGUNDA MÁS RÁPIDA?
HMM... BIEN, GIRE A LA IZQUIERDA, LUEGO A LA DERECHA, DERECHA, IZQUIERDA, IZQUIERDA, IZQUIERDA, DERECHA, IZQUIERDA, IZQUIERDA.
S. Adams
¡GRACIAS!
LA VERDAD ES QUE NO TENGO NI IDEA DE CÓMO LLEGAR AL HOSPITAL.
PERO NO QUERÍA QUE PENSARA QUE SOY IDIOTA.

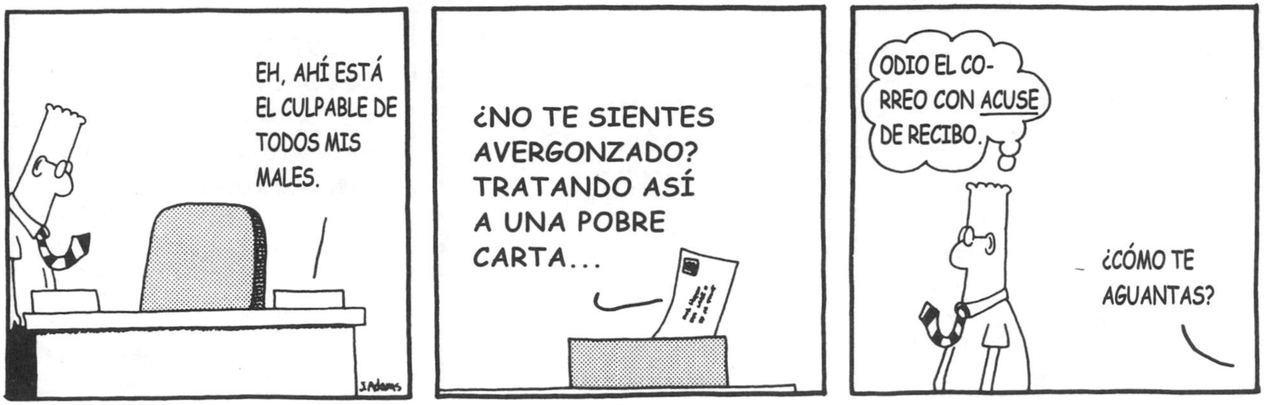
EH, AHÍ ESTÁ EL CULPABLE DE TODOS MIS MALES.
¿NO TE SIENTES AVERGONZADO? TRATANDO ASÍ A UNA POBRE CARTA...
ODIO EL CORREO CON ACUSE DE RECIBO.
¿CÓMO TE AGUANTAS?

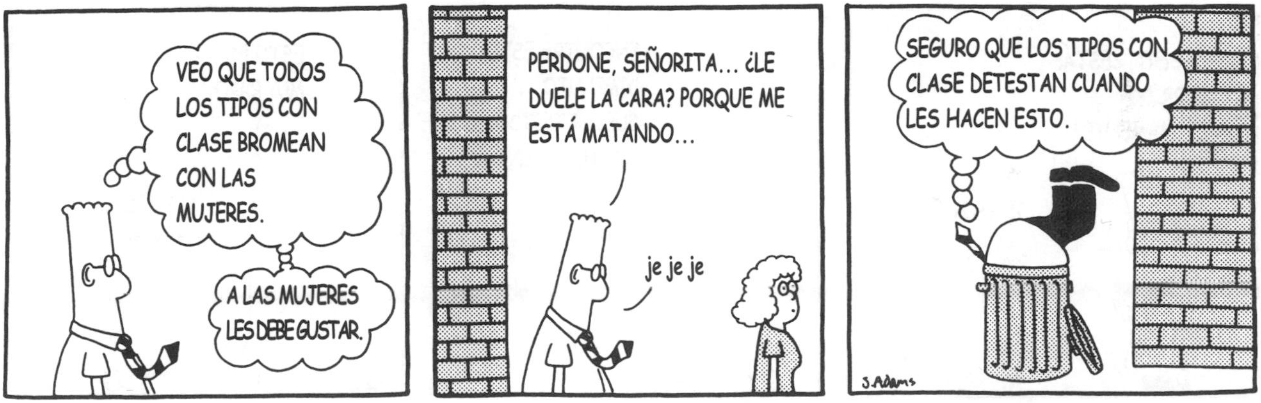
VEO QUE TODOS LOS TIPOS CON CLASE BROMEAN CON LAS MUJERES.
A LAS MUJERES LES DEBE GUSTAR.
PERDONE, SEÑORITA... ¿LE DUELE LA CARA? PORQUE ME ESTÁ MATANDO...
je je je
SEGURO QUE LOS TIPOS CON CLASE DETESTAN CUANDO LES HACEN ESTO.

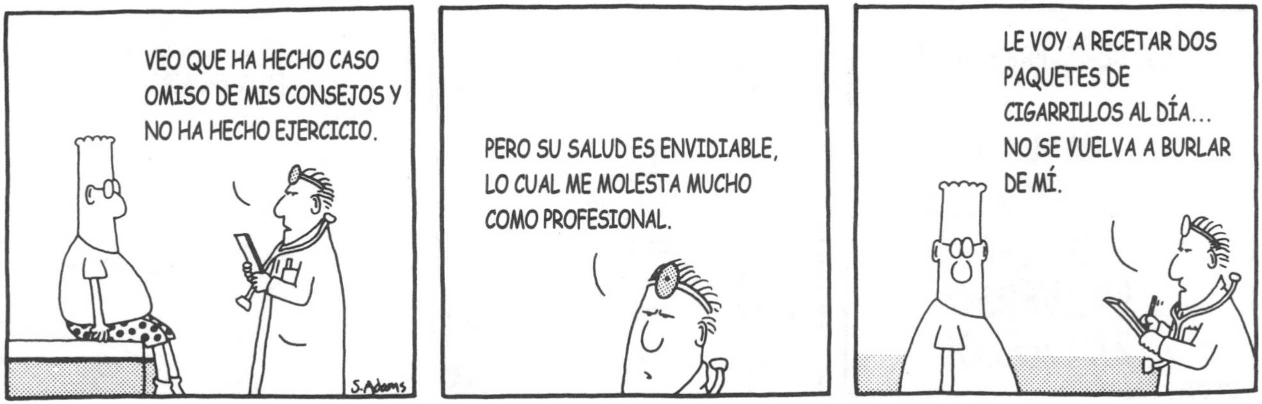
VEO QUE HA HECHO CASO OMISO DE MIS CONSEJOS Y NO HA HECHO EJERCICIO.
PERO SU SALUD ES ENVIDIABLE, LO CUAL ME MOLESTA MUCHO COMO PROFESIONAL.
LE VOY A RECETAR DOS PAQUETES DE CIGARRILLOS AL DÍA... NO SE VUELVA A BURLAR DE MÍ.

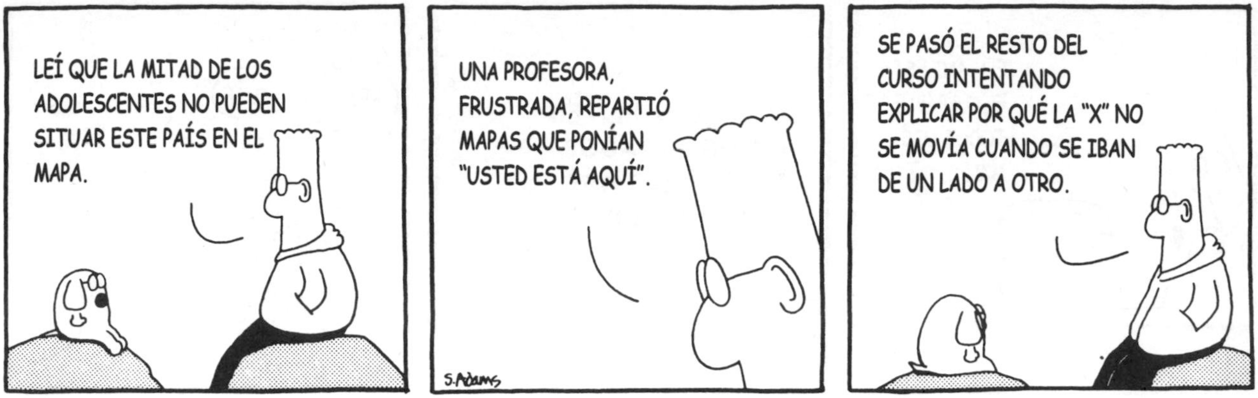
LEÍ QUE LA MITAD DE LOS ADOLESCENTES NO PUEDEN SITUAR ESTE PAÍS EN EL MAPA.
UNA PROFESORA, FRUSTRADA, REPARTIÓ MAPAS QUE PONÍAN "USTED ESTÁ AQUÍ".
S. Adams
SE PASÓ EL RESTO DEL CURSO INTENTANDO EXPLICAR POR QUÉ LA "X" NO SE MOVÍA CUANDO SE IBAN DE UN LADO A OTRO.

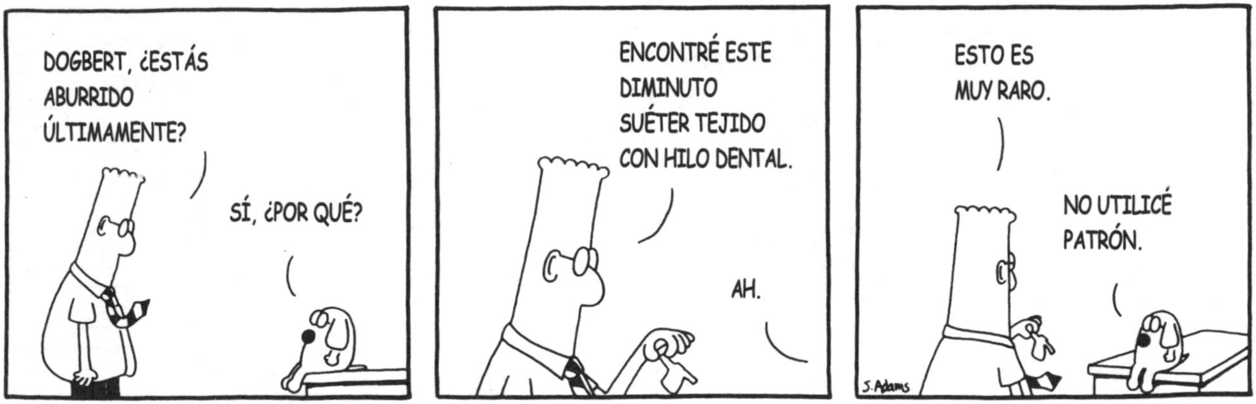
DOGBERT, ¿ESTÁS ABURRIDO ÚLTIMAMENTE?
SÍ, ¿POR QUÉ?
ENCONTRÉ ESTE DIMINUTO SUÉTER TEJIDO CON HILO DENTAL.
AH.
ESTO ES MUY RARO.
NO UTILICÉ PATRÓN.
S. Adams

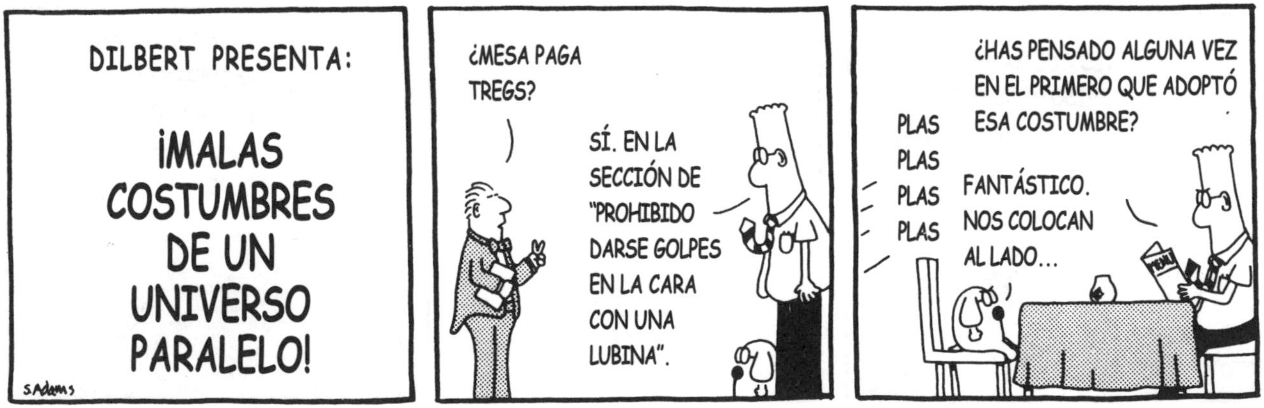
DILBERT PRESENTA:
¡MALAS COSTUMBRES DE UN UNIVERSO PARALELO!
S. Adams
¿MESA PAGA TREGS?
SÍ. EN LA SECCIÓN DE "PROHIBIDO DARSE GOLPES EN LA CARA CON UNA LUBINA".
¿HAS PENSADO ALGUNA VEZ EN EL PRIMERO QUE ADOPTÓ ESA COSTUMBRE?
PLAS PLAS PLAS PLAS
FANTÁSTICO. NOS COLOCAN AL LADO...

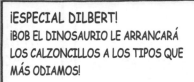

¡ESPECIAL DILBERT!
¡BOB EL DINOSAURIO LE ARRANCARÁ LOS CALZONCILLOS A LOS TIPOS QUE MÁS ODIAMOS!

EJEMPLO

CASO Nº 1

... COMPRÉ MI PRIMERA CASA POR SÓLO 75 CENTAVOS. UN AÑO MÁS TARDE LA VENDÍ POR 400.000 DÓLARES...

¡¡AAIIII!!

AHORA CONDUCE UN BMW.

CASO Nº 2

ES UNA PELÍCULA MARA-VILLOSA. TE SORPRENDERÁS CUANDO DESCUBRAS QUE EL ASESINO ES EL LORO.

¡¡AAIIII!!

¡ME ENCANTAN LAS SORPRESAS!

S.Adams

CASO Nº 3

ESPERE AQUÍ E INTENTARÉ CONVENCER AL JEFE QUE LE VENDA EL COCHE AL PRECIO QUE USTED ME DICE.

¡¡AAIIII!!

¡ESTÁ DE SU LADO!

FINALMENTE...

SÓLO UN IDIOTA CREE QUE LAS COMPUTADORAS SON COMPLICADAS.

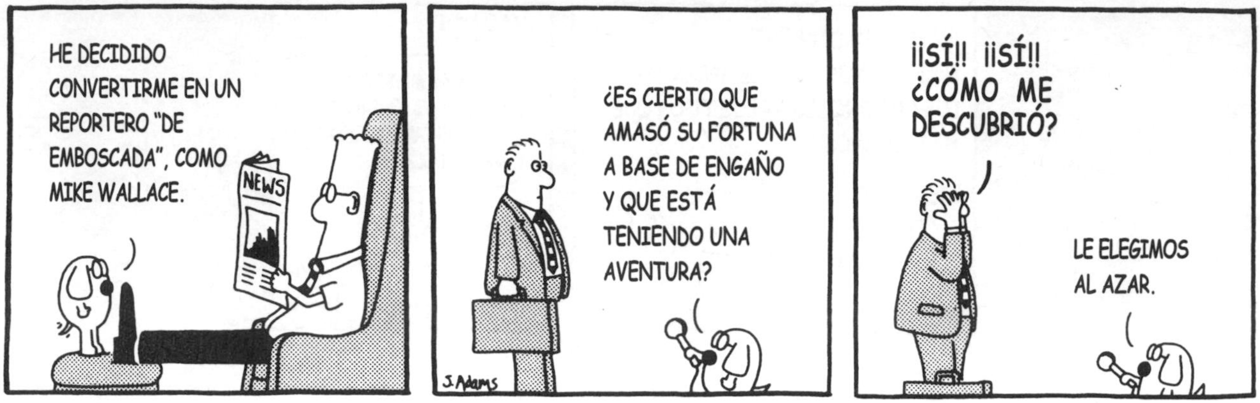
HE DECIDIDO CONVERTIRME EN UN REPORTERO "DE EMBOSCADA", COMO MIKE WALLACE.
NEWS
¿ES CIERTO QUE AMASÓ SU FORTUNA A BASE DE ENGAÑO Y QUE ESTÁ TENIENDO UNA AVENTURA?
S. Adams
¡¡SÍ!! ¡¡SÍ!! ¿CÓMO ME DESCUBRIÓ?
LE ELEGIMOS AL AZAR.

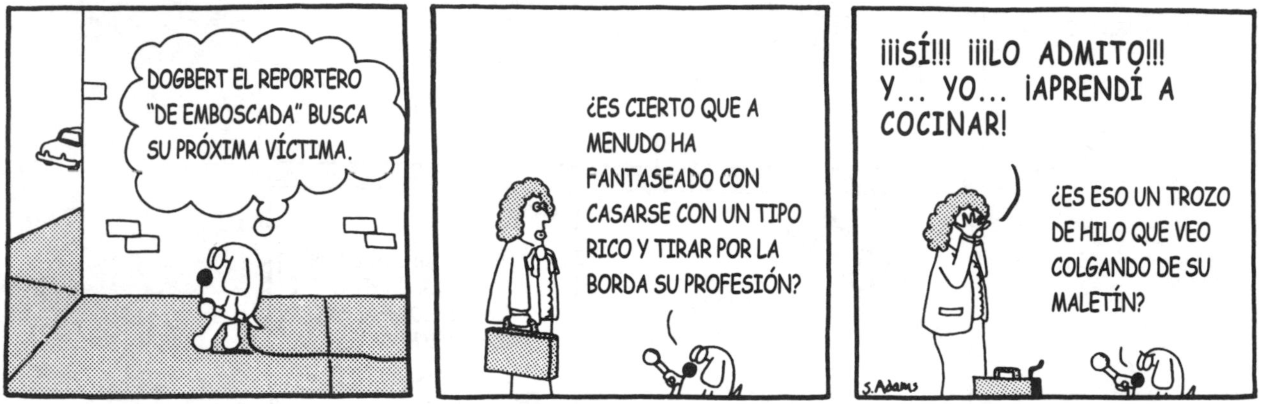
DOGBERT EL REPORTERO "DE EMBOSCADA" BUSCA SU PRÓXIMA VÍCTIMA.
¿ES CIERTO QUE A MENUDO HA FANTASEADO CON CASARSE CON UN TIPO RICO Y TIRAR POR LA BORDA SU PROFESIÓN?
¡¡¡SÍ!!! ¡¡¡LO ADMITO!!! Y... YO... ¡APRENDÍ A COCINAR!
¿ES ESO UN TROZO DE HILO QUE VEO COLGANDO DE SU MALETÍN?
S. Adams

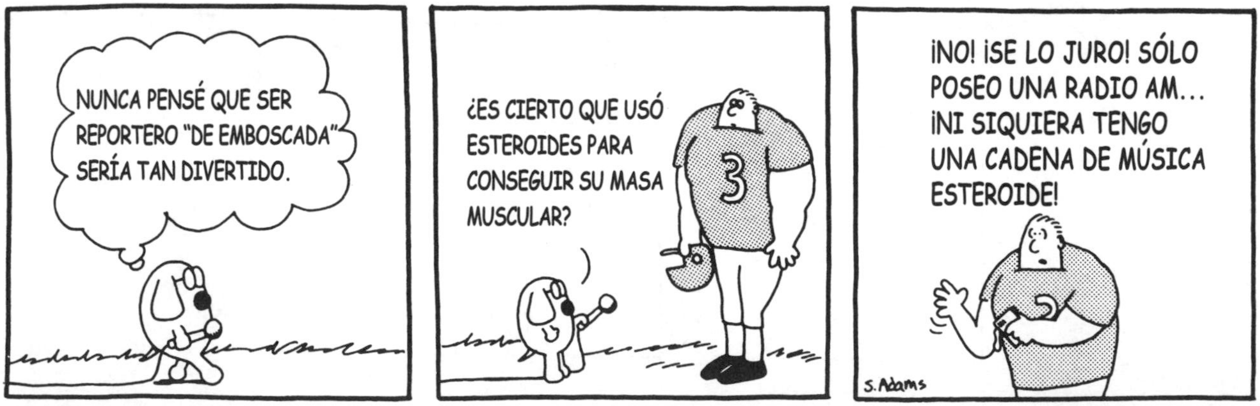
NUNCA PENSÉ QUE SER REPORTERO "DE EMBOSCADA" SERÍA TAN DIVERTIDO.
¿ES CIERTO QUE USÓ ESTEROIDES PARA CONSEGUIR SU MASA MUSCULAR?
3
¡NO! ¡SE LO JURO! SÓLO POSEO UNA RADIO AM... ¡NI SIQUIERA TENGO UNA CADENA DE MÚSICA ESTEROIDE!
S. Adams

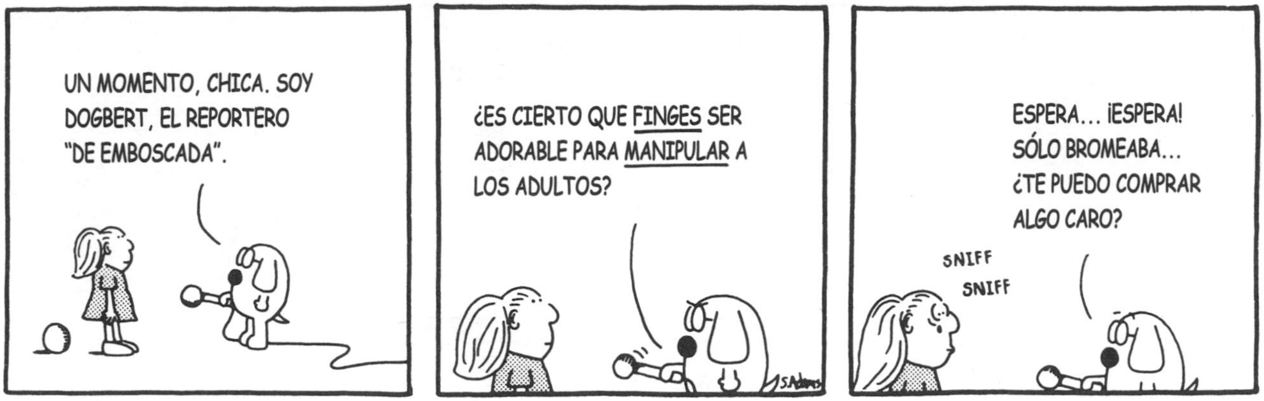
UN MOMENTO, CHICA. SOY DOGBERT, EL REPORTERO "DE EMBOSCADA".
¿ES CIERTO QUE FINGES SER ADORABLE PARA MANIPULAR A LOS ADULTOS?
SNIFF
SNIFF
ESPERA... ¡ESPERA! SÓLO BROMEABA... ¿TE PUEDO COMPRAR ALGO CARO?
S. Adams

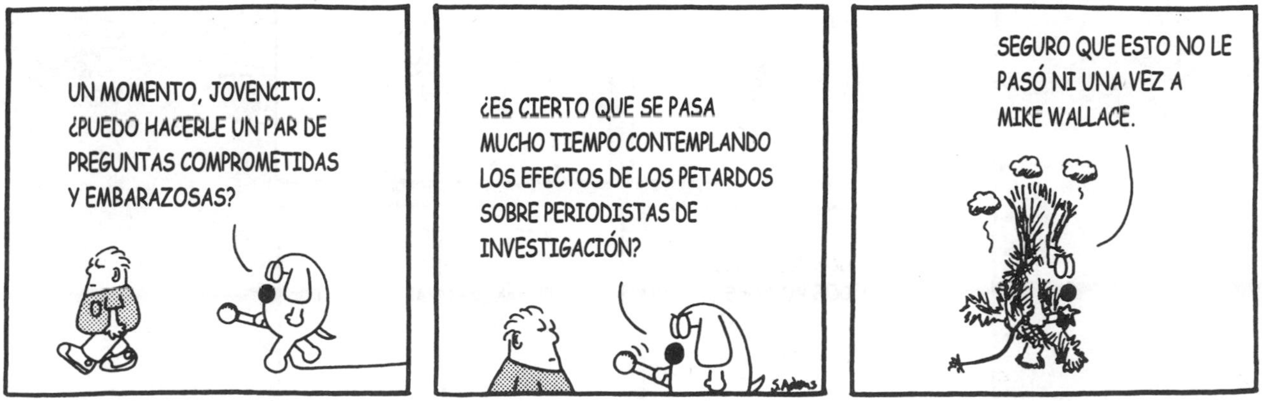
UN MOMENTO, JOVENCITO. ¿PUEDO HACERLE UN PAR DE PREGUNTAS COMPROMETIDAS Y EMBARAZOSAS?
¿ES CIERTO QUE SE PASA MUCHO TIEMPO CONTEMPLANDO LOS EFECTOS DE LOS PETARDOS SOBRE PERIODISTAS DE INVESTIGACIÓN?
SEGURO QUE ESTO NO LE PASÓ NI UNA VEZ A MIKE WALLACE.
S. Adams

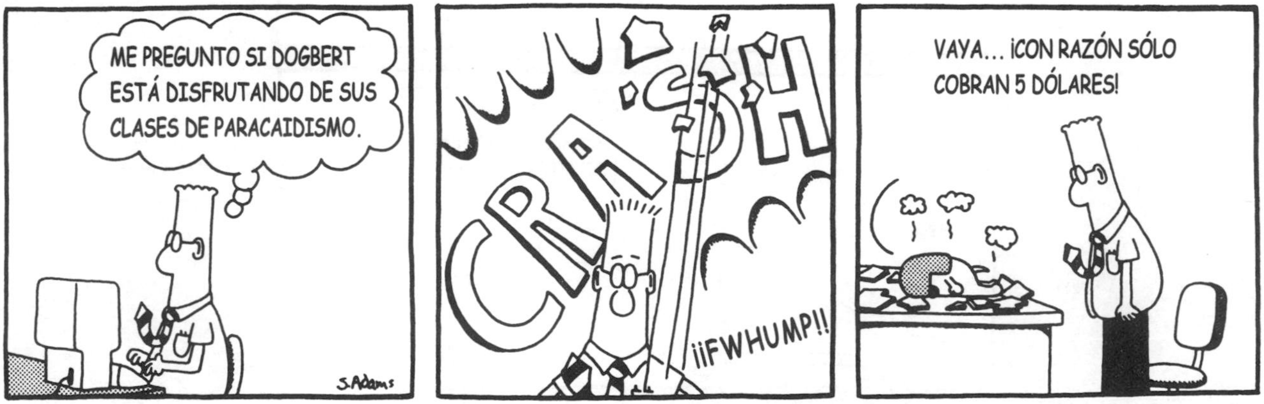
ME PREGUNTO SI DOGBERT ESTÁ DISFRUTANDO DE SUS CLASES DE PARACAIDISMO.
CRASH
¡¡FWHUMP!!
VAYA... ¡CON RAZÓN SÓLO COBRAN 5 DÓLARES!
S. Adams

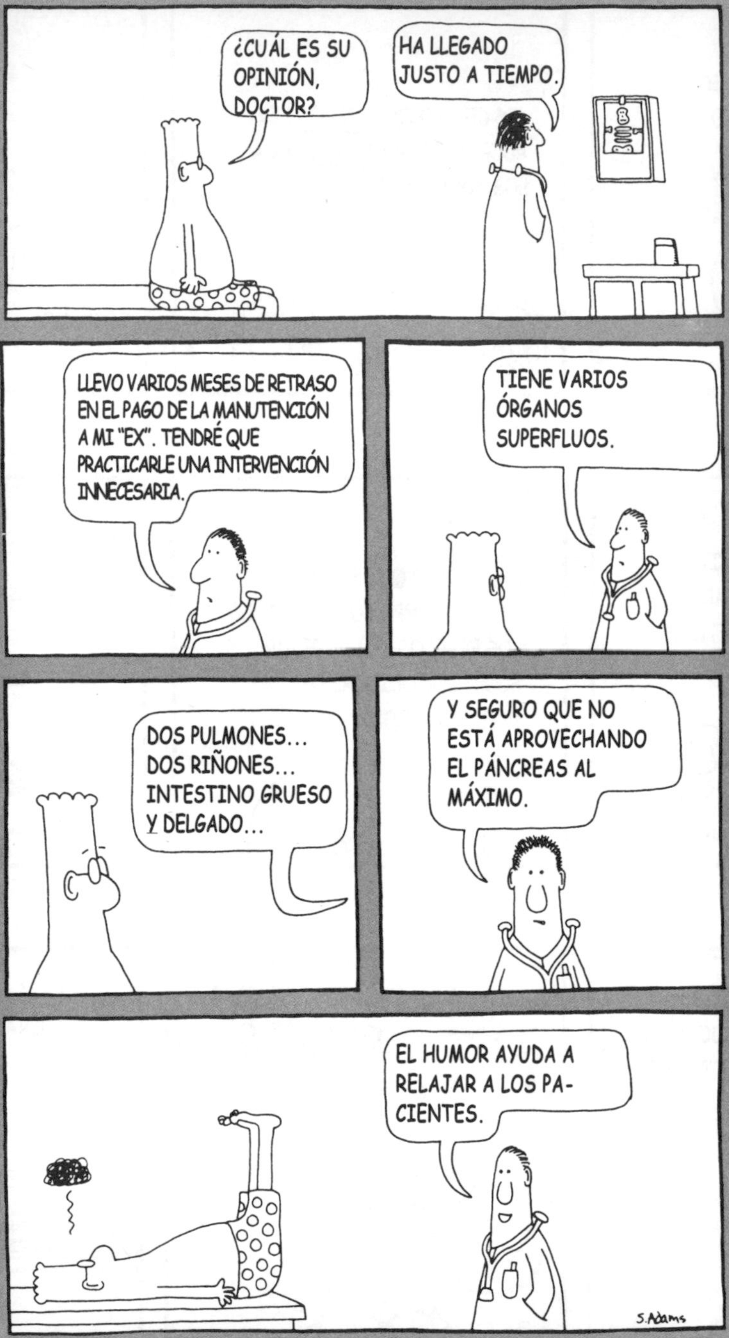
¿CUÁL ES SU OPINIÓN, DOCTOR?
HA LLEGADO JUSTO A TIEMPO.
LLEVO VARIOS MESES DE RETRASO EN EL PAGO DE LA MANUTENCIÓN A MI "EX". TENDRÉ QUE PRACTICARLE UNA INTERVENCIÓN INNECESARIA.
TIENE VARIOS ÓRGANOS SUPERFLUOS.
DOS PULMONES... DOS RIÑONES... INTESTINO GRUESO Y DELGADO...
Y SEGURO QUE NO ESTÁ APROVECHANDO EL PÁNCREAS AL MÁXIMO.
EL HUMOR AYUDA A RELAJAR A LOS PA-
CIENTES.
S.Adams

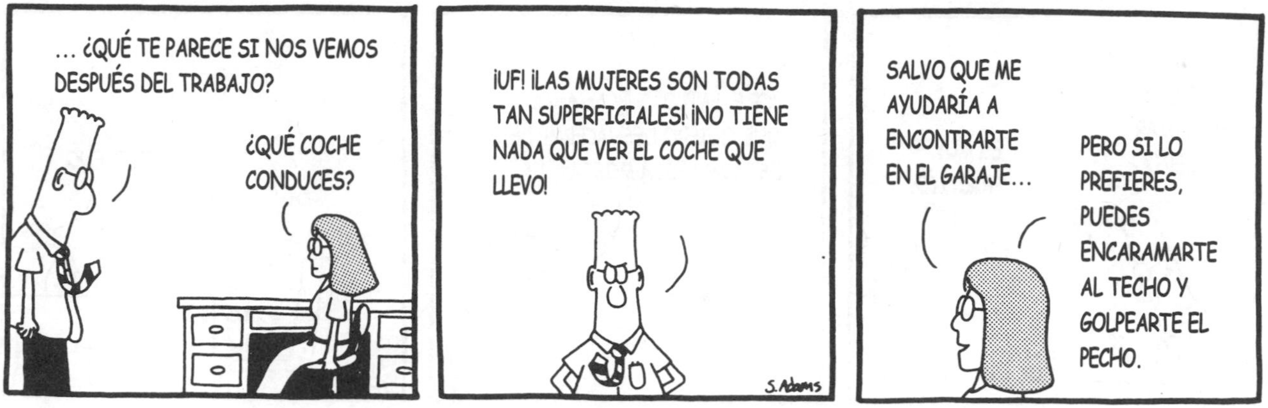
… ¿QUÉ TE PARECE SI NOS VEMOS DESPUÉS DEL TRABAJO?
¿QUÉ COCHE CONDUCES?
¡UF! ¡LAS MUJERES SON TODAS TAN SUPERFICIALES! ¡NO TIENE NADA QUE VER EL COCHE QUE LLEVO!
S. Adams
SALVO QUE ME AYUDARÍA A ENCONTRARTE EN EL GARAJE…
PERO SI LO PREFIERES, PUEDES ENCARAMARTE AL TECHO Y GOLPEARTE EL PECHO.

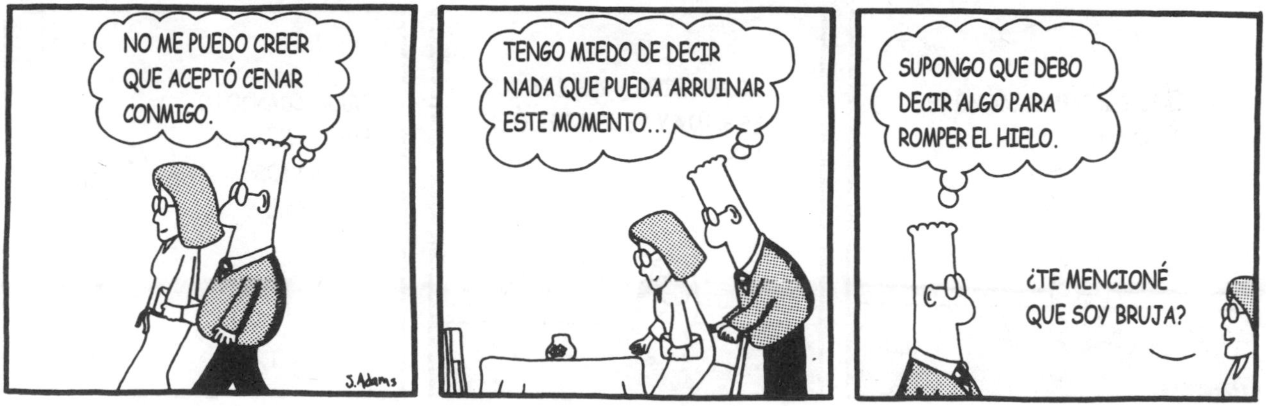
NO ME PUEDO CREER QUE ACEPTÓ CENAR CONMIGO.
S. Adams
TENGO MIEDO DE DECIR NADA QUE PUEDA ARRUINAR ESTE MOMENTO…
SUPONGO QUE DEBO DECIR ALGO PARA ROMPER EL HIELO.
¿TE MENCIONÉ QUE SOY BRUJA?

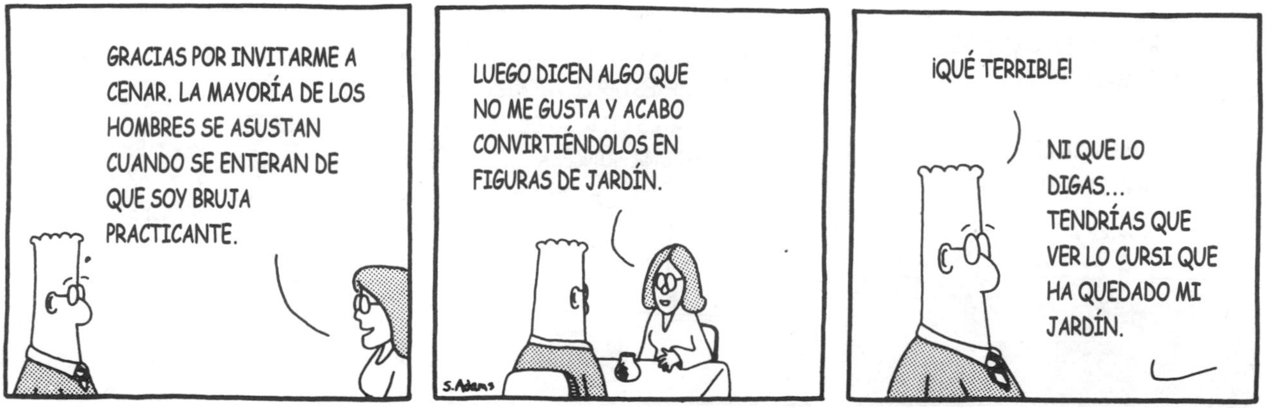
GRACIAS POR INVITARME A CENAR. LA MAYORÍA DE LOS HOMBRES SE ASUSTAN CUANDO SE ENTERAN DE QUE SOY BRUJA PRACTICANTE.
LUEGO DICEN ALGO QUE NO ME GUSTA Y ACABO CONVIRTIÉNDOLOS EN FIGURAS DE JARDÍN.
S. Adams
¡QUÉ TERRIBLE!
NI QUE LO DIGAS… TENDRÍAS QUE VER LO CURSI QUE HA QUEDADO MI JARDÍN.

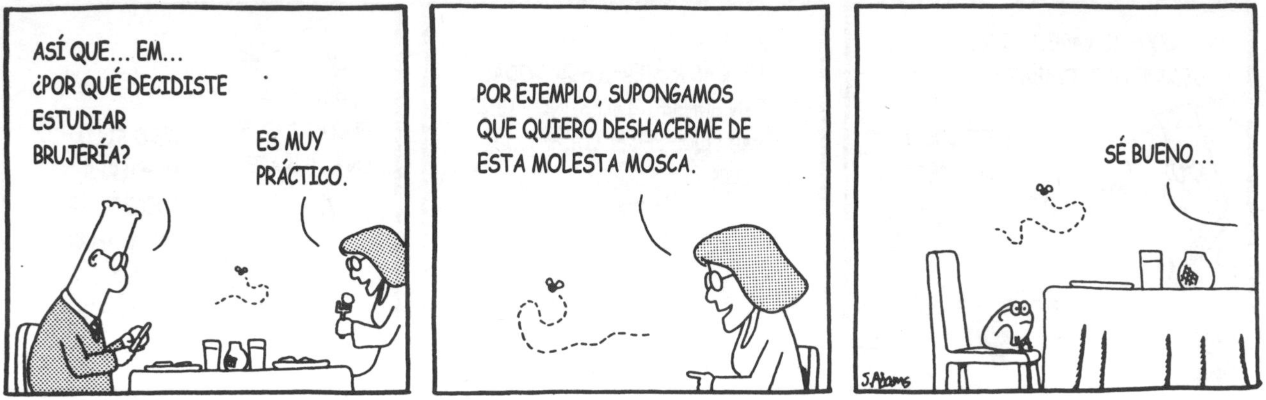
ASÍ QUE... EM...
¿POR QUÉ DECIDISTE ESTUDIAR BRUJERÍA?
ES MUY PRÁCTICO.
POR EJEMPLO, SUPONGAMOS QUE QUIERO DESHACERME DE ESTA MOLESTA MOSCA.
SÉ BUENO...
S.Adams

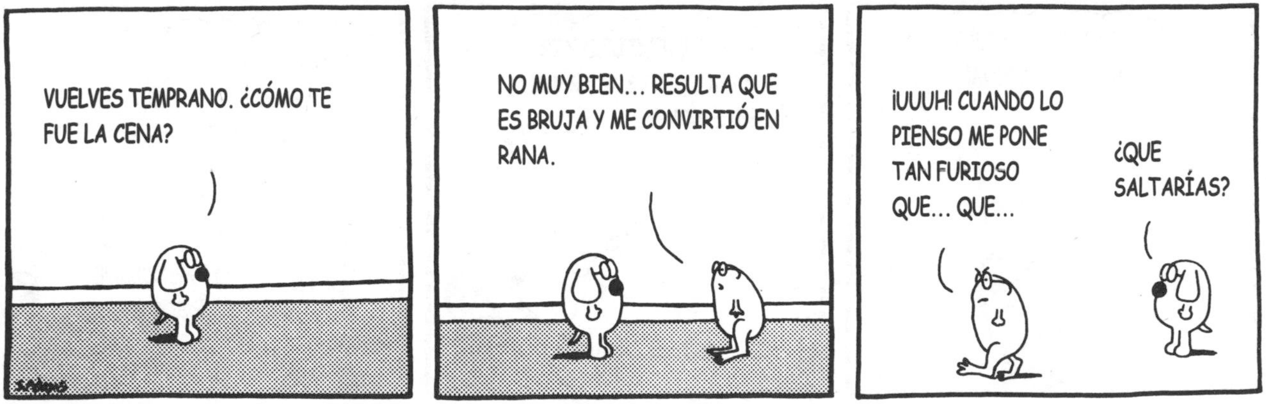
VUELVES TEMPRANO. ¿CÓMO TE FUE LA CENA?
NO MUY BIEN... RESULTA QUE ES BRUJA Y ME CONVIRTIÓ EN RANA.
¡UUUH! CUANDO LO PIENSO ME PONE TAN FURIOSO QUE... QUE...
¿QUE SALTARÍAS?
S.Adams

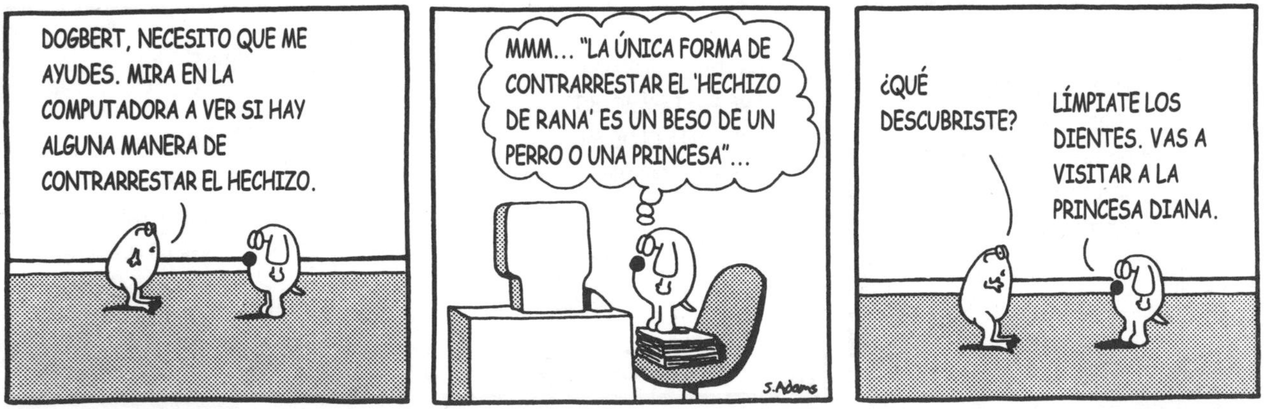
DOGBERT, NECESITO QUE ME AYUDES. MIRA EN LA COMPUTADORA A VER SI HAY ALGUNA MANERA DE CONTRARRESTAR EL HECHIZO.
MMM... "LA ÚNICA FORMA DE CONTRARRESTAR EL 'HECHIZO DE RANA' ES UN BESO DE UN PERRO O UNA PRINCESA"...
¿QUÉ DESCUBRISTE?
LÍMPIATE LOS DIENTES. VAS A VISITAR A LA PRINCESA DIANA.
S.Adams

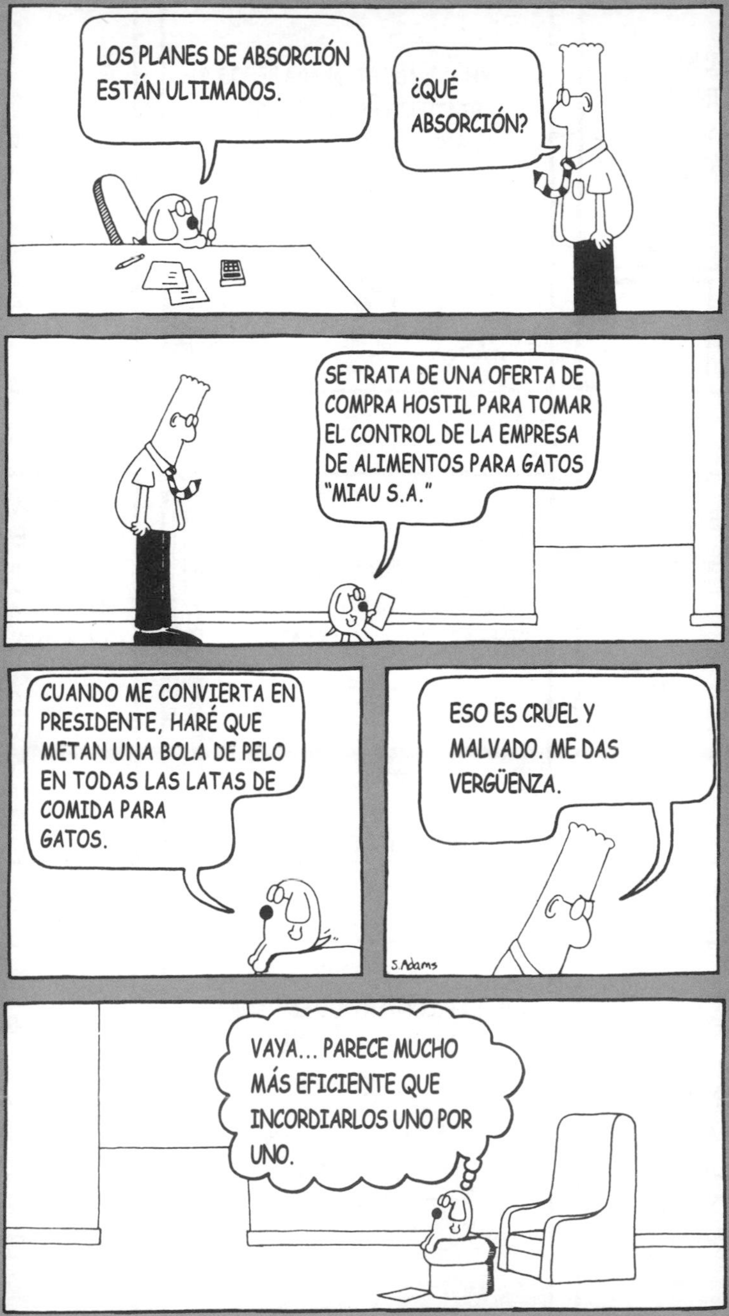
LOS PLANES DE ABSORCIÓN ESTÁN ULTIMADOS.
¿QUÉ ABSORCIÓN?
SE TRATA DE UNA OFERTA DE COMPRA HOSTIL PARA TOMAR EL CONTROL DE LA EMPRESA DE ALIMENTOS PARA GATOS "MIAU S.A."
CUANDO ME CONVIERTA EN PRESIDENTE, HARÉ QUE METAN UNA BOLA DE PELO EN TODAS LAS LATAS DE COMIDA PARA GATOS.
ESO ES CRUEL Y MALVADO. ME DAS VERGÜENZA.
S. Adams
VAYA... PARECE MUCHO MÁS EFICIENTE QUE INCORDIARLOS UNO POR UNO.

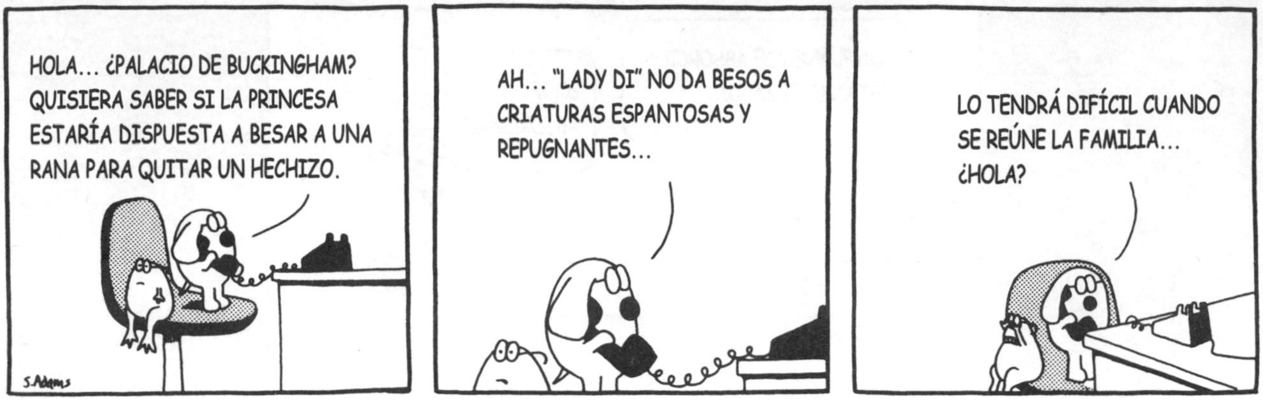
HOLA... ¿PALACIO DE BUCKINGHAM? QUISIERA SABER SI LA PRINCESA ESTARÍA DISPUESTA A BESAR A UNA RANA PARA QUITAR UN HECHIZO.
S.Adams
AH... "LADY DI" NO DA BESOS A CRIATURAS ESPANTOSAS Y REPUGNANTES...
LO TENDRÁ DIFÍCIL CUANDO SE REÚNE LA FAMILIA... ¿HOLA?

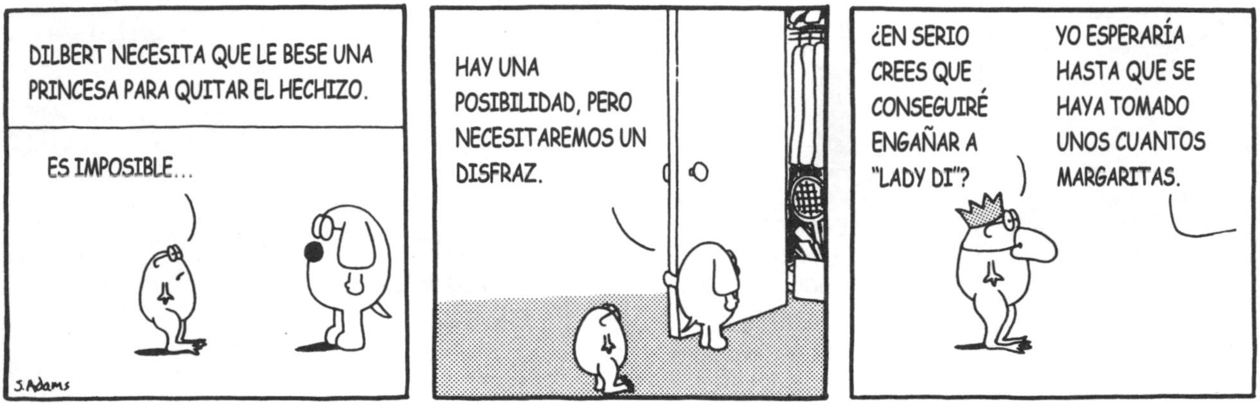
DILBERT NECESITA QUE LE BESE UNA PRINCESA PARA QUITAR EL HECHIZO.
ES IMPOSIBLE...
S.Adams
HAY UNA POSIBILIDAD, PERO NECESITAREMOS UN DISFRAZ.
¿EN SERIO CREES QUE CONSEGUIRÉ ENGAÑAR A "LADY DI"?
YO ESPERARÍA HASTA QUE SE HAYA TOMADO UNOS CUANTOS MARGARITAS.

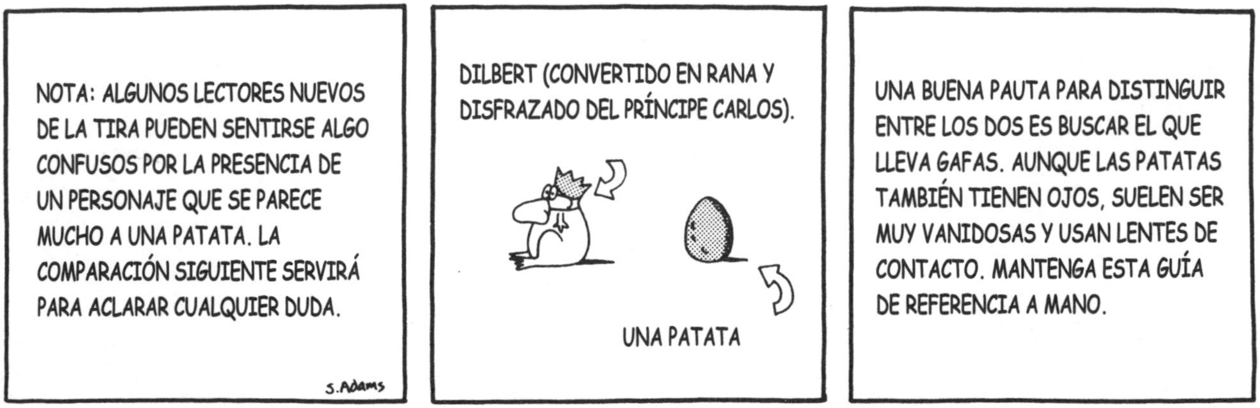
NOTA: ALGUNOS LECTORES NUEVOS DE LA TIRA PUEDEN SENTIRSE ALGO CONFUSOS POR LA PRESENCIA DE UN PERSONAJE QUE SE PARECE MUCHO A UNA PATATA. LA COMPARACIÓN SIGUIENTE SERVIRÁ PARA ACLARAR CUALQUIER DUDA.
S.Adams
DILBERT (CONVERTIDO EN RANA Y DISFRAZADO DEL PRÍNCIPE CARLOS).
UNA PATATA
UNA BUENA PAUTA PARA DISTINGUIR ENTRE LOS DOS ES BUSCAR EL QUE LLEVA GAFAS. AUNQUE LAS PATATAS TAMBIÉN TIENEN OJOS, SUELEN SER MUY VANIDOSAS Y USAN LENTES DE CONTACTO. MANTENGA ESTA GUÍA DE REFERENCIA A MANO.

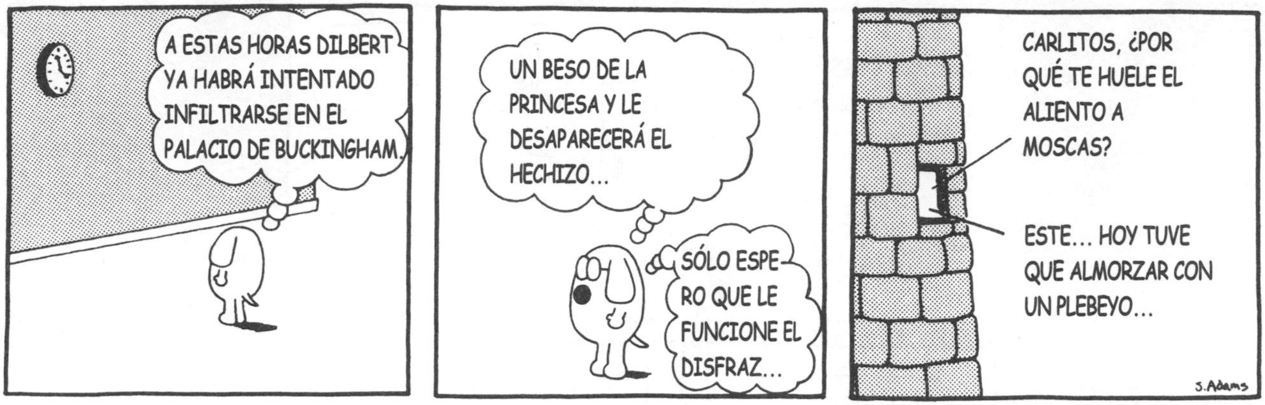
A ESTAS HORAS DILBERT YA HABRÁ INTENTADO INFILTRARSE EN EL PALACIO DE BUCKINGHAM.
UN BESO DE LA PRINCESA Y LE DESAPARECERÁ EL HECHIZO...
SÓLO ESPERO QUE LE FUNCIONE EL DISFRAZ...
CARLITOS, ¿POR QUÉ TE HUELE EL ALIENTO A MOSCAS?
ESTE... HOY TUVE QUE ALMORZAR CON UN PLEBEYO...
S. Adams

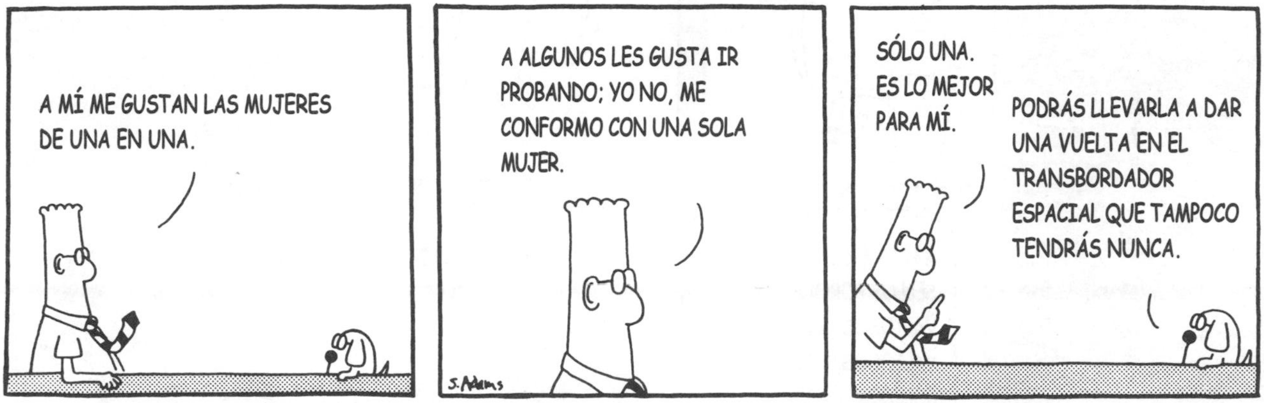
A MÍ ME GUSTAN LAS MUJERES DE UNA EN UNA.
A ALGUNOS LES GUSTA IR PROBANDO; YO NO, ME CONFORMO CON UNA SOLA MUJER.
S. Adams
SÓLO UNA. ES LO MEJOR PARA MÍ.
PODRÁS LLEVARLA A DAR UNA VUELTA EN EL TRANSBORDADOR ESPACIAL QUE TAMPOCO TENDRÁS NUNCA.

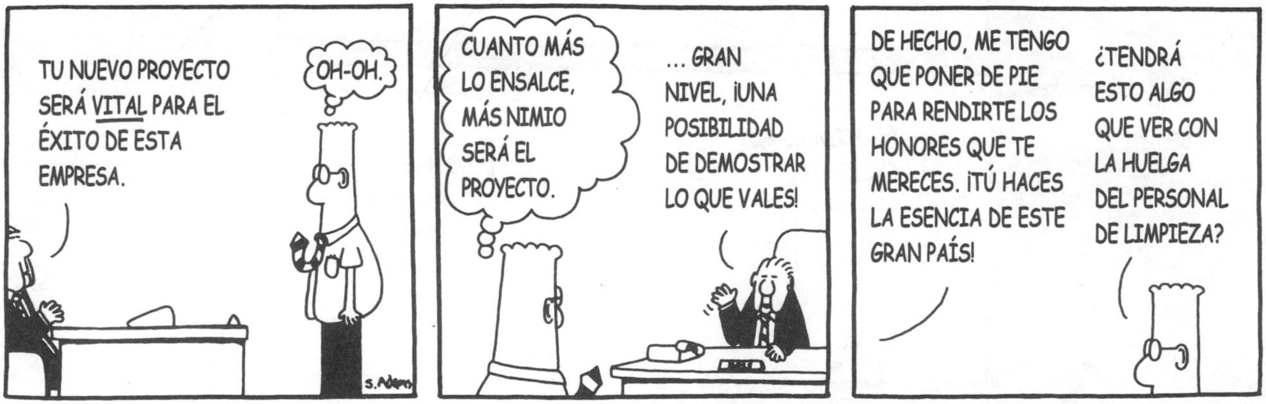
TU NUEVO PROYECTO SERÁ VITAL PARA EL ÉXITO DE ESTA EMPRESA.
OH-OH.
S. Adams
CUANTO MÁS LO ENSALCE, MÁS NIMIO SERÁ EL PROYECTO.
... GRAN NIVEL, ¡UNA POSIBILIDAD DE DEMOSTRAR LO QUE VALES!
DE HECHO, ME TENGO QUE PONER DE PIE PARA RENDIRTE LOS HONORES QUE TE MERECES. ¡TÚ HACES LA ESENCIA DE ESTE GRAN PAÍS!
¿TENDRÁ ESTO ALGO QUE VER CON LA HUELGA DEL PERSONAL DE LIMPIEZA?

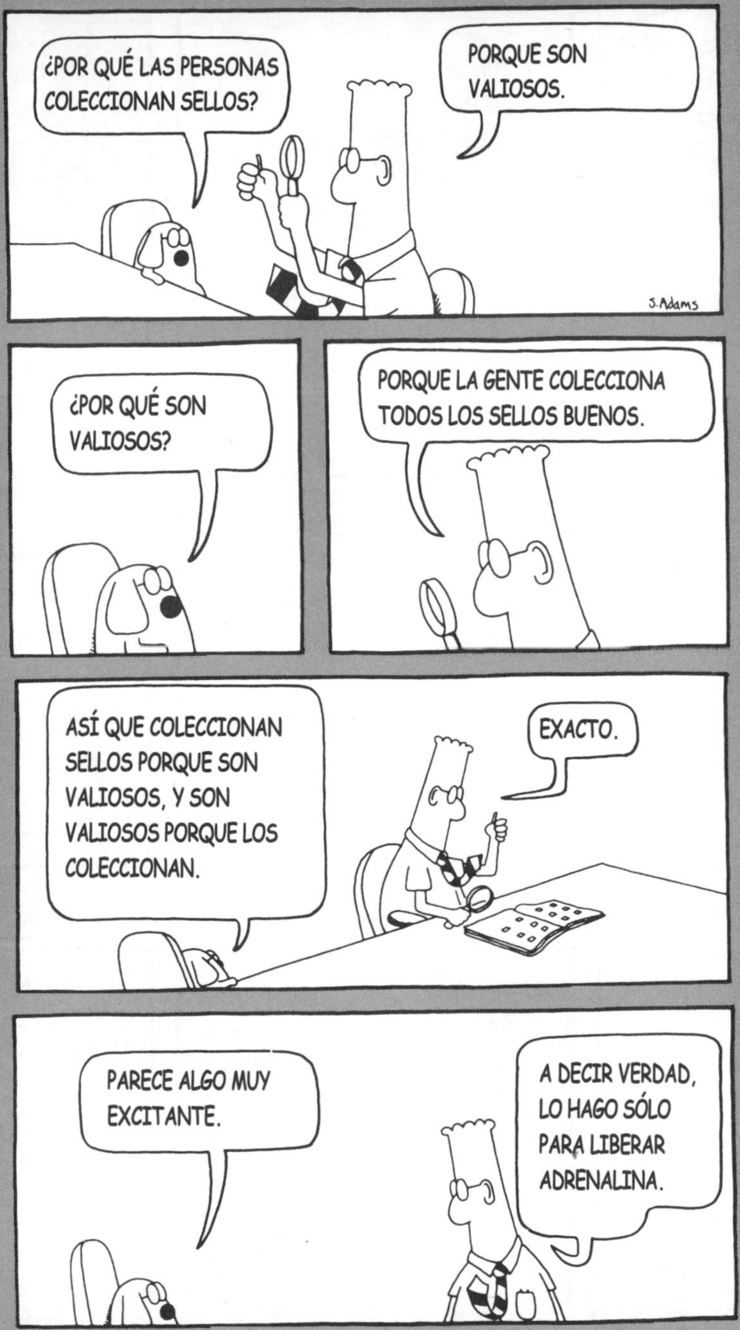
¿POR QUÉ LAS PERSONAS COLECCIONAN SELLOS?
PORQUE SON VALIOSOS.
S. Adams
¿POR QUÉ SON VALIOSOS?
PORQUE LA GENTE COLECCIONA TODOS LOS SELLOS BUENOS.
ASÍ QUE COLECCIONAN SELLOS PORQUE SON VALIOSOS, Y SON VALIOSOS PORQUE LOS COLECCIONAN.
EXACTO.
PARECE ALGO MUY EXCITANTE.
A DECIR VERDAD, LO HAGO SÓLO PARA LIBERAR ADRENALINA.

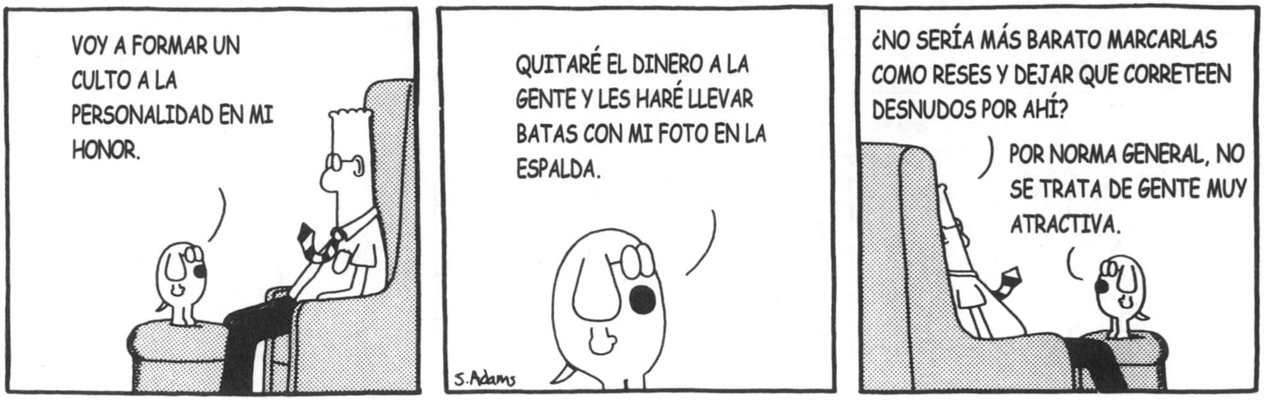
VOY A FORMAR UN CULTO A LA PERSONALIDAD EN MI HONOR.
QUITARÉ EL DINERO A LA GENTE Y LES HARÉ LLEVAR BATAS CON MI FOTO EN LA ESPALDA.
S.Adams
¿NO SERÍA MÁS BARATO MARCARLAS COMO RESES Y DEJAR QUE CORRETEEN DESNUDOS POR AHÍ?
POR NORMA GENERAL, NO SE TRATA DE GENTE MUY ATRACTIVA.

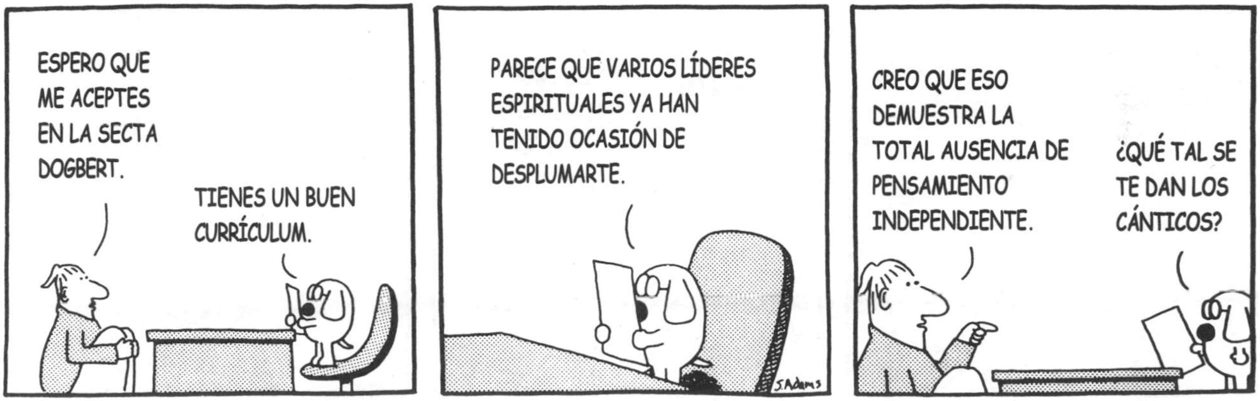
ESPERO QUE ME ACEPTES EN LA SECTA DOGBERT.
TIENES UN BUEN CURRÍCULUM.
PARECE QUE VARIOS LÍDERES ESPIRITUALES YA HAN TENIDO OCASIÓN DE DESPLUMARTE.
S.Adams
CREO QUE ESO DEMUESTRA LA TOTAL AUSENCIA DE PENSAMIENTO INDEPENDIENTE.
¿QUÉ TAL SE TE DAN LOS CÁNTICOS?

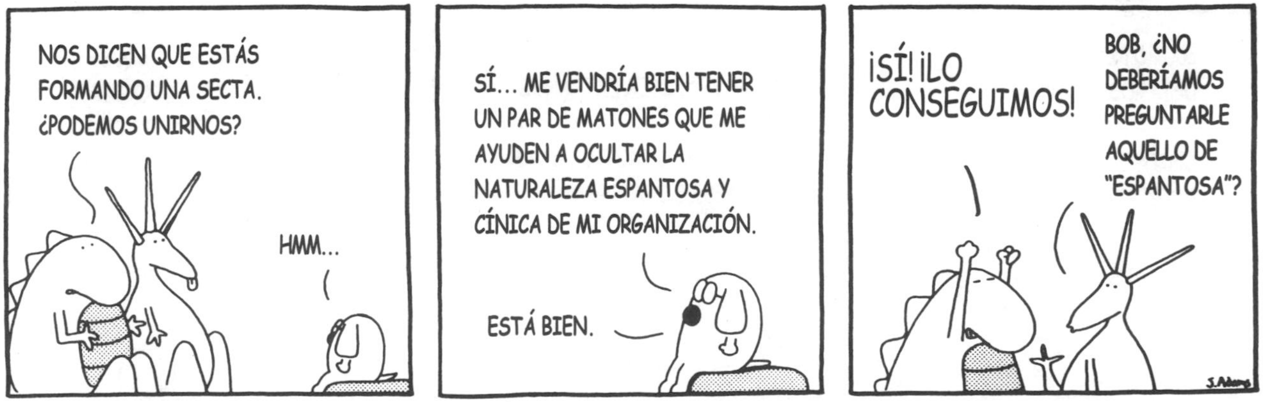
NOS DICEN QUE ESTÁS FORMANDO UNA SECTA. ¿PODEMOS UNIRNOS?
HMM...
SÍ... ME VENDRÍA BIEN TENER UN PAR DE MATONES QUE ME AYUDEN A OCULTAR LA NATURALEZA ESPANTOSA Y CÍNICA DE MI ORGANIZACIÓN.
ESTÁ BIEN.
¡SÍ! ¡LO CONSEGUIMOS!
BOB, ¿NO DEBERÍAMOS PREGUNTARLE AQUELLO DE "ESPANTOSA"?
S.Adams

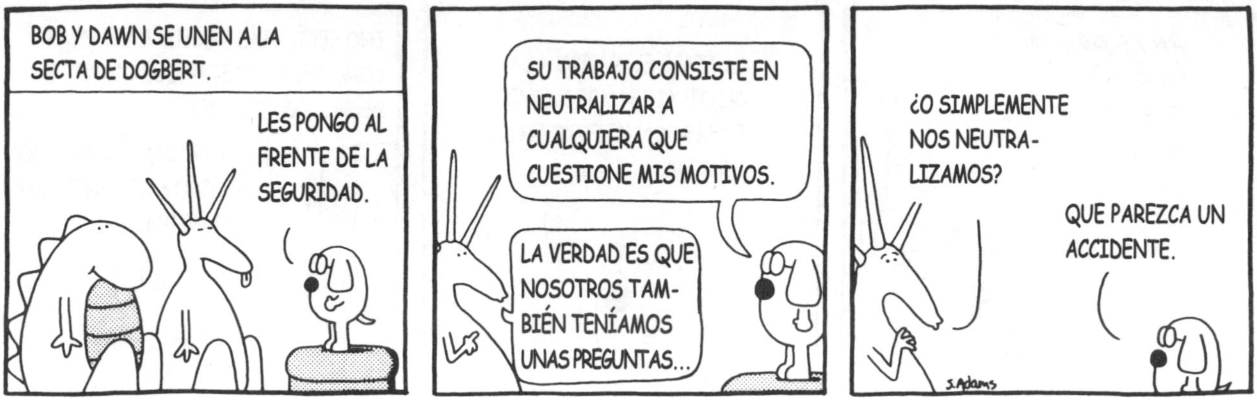
BOB Y DAWN SE UNEN A LA SECTA DE DOGBERT.
LES PONGO AL FRENTE DE LA SEGURIDAD.
SU TRABAJO CONSISTE EN NEUTRALIZAR A CUALQUIERA QUE CUESTIONE MIS MOTIVOS.
LA VERDAD ES QUE NOSOTROS TAMBIÉN TENÍAMOS UNAS PREGUNTAS...
¿O SIMPLEMENTE NOS NEUTRALIZAMOS?
QUE PAREZCA UN ACCIDENTE.
S.Adams

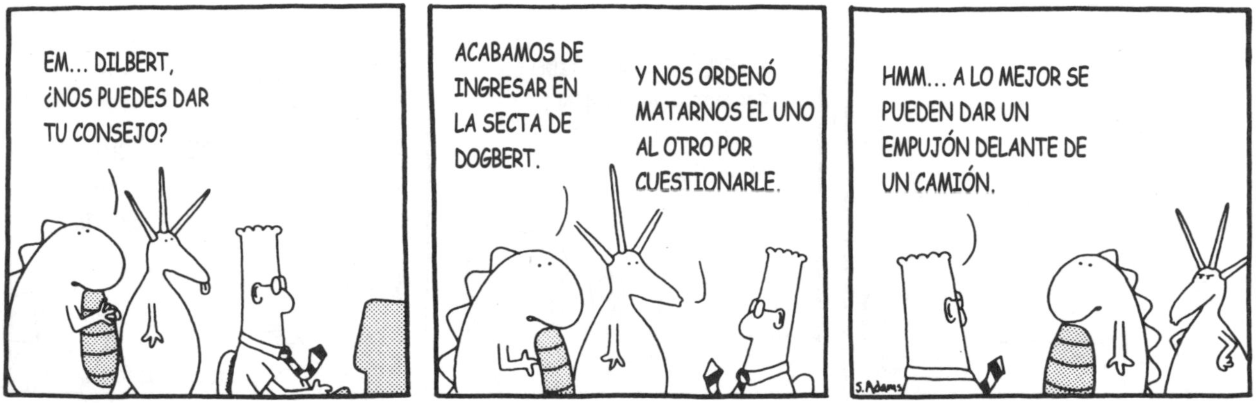
EM... DILBERT, ¿NOS PUEDES DAR TU CONSEJO?
ACABAMOS DE INGRESAR EN LA SECTA DE DOGBERT.
Y NOS ORDENÓ MATARNOS EL UNO AL OTRO POR CUESTIONARLE.
HMM... A LO MEJOR SE PUEDEN DAR UN EMPUJÓN DELANTE DE UN CAMIÓN.
S.Adams

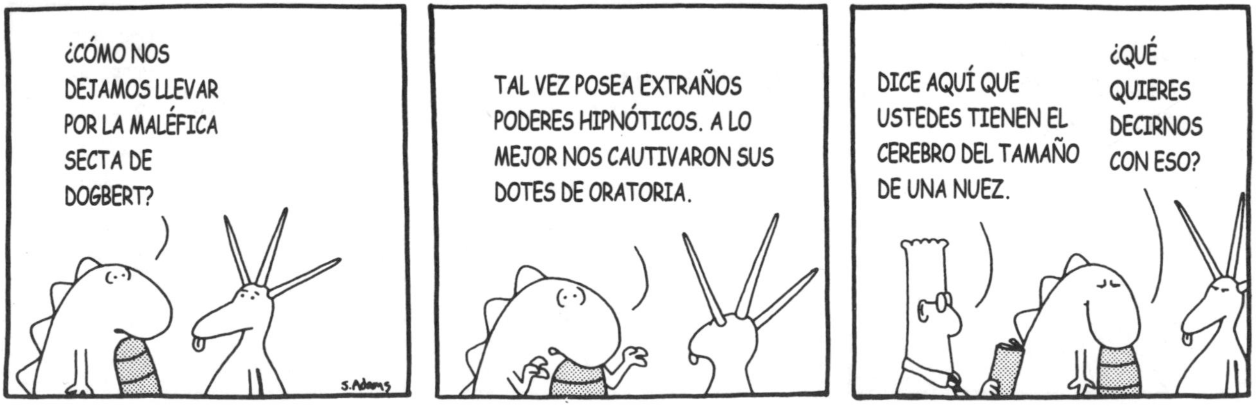
¿CÓMO NOS DEJAMOS LLEVAR POR LA MALÉFICA SECTA DE DOGBERT?
S.Adams
TAL VEZ POSEA EXTRAÑOS PODERES HIPNÓTICOS. A LO MEJOR NOS CAUTIVARON SUS DOTES DE ORATORIA.
DICE AQUÍ QUE USTEDES TIENEN EL CEREBRO DEL TAMAÑO DE UNA NUEZ.
¿QUÉ QUIERES DECIRNOS CON ESO?

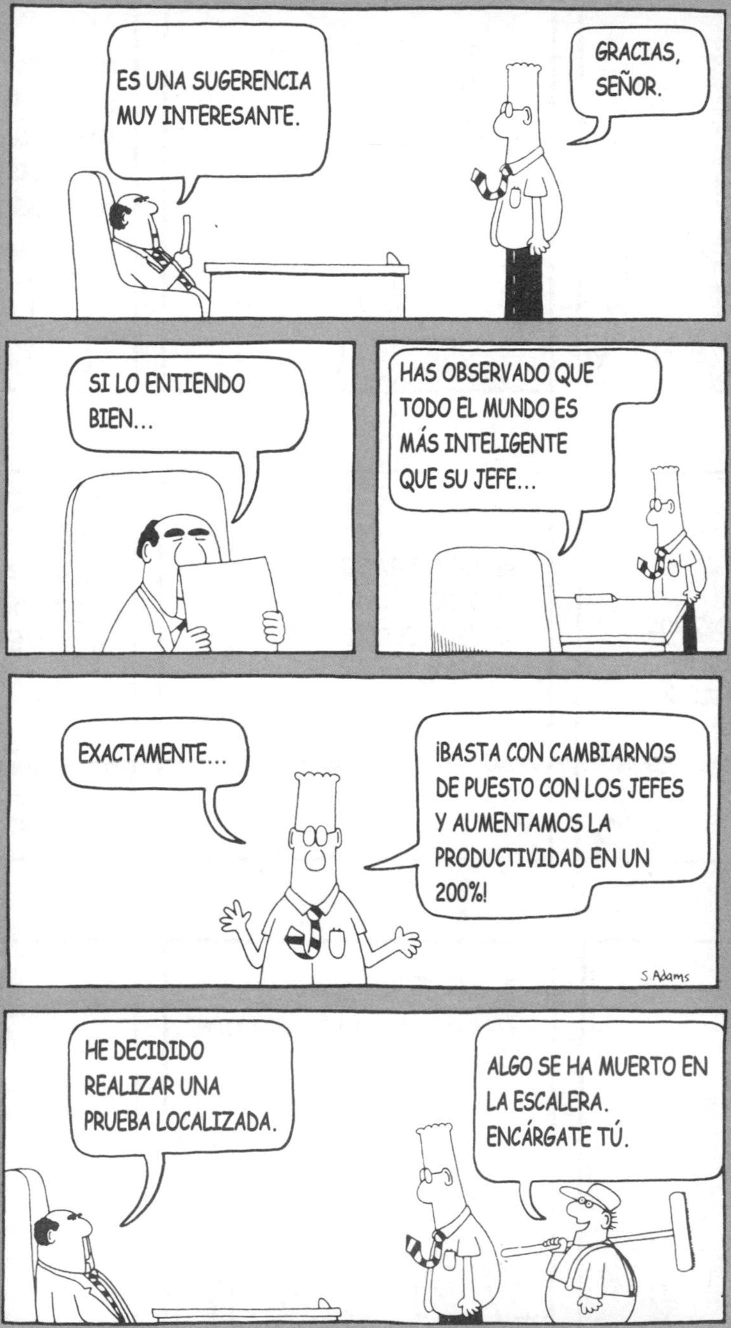
ES UNA SUGERENCIA MUY INTERESANTE.
GRACIAS, SEÑOR.
SI LO ENTIENDO BIEN...
HAS OBSERVADO QUE TODO EL MUNDO ES MÁS INTELIGENTE QUE SU JEFE...
EXACTAMENTE...
¡BASTA CON CAMBIARNOS DE PUESTO CON LOS JEFES Y AUMENTAMOS LA PRODUCTIVIDAD EN UN 200%!
S Adams
HE DECIDIDO REALIZAR UNA PRUEBA LOCALIZADA.
ALGO SE HA MUERTO EN LA ESCALERA. ENCÁRGATE TÚ.

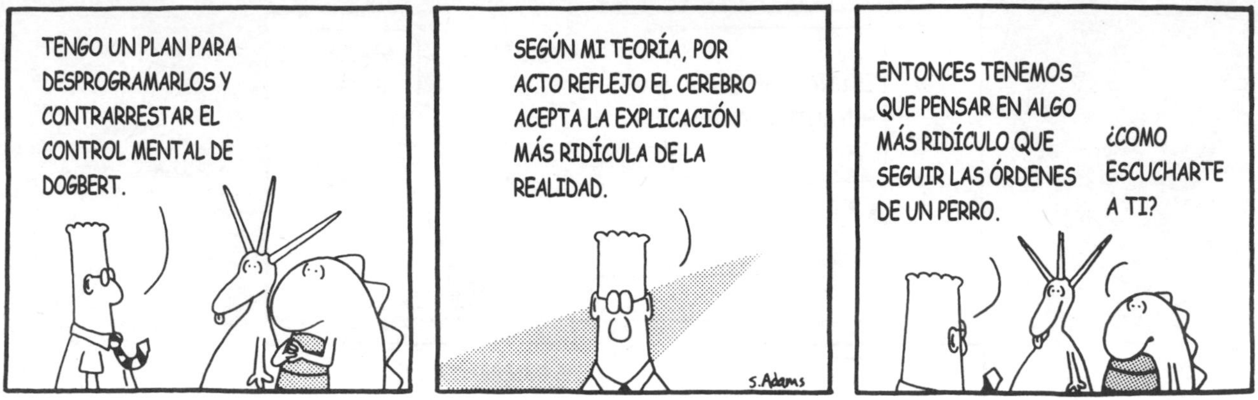
TENGO UN PLAN PARA DESPROGRAMARLOS Y CONTRARRESTAR EL CONTROL MENTAL DE DOGBERT.
SEGÚN MI TEORÍA, POR ACTO REFLEJO EL CEREBRO ACEPTA LA EXPLICACIÓN MÁS RIDÍCULA DE LA REALIDAD.
S. Adams
ENTONCES TENEMOS QUE PENSAR EN ALGO MÁS RIDÍCULO QUE SEGUIR LAS ÓRDENES DE UN PERRO.
¿COMO ESCUCHARTE A TI?

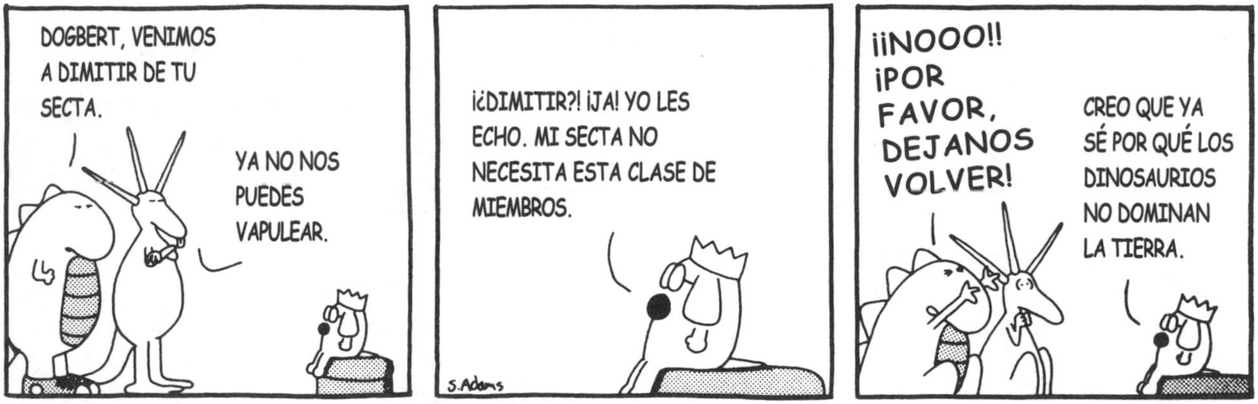
DOGBERT, VENIMOS A DIMITIR DE TU SECTA.
YA NO NOS PUEDES VAPULEAR.
¡¿DIMITIR?! ¡JA! YO LES ECHO. MI SECTA NO NECESITA ESTA CLASE DE MIEMBROS.
S. Adams
¡¡NOOO!! ¡POR FAVOR, DEJANOS VOLVER!
CREO QUE YA SÉ POR QUÉ LOS DINOSAURIOS NO DOMINAN LA TIERRA.

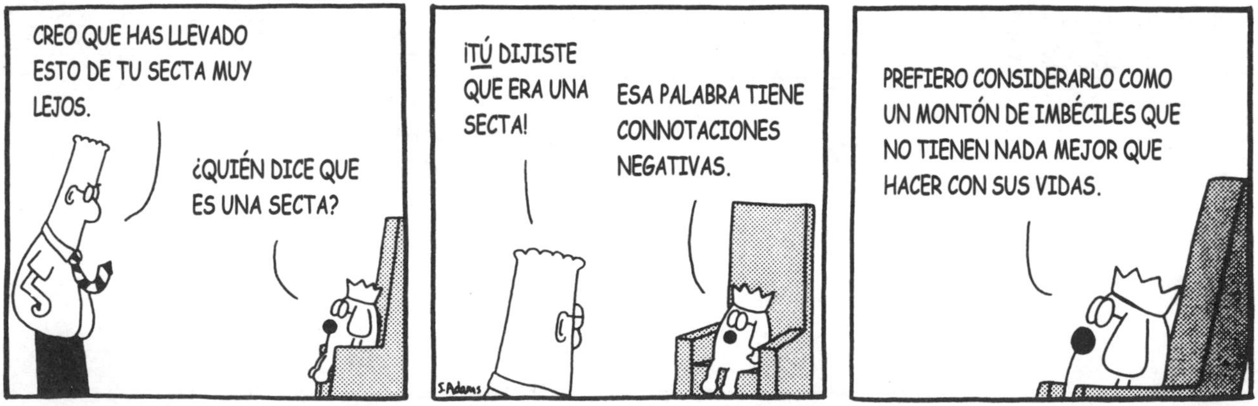
CREO QUE HAS LLEVADO ESTO DE TU SECTA MUY LEJOS.
¿QUIÉN DICE QUE ES UNA SECTA?
¡TÚ DIJISTE QUE ERA UNA SECTA!
ESA PALABRA TIENE CONNOTACIONES NEGATIVAS.
S. Adams
PREFIERO CONSIDERARLO COMO UN MONTÓN DE IMBÉCILES QUE NO TIENEN NADA MEJOR QUE HACER CON SUS VIDAS.

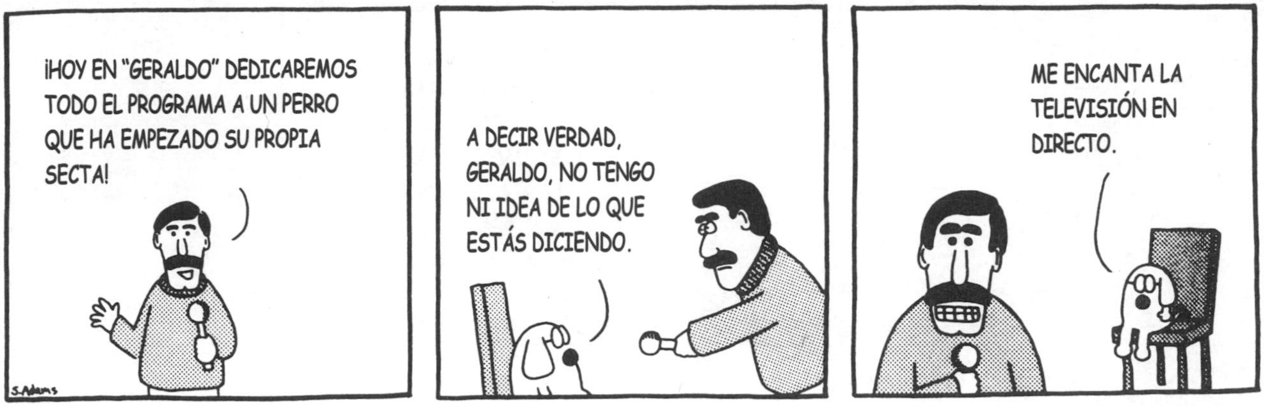
¡HOY EN "GERALDO" DEDICAREMOS TODO EL PROGRAMA A UN PERRO QUE HA EMPEZADO SU PROPIA SECTA!
S.Adams
A DECIR VERDAD, GERALDO, NO TENGO NI IDEA DE LO QUE ESTÁS DICIENDO.
ME ENCANTA LA TELEVISIÓN EN DIRECTO.

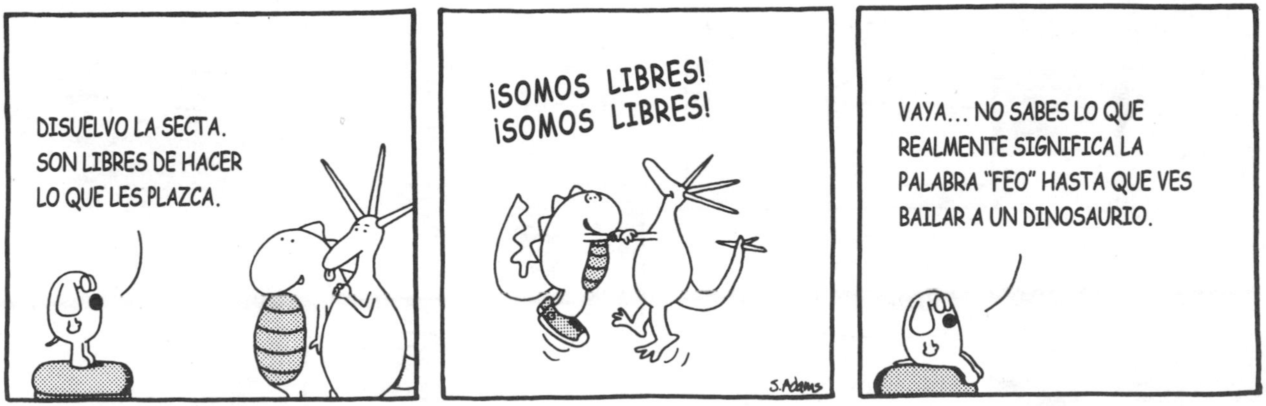
DISUELVO LA SECTA. SON LIBRES DE HACER LO QUE LES PLAZCA.
¡SOMOS LIBRES! ¡SOMOS LIBRES!
S.Adams
VAYA... NO SABES LO QUE REALMENTE SIGNIFICA LA PALABRA "FEO" HASTA QUE VES BAILAR A UN DINOSAURIO.

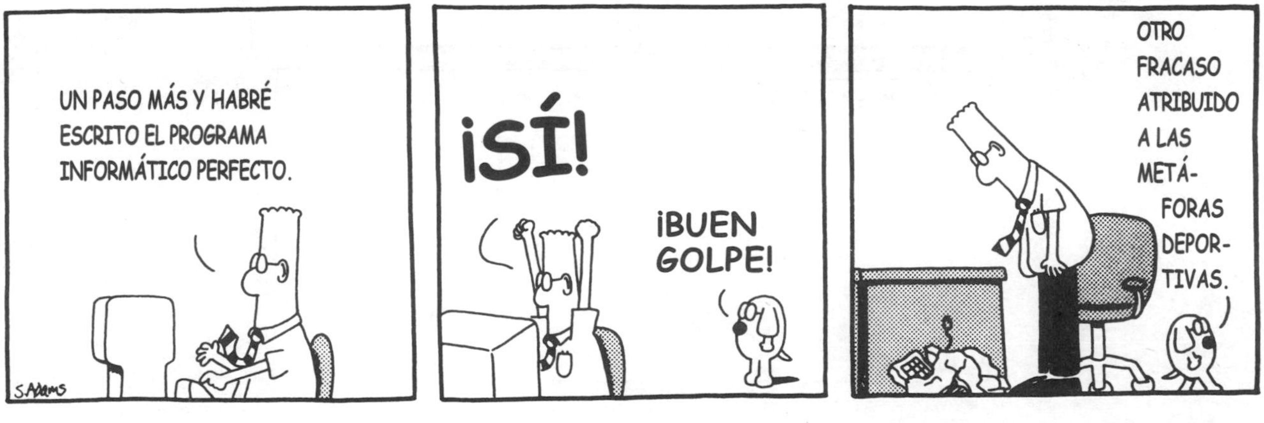
UN PASO MÁS Y HABRÉ ESCRITO EL PROGRAMA INFORMÁTICO PERFECTO.
S.Adams
¡SÍ!
¡BUEN GOLPE!
OTRO FRACASO ATRIBUIDO A LAS METÁFORAS DEPORTIVAS.

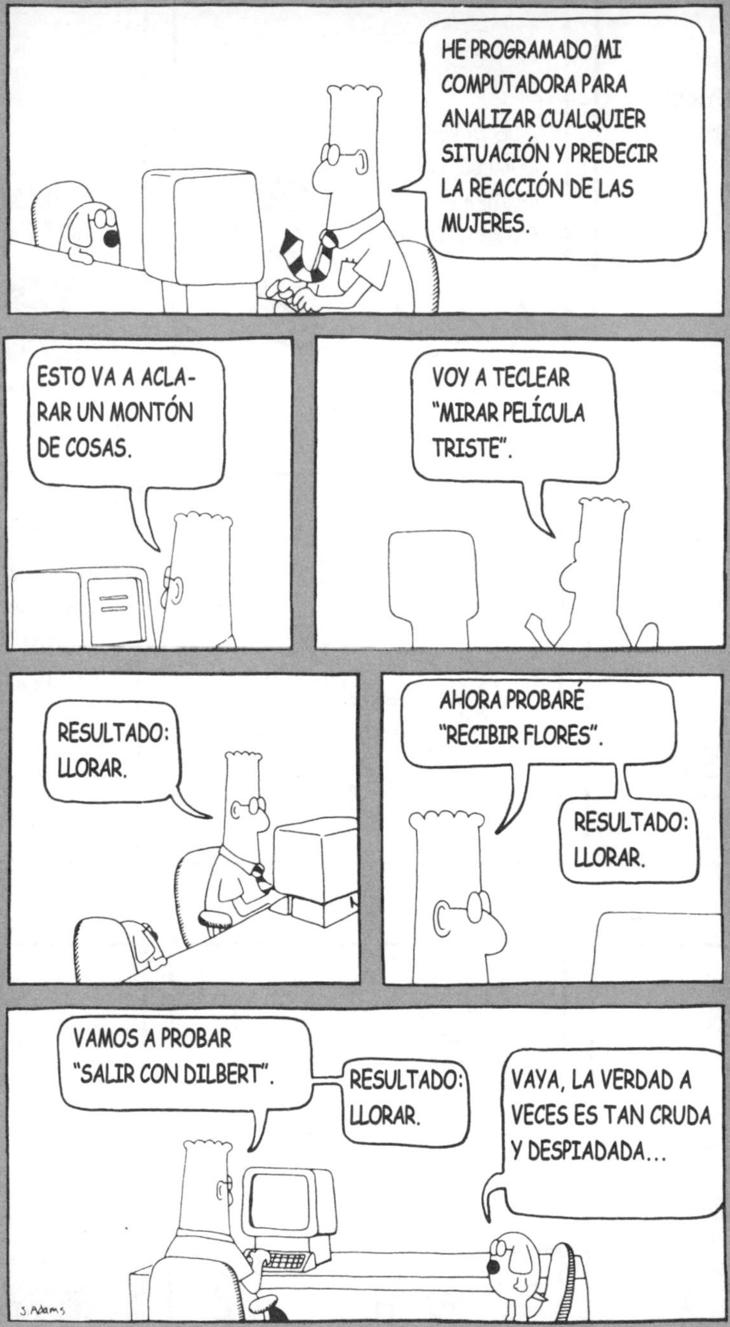
HE PROGRAMADO MI COMPUTADORA PARA ANALIZAR CUALQUIER SITUACIÓN Y PREDECIR LA REACCIÓN DE LAS MUJERES.
ESTO VA A ACLA-RAR UN MONTÓN DE COSAS.
VOY A TECLEAR "MIRAR PELÍCULA TRISTE".
RESULTADO: LLORAR.
AHORA PROBARÉ "RECIBIR FLORES".
RESULTADO: LLORAR.
VAMOS A PROBAR "SALIR CON DILBERT".
RESULTADO: LLORAR.
VAYA, LA VERDAD A VECES ES TAN CRUDA Y DESPIADADA...
S. Adams

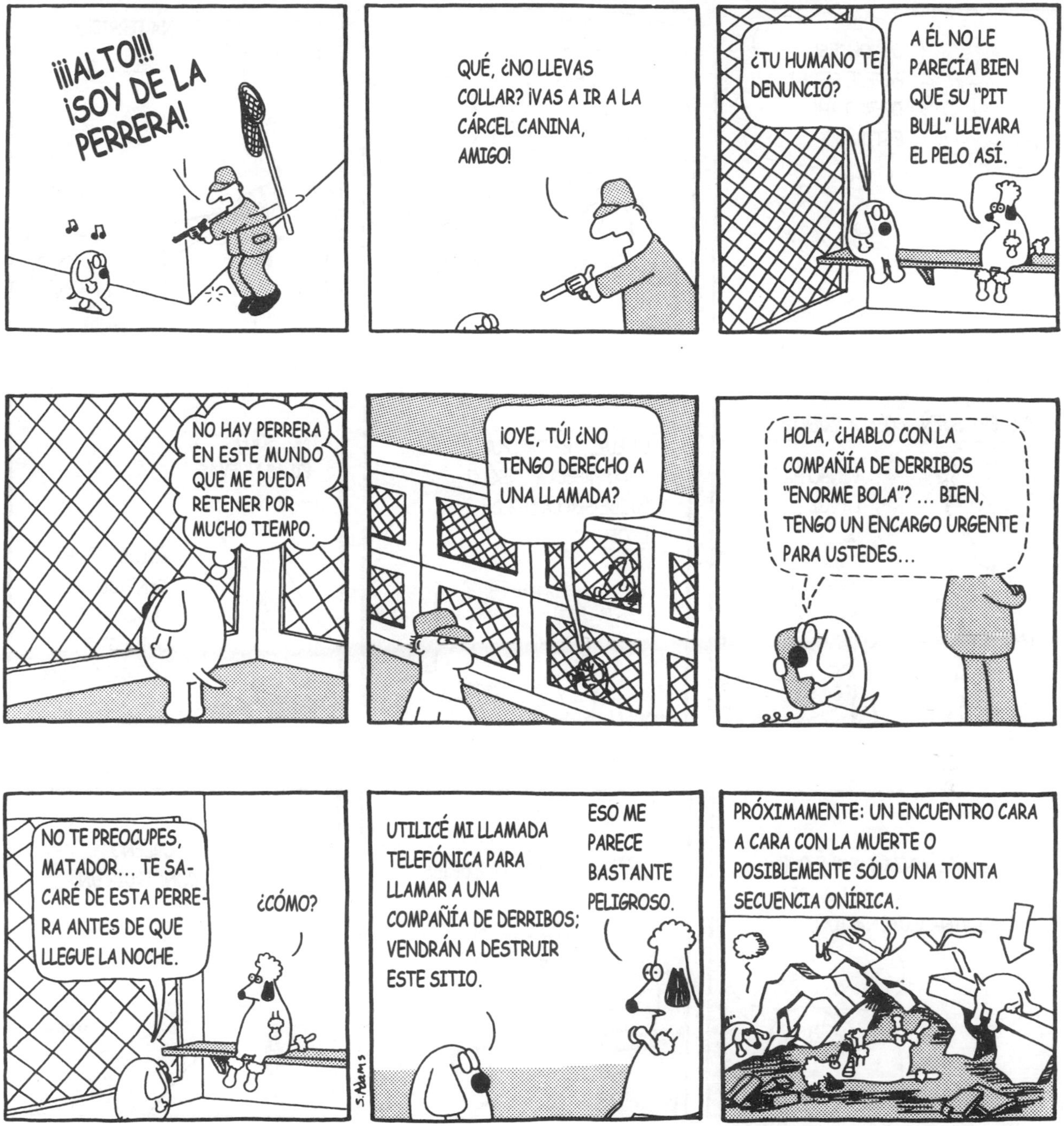
¡¡¡ALTO!!! ¡SOY DE LA PERRERA!
QUÉ, ¿NO LLEVAS COLLAR? ¡VAS A IR A LA CÁRCEL CANINA, AMIGO!
¿TU HUMANO TE DENUNCIÓ?
A ÉL NO LE PARECÍA BIEN QUE SU "PIT BULL" LLEVARA EL PELO ASÍ.
NO HAY PERRERA EN ESTE MUNDO QUE ME PUEDA RETENER POR MUCHO TIEMPO.
¡OYE, TÚ! ¿NO TENGO DERECHO A UNA LLAMADA?
HOLA, ¿HABLO CON LA COMPAÑÍA DE DERRIBOS "ENORME BOLA"? ... BIEN, TENGO UN ENCARGO URGENTE PARA USTEDES...
NO TE PREOCUPES, MATADOR... TE SACARÉ DE ESTA PERRERA ANTES DE QUE LLEGUE LA NOCHE.
¿CÓMO?
S. Adams
UTILICÉ MI LLAMADA TELEFÓNICA PARA LLAMAR A UNA COMPAÑÍA DE DERRIBOS; VENDRÁN A DESTRUIR ESTE SITIO.
ESO ME PARECE BASTANTE PELIGROSO.
PRÓXIMAMENTE: UN ENCUENTRO CARA A CARA CON LA MUERTE O POSIBLEMENTE SÓLO UNA TONTA SECUENCIA ONÍRICA.

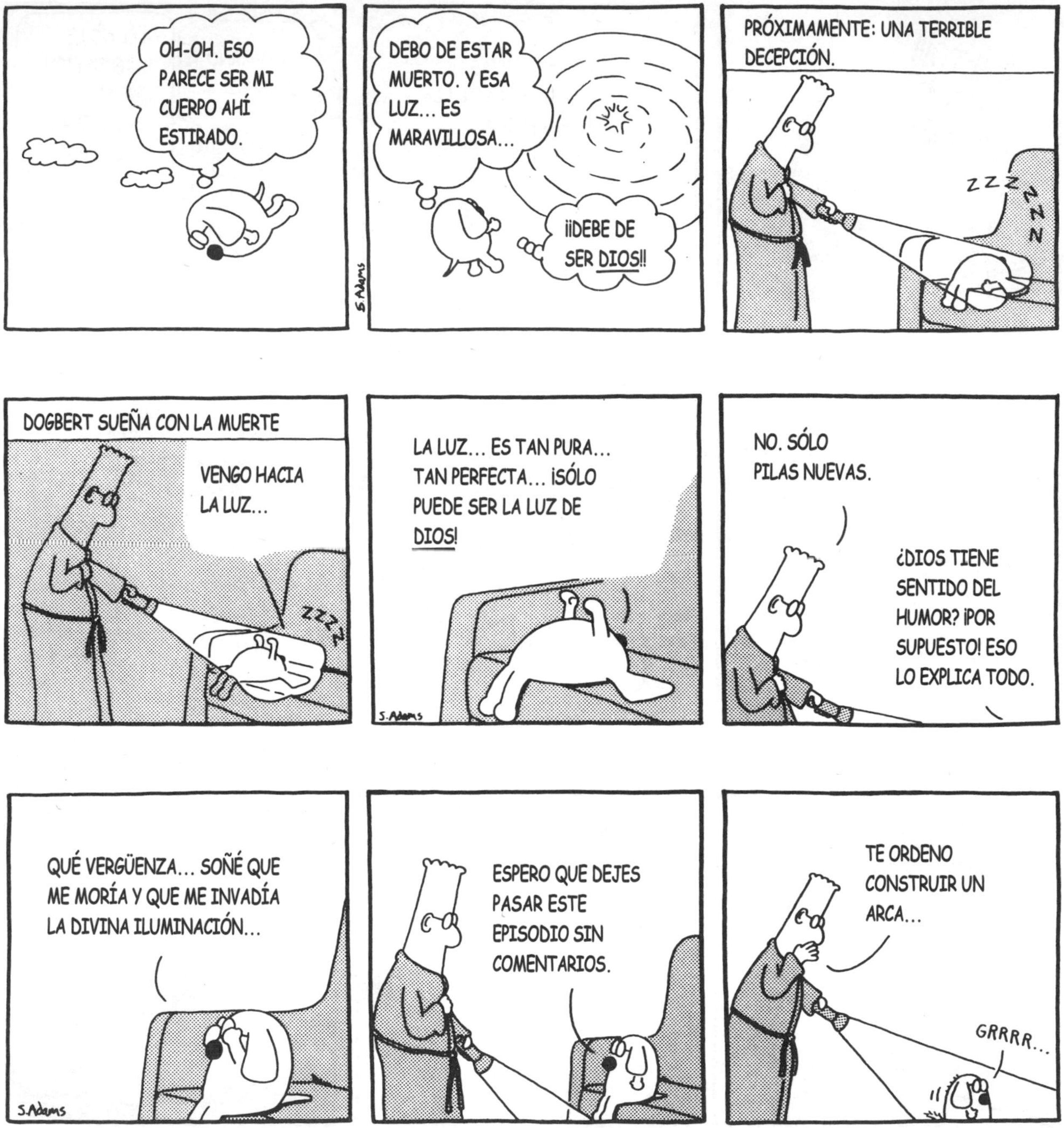

OH-OH. ESO PARECE SER MI CUERPO AHÍ ESTIRADO.
S. Adams
DEBO DE ESTAR MUERTO. Y ESA LUZ... ES MARAVILLOSA...
¡¡DEBE DE SER DIOS!!
PRÓXIMAMENTE: UNA TERRIBLE DECEPCIÓN.
Z Z Z Z Z Z
DOGBERT SUEÑA CON LA MUERTE
VENGO HACIA LA LUZ...
Z Z Z Z
LA LUZ... ES TAN PURA... TAN PERFECTA... ¡SÓLO PUEDE SER LA LUZ DE DIOS!
S. Adams
NO. SÓLO PILAS NUEVAS.
¿DIOS TIENE SENTIDO DEL HUMOR? ¡POR SUPUESTO! ESO LO EXPLICA TODO.
QUÉ VERGÜENZA... SOÑÉ QUE ME MORÍA Y QUE ME INVADÍA LA DIVINA ILUMINACIÓN...
S. Adams
ESPERO QUE DEJES PASAR ESTE EPISODIO SIN COMENTARIOS.
TE ORDENO CONSTRUIR UN ARCA...
GRRRR...

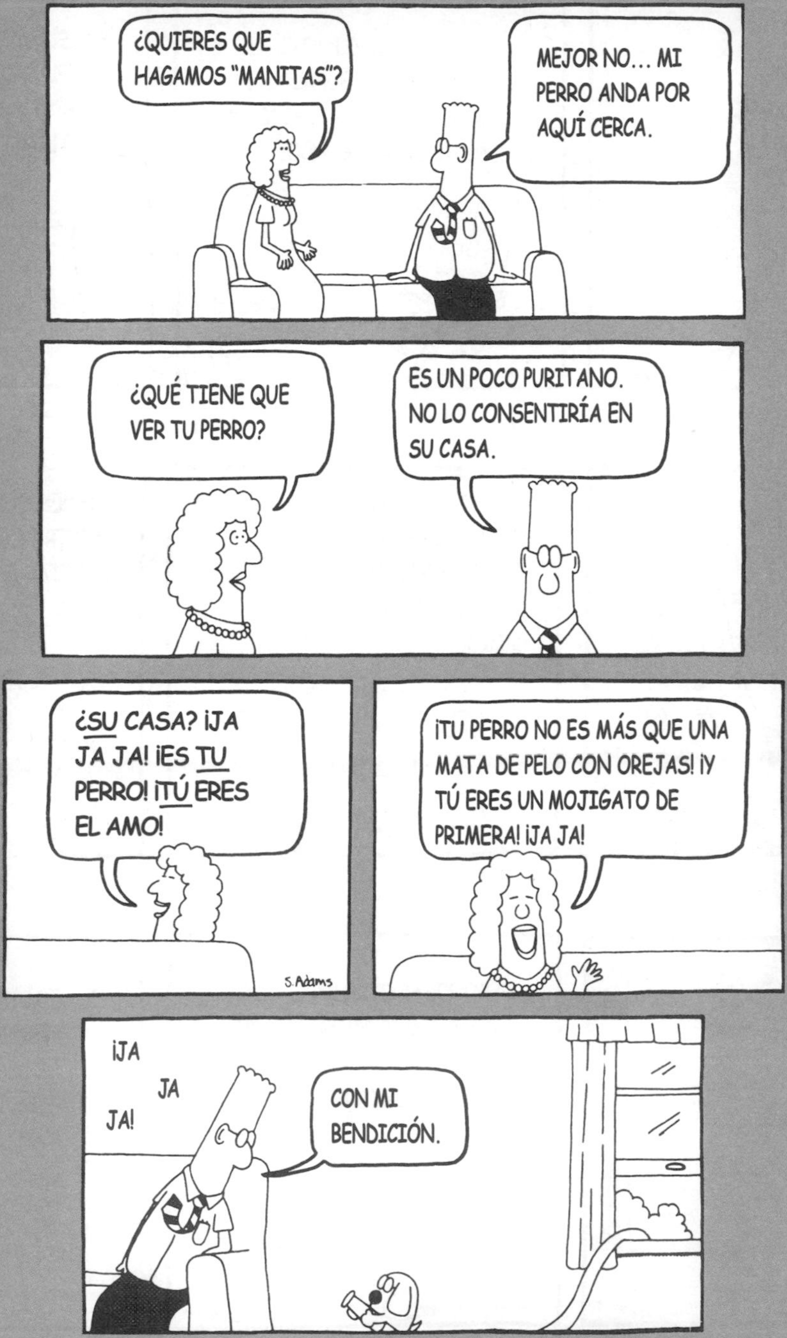
¿QUIERES QUE HAGAMOS "MANITAS"?
MEJOR NO... MI PERRO ANDA POR AQUÍ CERCA.
¿QUÉ TIENE QUE VER TU PERRO?
ES UN POCO PURITANO. NO LO CONSENTIRÍA EN SU CASA.
¿SU CASA? ¡JA JA JA! ¡ES TU PERRO! ¡TÚ ERES EL AMO!
S. Adams
¡TU PERRO NO ES MÁS QUE UNA MATA DE PELO CON OREJAS! ¡Y TÚ ERES UN MOJIGATO DE PRIMERA! ¡JA JA!
¡JA
JA
JA!
CON MI BENDICIÓN.

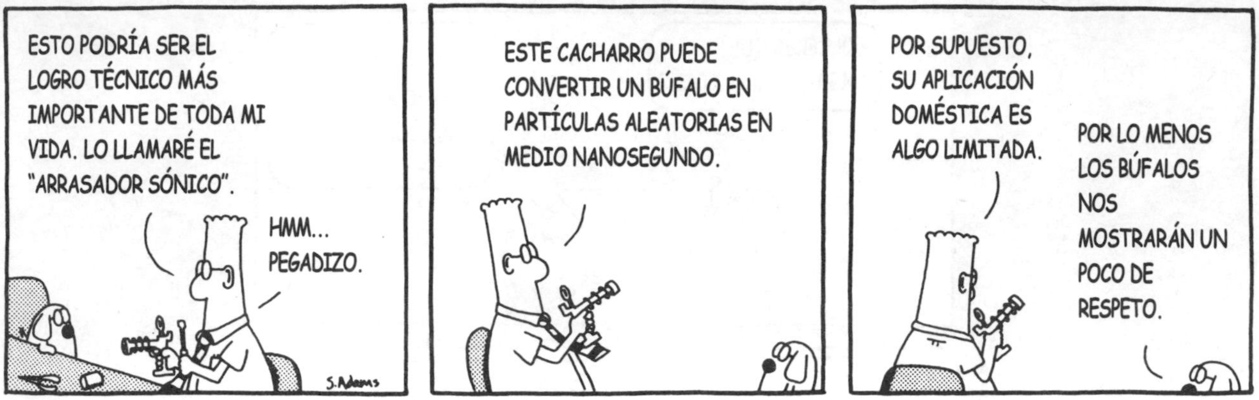
ESTO PODRÍA SER EL LOGRO TÉCNICO MÁS IMPORTANTE DE TODA MI VIDA. LO LLAMARÉ EL "ARRASADOR SÓNICO".
HMM... PEGADIZO.
ESTE CACHARRO PUEDE CONVERTIR UN BÚFALO EN PARTÍCULAS ALEATORIAS EN MEDIO NANOSEGUNDO.
POR SUPUESTO, SU APLICACIÓN DOMÉSTICA ES ALGO LIMITADA.
POR LO MENOS LOS BÚFALOS NOS MOSTRARÁN UN POCO DE RESPETO.
S. Adams

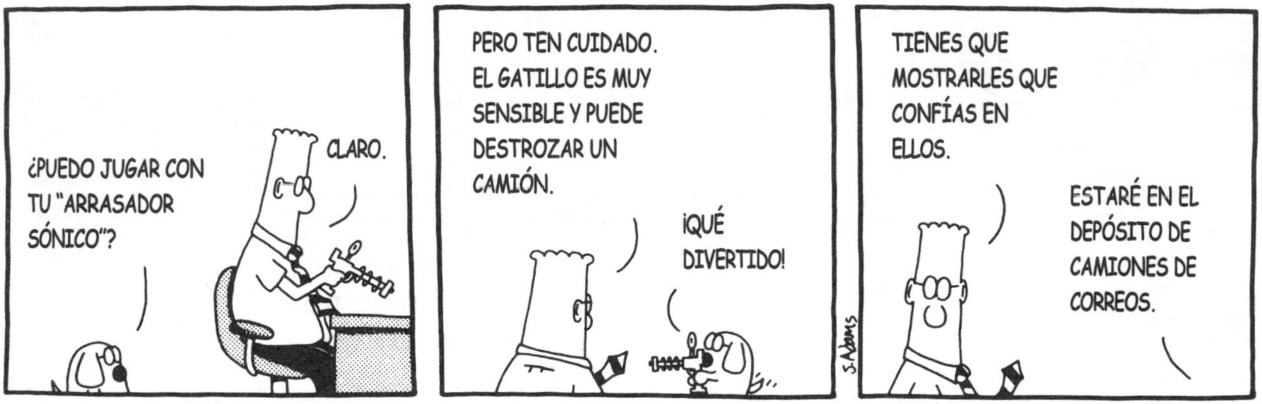
¿PUEDO JUGAR CON TU "ARRASADOR SÓNICO"?
CLARO.
PERO TEN CUIDADO. EL GATILLO ES MUY SENSIBLE Y PUEDE DESTROZAR UN CAMIÓN.
¡QUÉ DIVERTIDO!
TIENES QUE MOSTRARLES QUE CONFÍAS EN ELLOS.
ESTARÉ EN EL DEPÓSITO DE CAMIONES DE CORREOS.
S. Adams

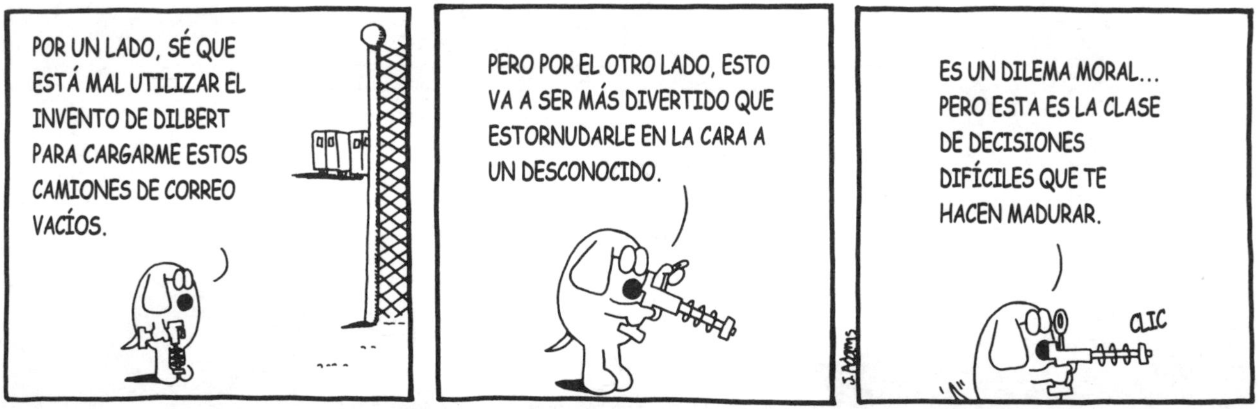
POR UN LADO, SÉ QUE ESTÁ MAL UTILIZAR EL INVENTO DE DILBERT PARA CARGARME ESTOS CAMIONES DE CORREO VACÍOS.
PERO POR EL OTRO LADO, ESTO VA A SER MÁS DIVERTIDO QUE ESTORNUDARLE EN LA CARA A UN DESCONOCIDO.
ES UN DILEMA MORAL... PERO ESTA ES LA CLASE DE DECISIONES DIFÍCILES QUE TE HACEN MADURAR.
CLIC
S. Adams

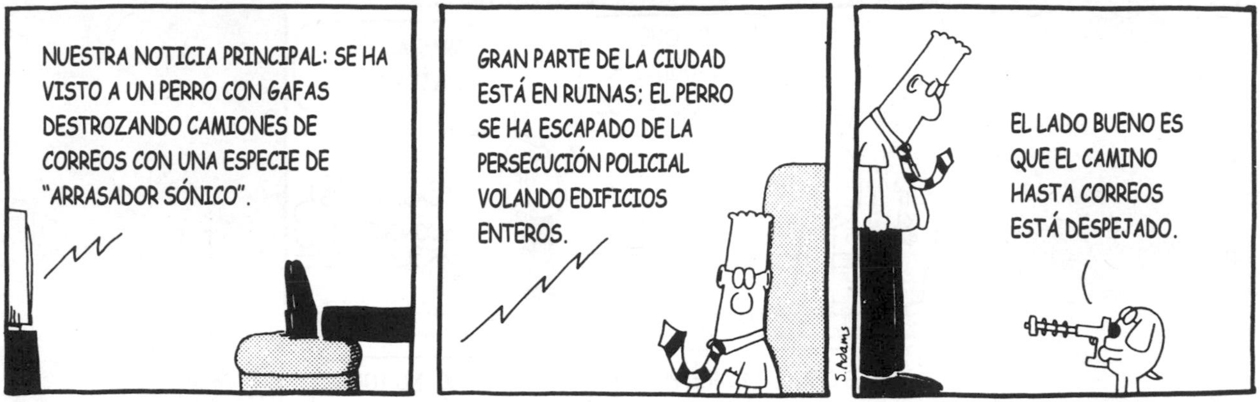
NUESTRA NOTICIA PRINCIPAL: SE HA VISTO A UN PERRO CON GAFAS DESTROZANDO CAMIONES DE CORREOS CON UNA ESPECIE DE "ARRASADOR SÓNICO".
GRAN PARTE DE LA CIUDAD ESTÁ EN RUINAS; EL PERRO SE HA ESCAPADO DE LA PERSECUCIÓN POLICIAL VOLANDO EDIFICIOS ENTEROS.
S. Adams
EL LADO BUENO ES QUE EL CAMINO HASTA CORREOS ESTÁ DESPEJADO.

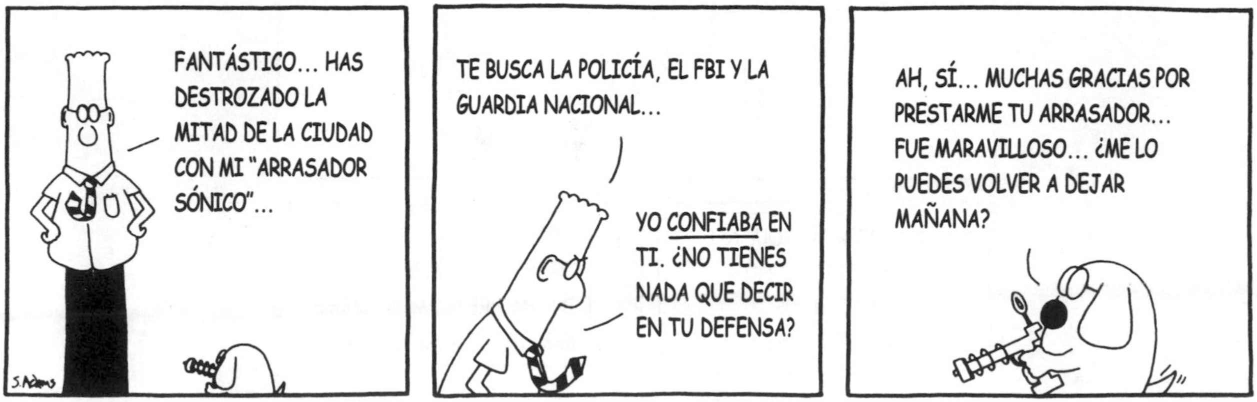
FANTÁSTICO... HAS DESTROZADO LA MITAD DE LA CIUDAD CON MI "ARRASADOR SÓNICO"...
S. Adams
TE BUSCA LA POLICÍA, EL FBI Y LA GUARDIA NACIONAL...
YO CONFIABA EN TI. ¿NO TIENES NADA QUE DECIR EN TU DEFENSA?
AH, SÍ... MUCHAS GRACIAS POR PRESTARME TU ARRASADOR... FUE MARAVILLOSO... ¿ME LO PUEDES VOLVER A DEJAR MAÑANA?

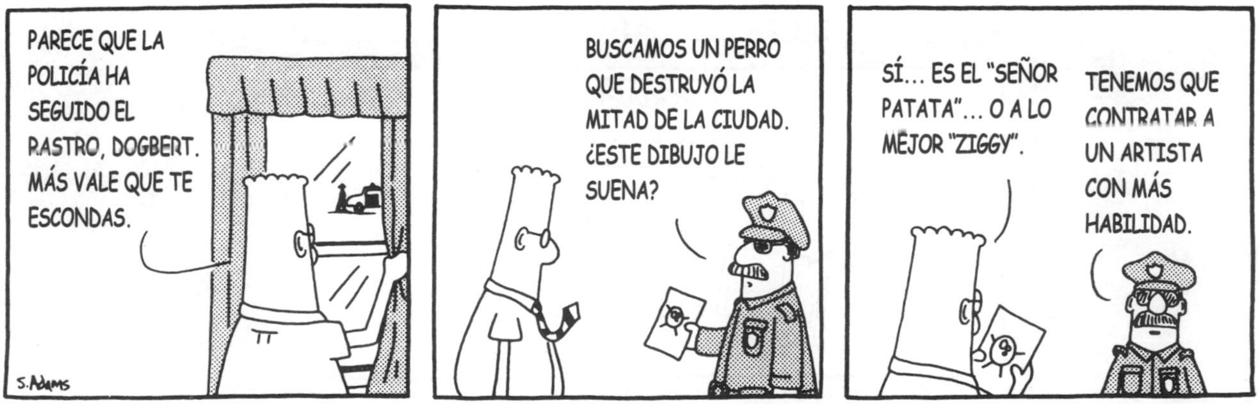
PARECE QUE LA POLICÍA HA SEGUIDO EL RASTRO, DOGBERT. MÁS VALE QUE TE ESCONDAS.
S. Adams
BUSCAMOS UN PERRO QUE DESTRUYÓ LA MITAD DE LA CIUDAD. ¿ESTE DIBUJO LE SUENA?
SÍ... ES EL "SEÑOR PATATA"... O A LO MEJOR "ZIGGY".
TENEMOS QUE CONTRATAR A UN ARTISTA CON MÁS HABILIDAD.

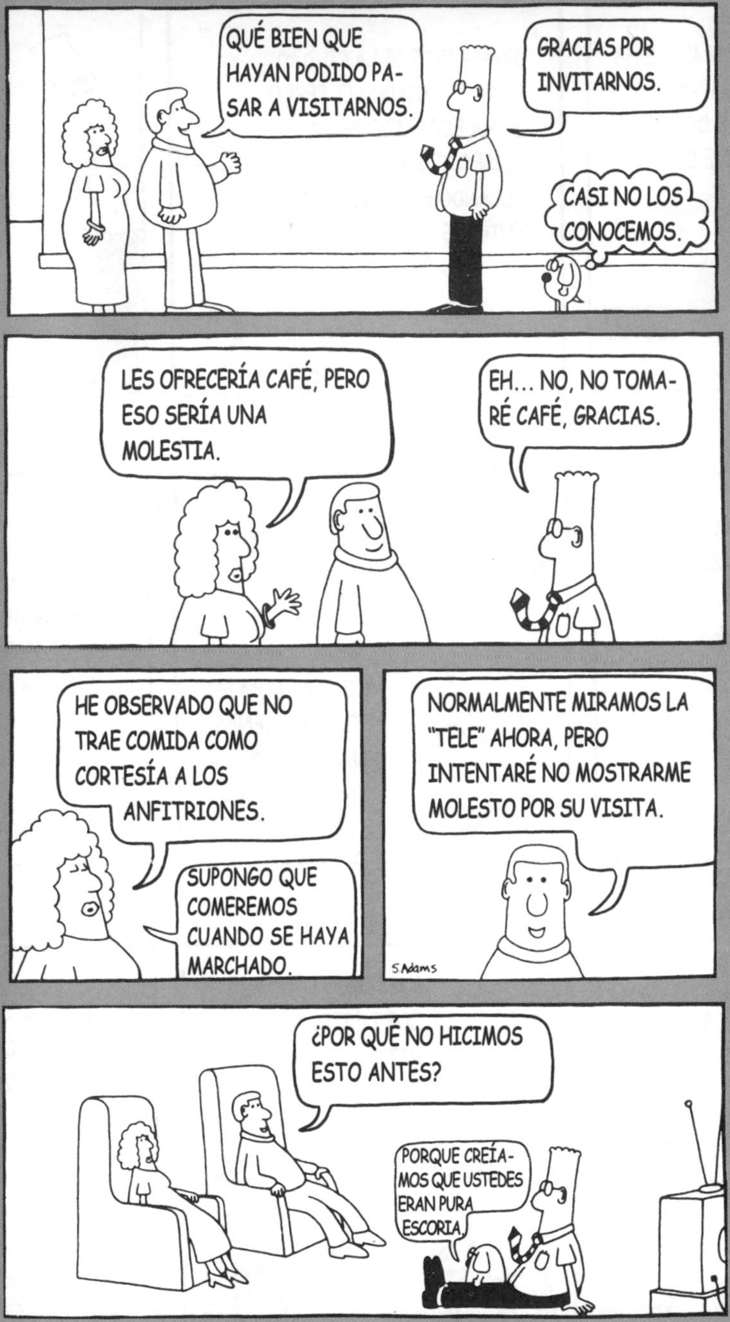
QUÉ BIEN QUE HAYAN PODIDO PASAR A VISITARNOS.
GRACIAS POR INVITARNOS.
CASI NO LOS CONOCEMOS.
LES OFRECERÍA CAFÉ, PERO ESO SERÍA UNA MOLESTIA.
EH... NO, NO TOMARÉ CAFÉ, GRACIAS.
HE OBSERVADO QUE NO TRAE COMIDA COMO CORTESÍA A LOS ANFITRIONES.
SUPONGO QUE COMEREMOS CUANDO SE HAYA MARCHADO.
NORMALMENTE MIRAMOS LA "TELE" AHORA, PERO INTENTARÉ NO MOSTRARME MOLESTO POR SU VISITA.
S.Adams
¿POR QUÉ NO HICIMOS ESTO ANTES?
PORQUE CREÍAMOS QUE USTEDES ERAN PURA ESCORIA.

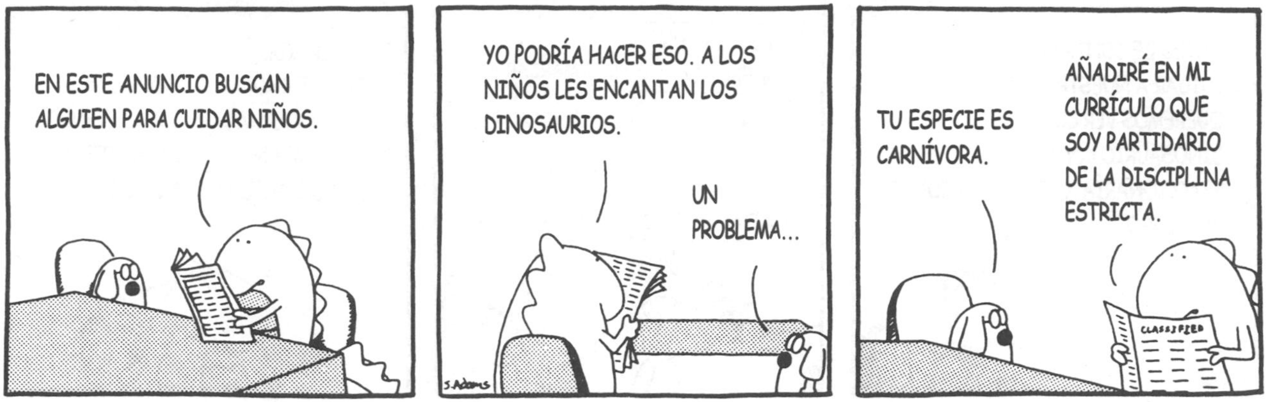
EN ESTE ANUNCIO BUSCAN ALGUIEN PARA CUIDAR NIÑOS.
YO PODRÍA HACER ESO. A LOS NIÑOS LES ENCANTAN LOS DINOSAURIOS.
UN PROBLEMA...
TU ESPECIE ES CARNÍVORA.
AÑADIRÉ EN MI CURRÍCULO QUE SOY PARTIDARIO DE LA DISCIPLINA ESTRICTA.

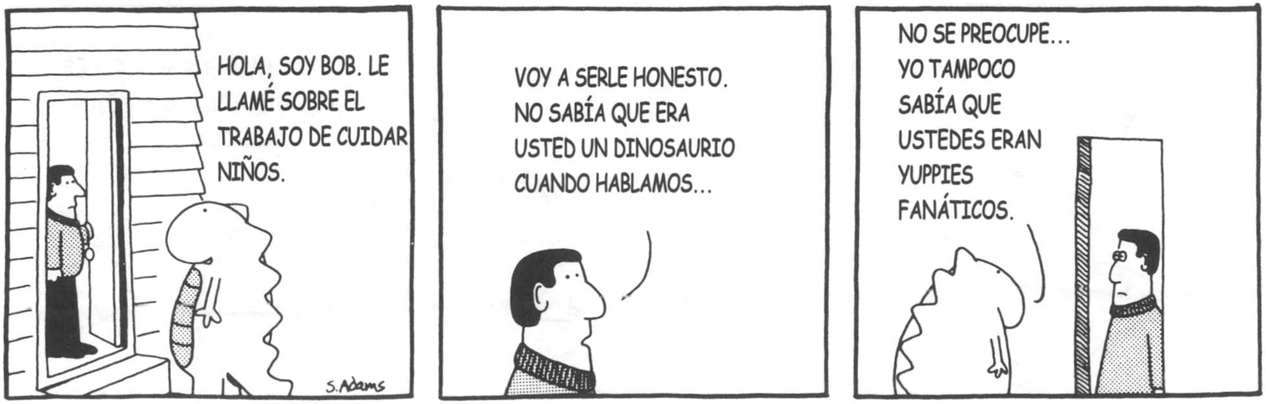
HOLA, SOY BOB. LE LLAMÉ SOBRE EL TRABAJO DE CUIDAR NIÑOS.
VOY A SERLE HONESTO. NO SABÍA QUE ERA USTED UN DINOSAURIO CUANDO HABLAMOS...
NO SE PREOCUPE... YO TAMPOCO SABÍA QUE USTEDES ERAN YUPPIES FANÁTICOS.

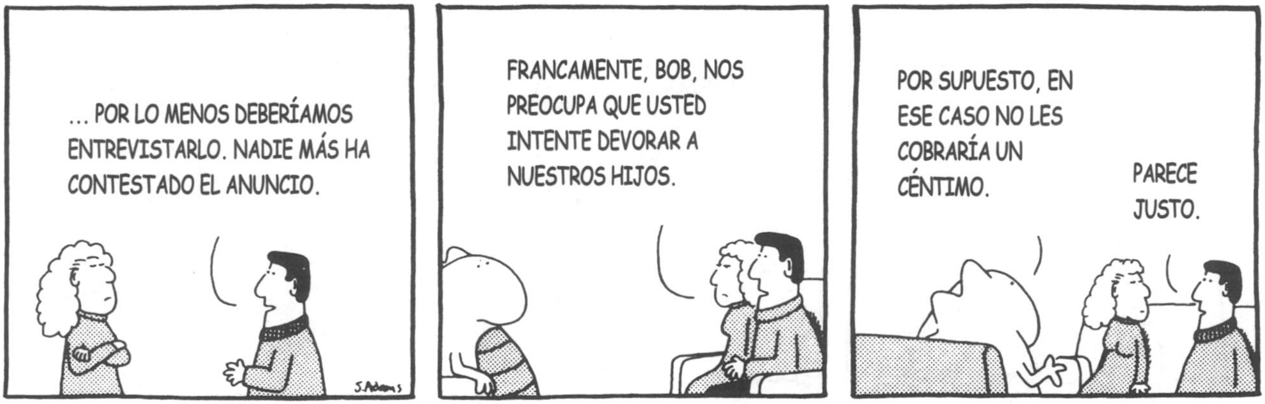
... POR LO MENOS DEBERÍAMOS ENTREVISTARLO. NADIE MÁS HA CONTESTADO EL ANUNCIO.
FRANCAMENTE, BOB, NOS PREOCUPA QUE USTED INTENTE DEVORAR A NUESTROS HIJOS.
POR SUPUESTO, EN ESE CASO NO LES COBRARÍA UN CÉNTIMO.
PARECE JUSTO.

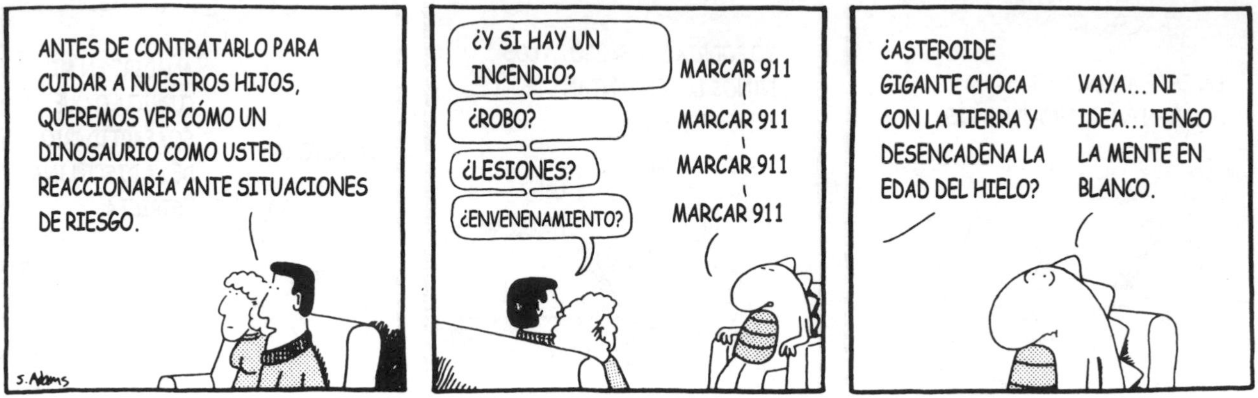
ANTES DE CONTRATARLO PARA CUIDAR A NUESTROS HIJOS, QUEREMOS VER CÓMO UN DINOSAURIO COMO USTED REACCIONARÍA ANTE SITUACIONES DE RIESGO.
¿Y SI HAY UN INCENDIO?
MARCAR 911
¿ROBO?
MARCAR 911
¿LESIONES?
MARCAR 911
¿ENVENENAMIENTO?
MARCAR 911
¿ASTEROIDE GIGANTE CHOCA CON LA TIERRA Y DESENCADENA LA EDAD DEL HIELO?
VAYA… NI IDEA… TENGO LA MENTE EN BLANCO.

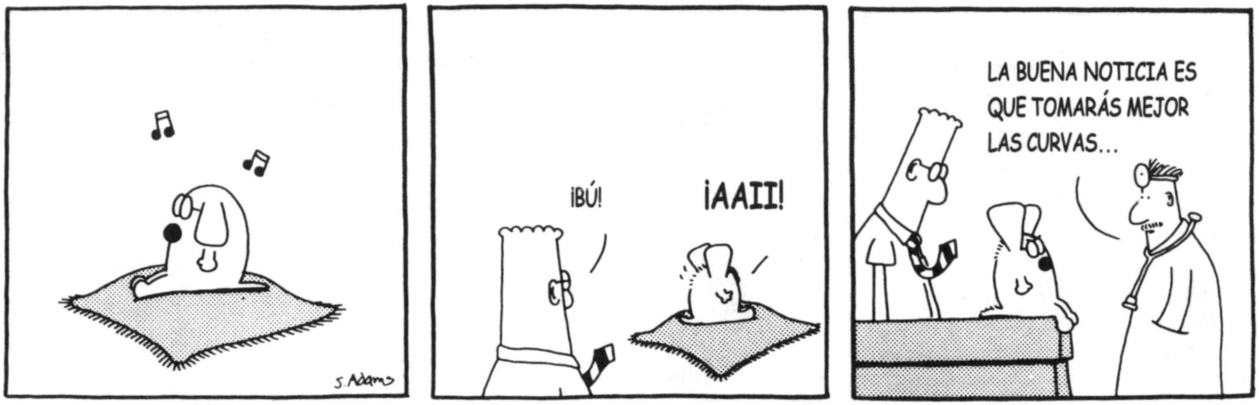
¡BÚ!
¡AAII!
LA BUENA NOTICIA ES QUE TOMARÁS MEJOR LAS CURVAS…

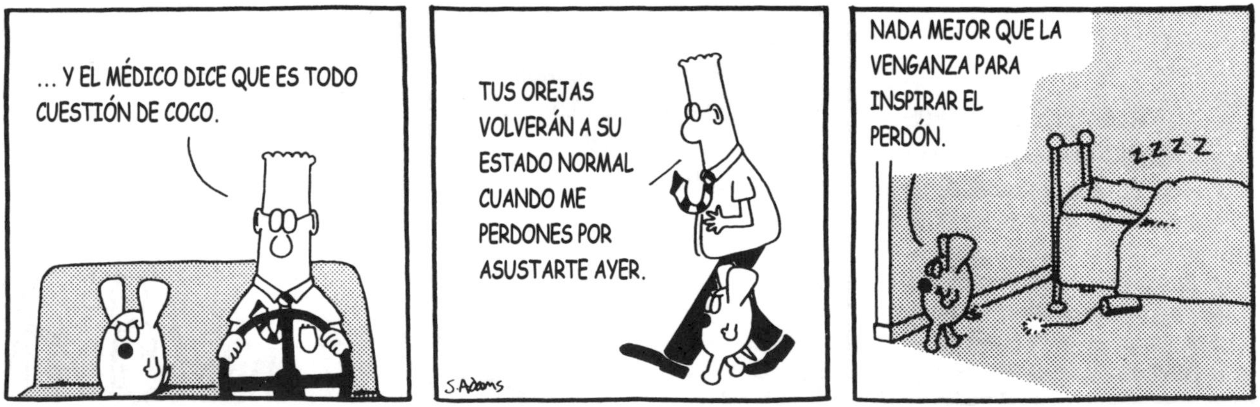
… Y EL MÉDICO DICE QUE ES TODO CUESTIÓN DE COCO.
TUS OREJAS VOLVERÁN A SU ESTADO NORMAL CUANDO ME PERDONES POR ASUSTARTE AYER.
NADA MEJOR QUE LA VENGANZA PARA INSPIRAR EL PERDÓN.
Z Z Z Z

¿Y SI LAS PERSONAS TUVIERAN COLA?

PRIMERO, SERÍA SUMAMENTE RIDÍCULO.

SÓLO LOS MÁS DESPISTADOS PERDERÍAN AL PÓKER.

ESTÁ TIRANDO UN FAROL.

CONTROL... ¡COLA QUIETA!

LOS JUICIOS SERÍAN MUCHO MÁS SENCILLOS.

... Y ENTONCES LO ENCONTRÉ MUERTO.

S. Adams

Y NOS SENTIRÍAMOS INCLUSO MÁS TORPES EN LAS FIESTAS.

Y APRENDÍ QUE SI CONDUCES UN PORSCHE, NUNCA DEBES REÍRTE DE UN HOMBRE QUE VA CONDUCIENDO UNA APISONADORA.

TRÁGICO... DE VERAS.

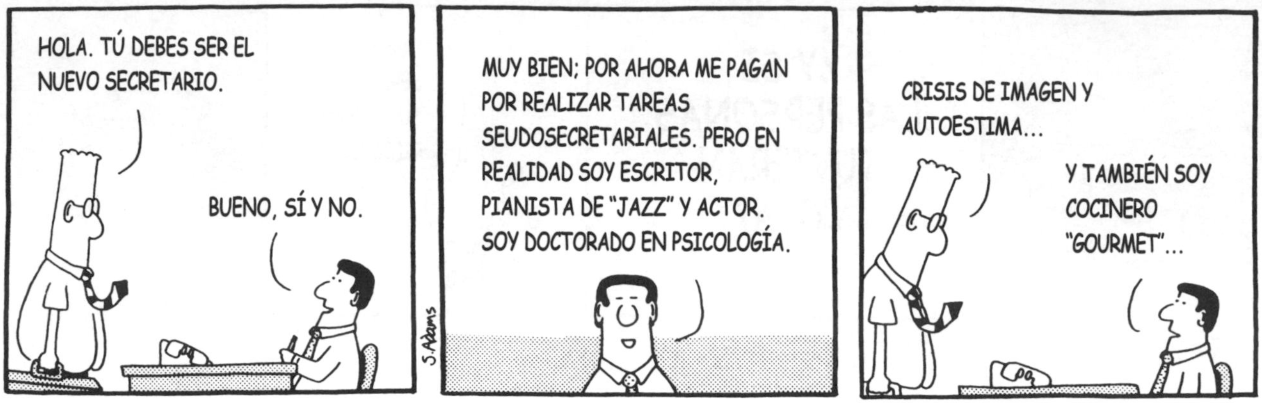
HOLA. TÚ DEBES SER EL NUEVO SECRETARIO.
BUENO, SÍ Y NO.
MUY BIEN; POR AHORA ME PAGAN POR REALIZAR TAREAS SEUDOSECRETARIALES. PERO EN REALIDAD SOY ESCRITOR, PIANISTA DE "JAZZ" Y ACTOR. SOY DOCTORADO EN PSICOLOGÍA.
S. Adams
CRISIS DE IMAGEN Y AUTOESTIMA...
Y TAMBIÉN SOY COCINERO "GOURMET"...

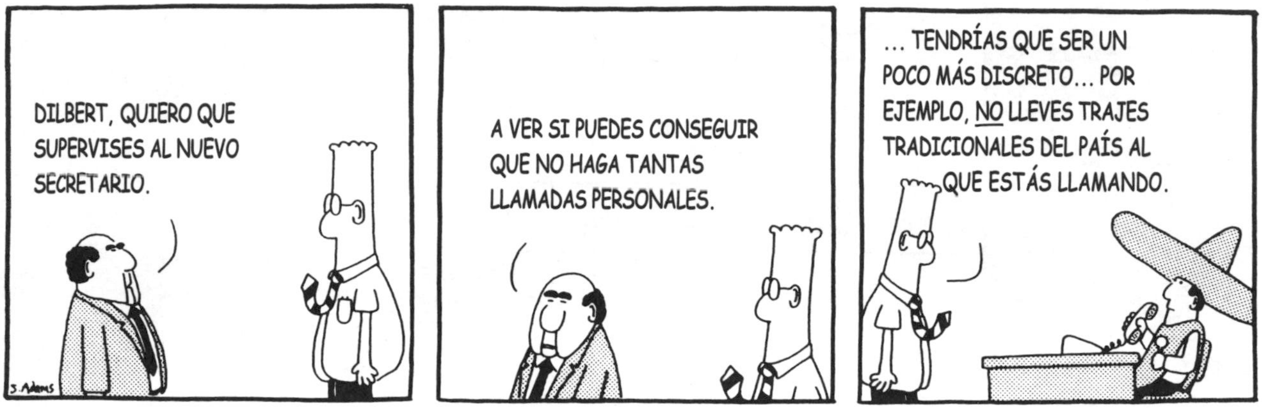
DILBERT, QUIERO QUE SUPERVISES AL NUEVO SECRETARIO.
A VER SI PUEDES CONSEGUIR QUE NO HAGA TANTAS LLAMADAS PERSONALES.
... TENDRÍAS QUE SER UN POCO MÁS DISCRETO... POR EJEMPLO, NO LLEVES TRAJES TRADICIONALES DEL PAÍS AL QUE ESTÁS LLAMANDO.

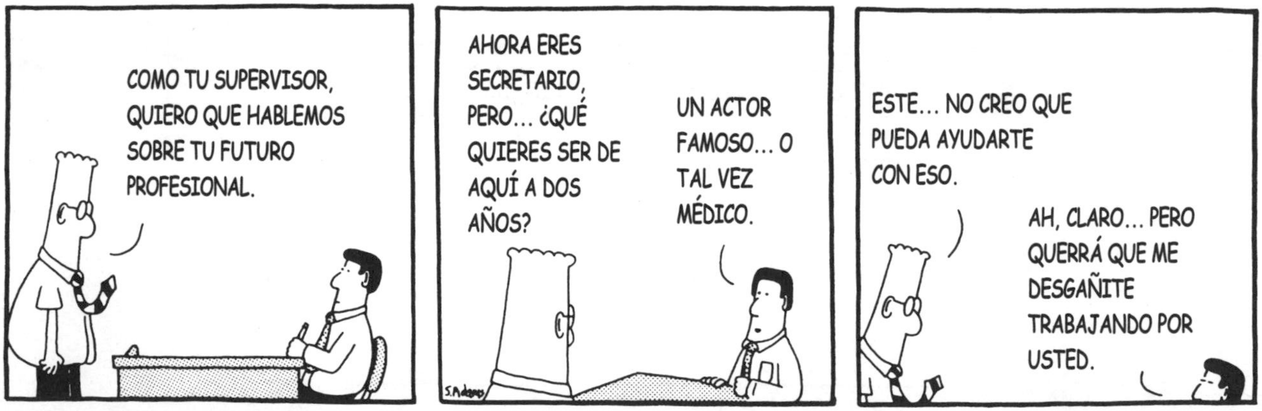
COMO TU SUPERVISOR, QUIERO QUE HABLEMOS SOBRE TU FUTURO PROFESIONAL.
AHORA ERES SECRETARIO, PERO... ¿QUÉ QUIERES SER DE AQUÍ A DOS AÑOS?
UN ACTOR FAMOSO... O TAL VEZ MÉDICO.
ESTE... NO CREO QUE PUEDA AYUDARTE CON ESO.
AH, CLARO... PERO QUERRÁ QUE ME DESGAÑITE TRABAJANDO POR USTED.

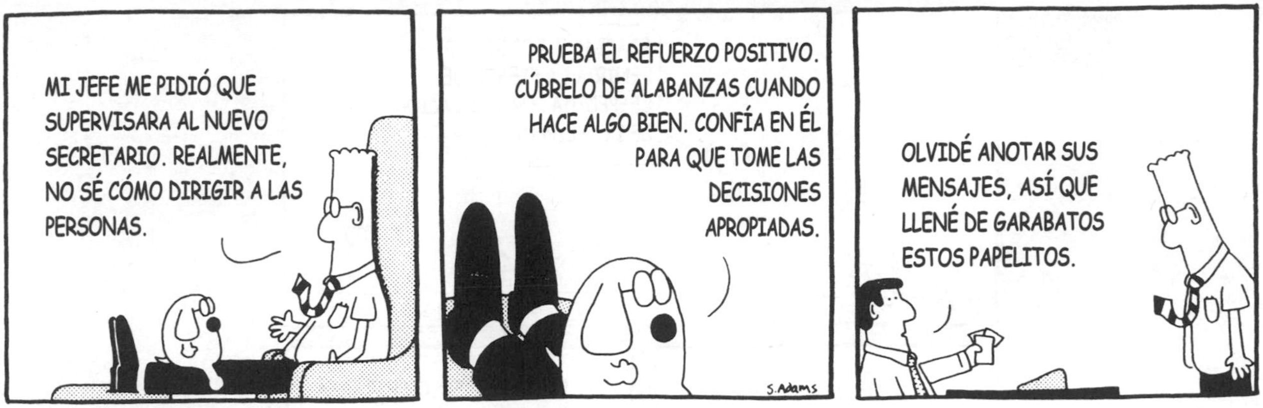
MI JEFE ME PIDIÓ QUE SUPERVISARA AL NUEVO SECRETARIO. REALMENTE, NO SÉ CÓMO DIRIGIR A LAS PERSONAS.
PRUEBA EL REFUERZO POSITIVO. CÚBRELO DE ALABANZAS CUANDO HACE ALGO BIEN. CONFÍA EN ÉL PARA QUE TOME LAS DECISIONES APROPIADAS.
S. Adams
OLVIDÉ ANOTAR SUS MENSAJES, ASÍ QUE LLENÉ DE GARABATOS ESTOS PAPELITOS.

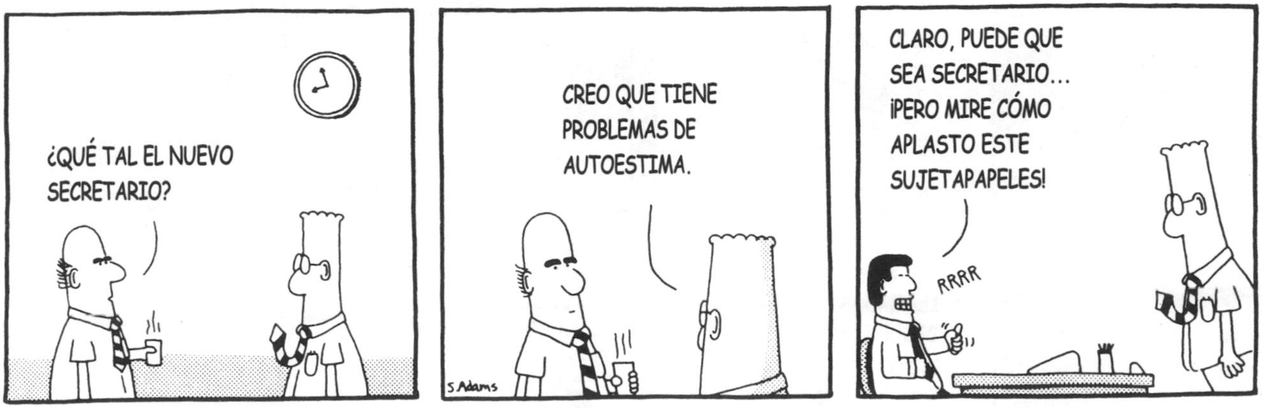
¿QUÉ TAL EL NUEVO SECRETARIO?
CREO QUE TIENE PROBLEMAS DE AUTOESTIMA.
S. Adams
CLARO, PUEDE QUE SEA SECRETARIO... ¡PERO MIRE CÓMO APLASTO ESTE SUJETAPAPELES!
RRRR

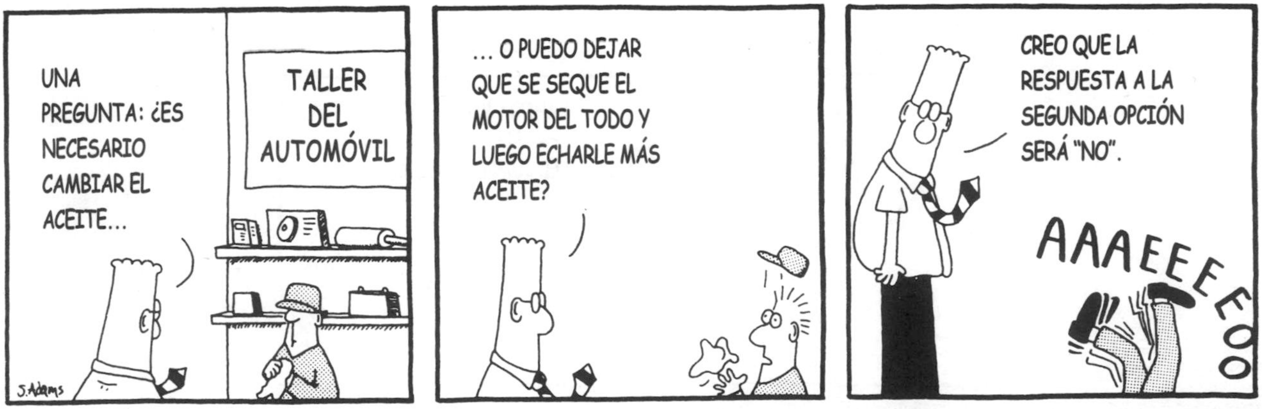
UNA PREGUNTA: ¿ES NECESARIO CAMBIAR EL ACEITE...
TALLER DEL AUTOMÓVIL
S. Adams
... O PUEDO DEJAR QUE SE SEQUE EL MOTOR DEL TODO Y LUEGO ECHARLE MÁS ACEITE?
CREO QUE LA RESPUESTA A LA SEGUNDA OPCIÓN SERÁ "NO".
AAAEEEEEOO

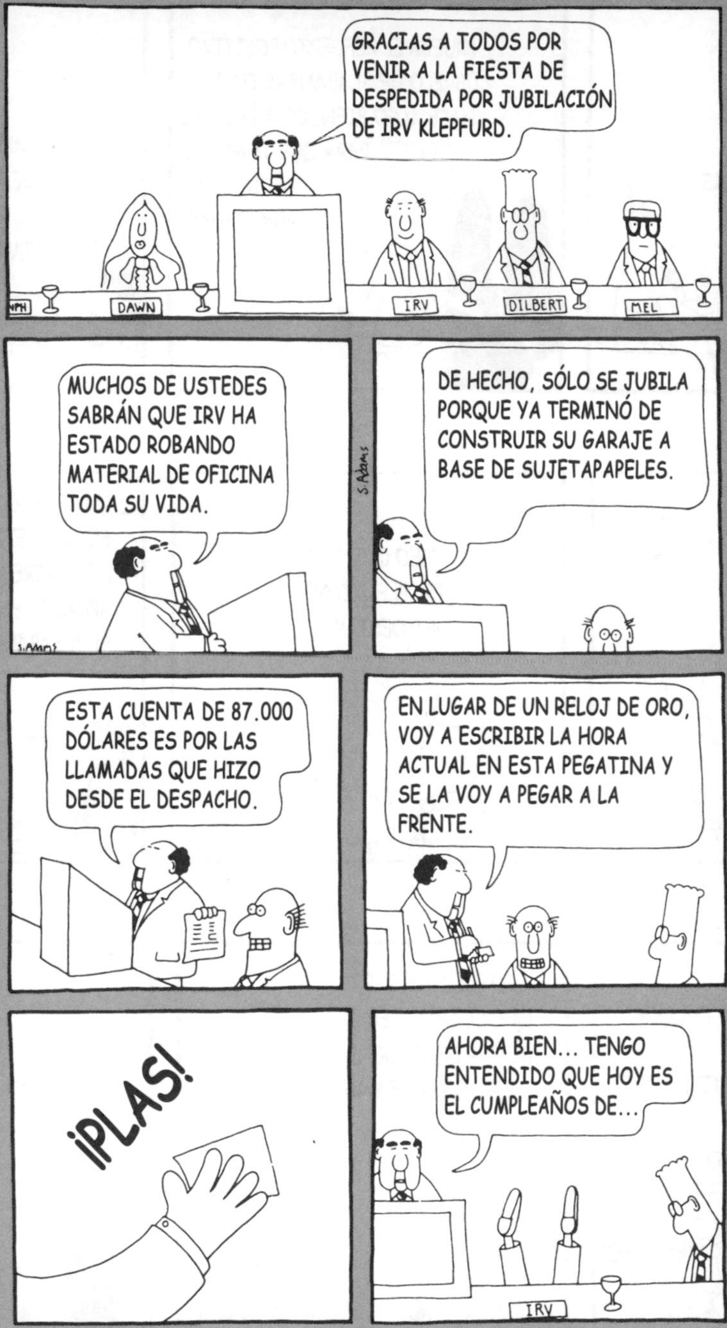
GRACIAS A TODOS POR VENIR A LA FIESTA DE DESPEDIDA POR JUBILACIÓN DE IRV KLEPFURD.
DAWN
IRV
DILBERT
MEL
MUCHOS DE USTEDES SABRÁN QUE IRV HA ESTADO ROBANDO MATERIAL DE OFICINA TODA SU VIDA.
DE HECHO, SÓLO SE JUBILA PORQUE YA TERMINÓ DE CONSTRUIR SU GARAJE A BASE DE SUJETAPAPELES.
ESTA CUENTA DE 87.000 DÓLARES ES POR LAS LLAMADAS QUE HIZO DESDE EL DESPACHO.
EN LUGAR DE UN RELOJ DE ORO, VOY A ESCRIBIR LA HORA ACTUAL EN ESTA PEGATINA Y SE LA VOY A PEGAR A LA FRENTE.
¡PLAS!
AHORA BIEN... TENGO ENTENDIDO QUE HOY ES EL CUMPLEAÑOS DE...
IRV

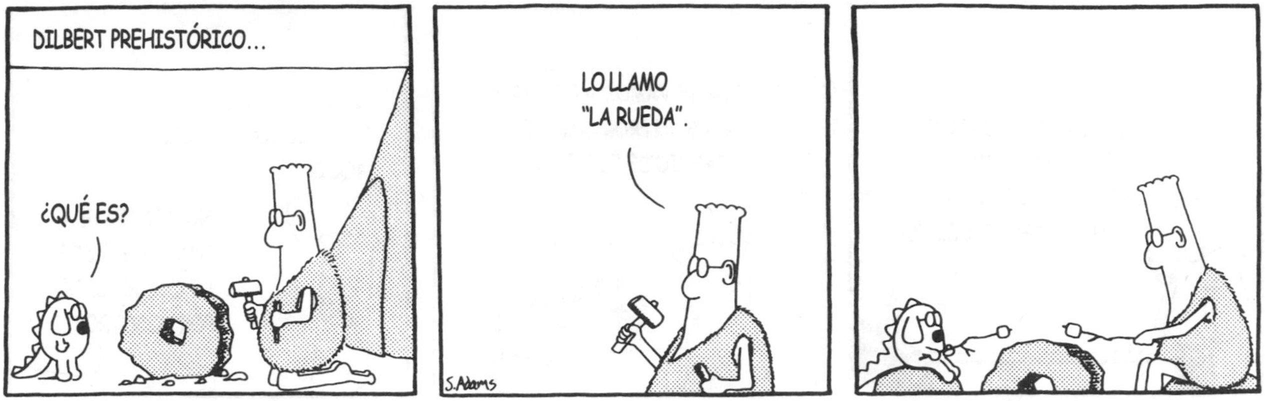
DILBERT PREHISTÓRICO...
¿QUÉ ES?
LO LLAMO "LA RUEDA".
S. Adams

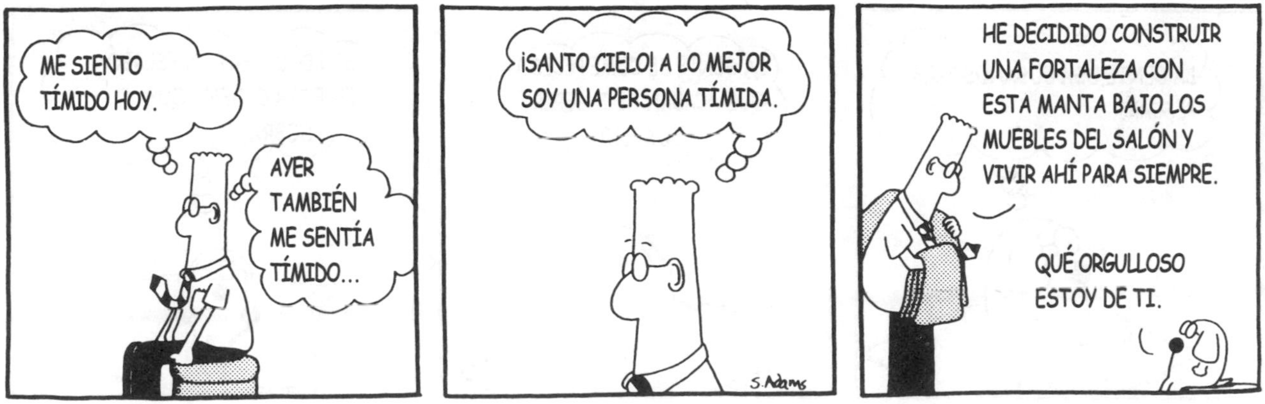
ME SIENTO TÍMIDO HOY.
AYER TAMBIÉN ME SENTÍA TÍMIDO...
¡SANTO CIELO! A LO MEJOR SOY UNA PERSONA TÍMIDA.
S. Adams
HE DECIDIDO CONSTRUIR UNA FORTALEZA CON ESTA MANTA BAJO LOS MUEBLES DEL SALÓN Y VIVIR AHÍ PARA SIEMPRE.
QUÉ ORGULLOSO ESTOY DE TI.

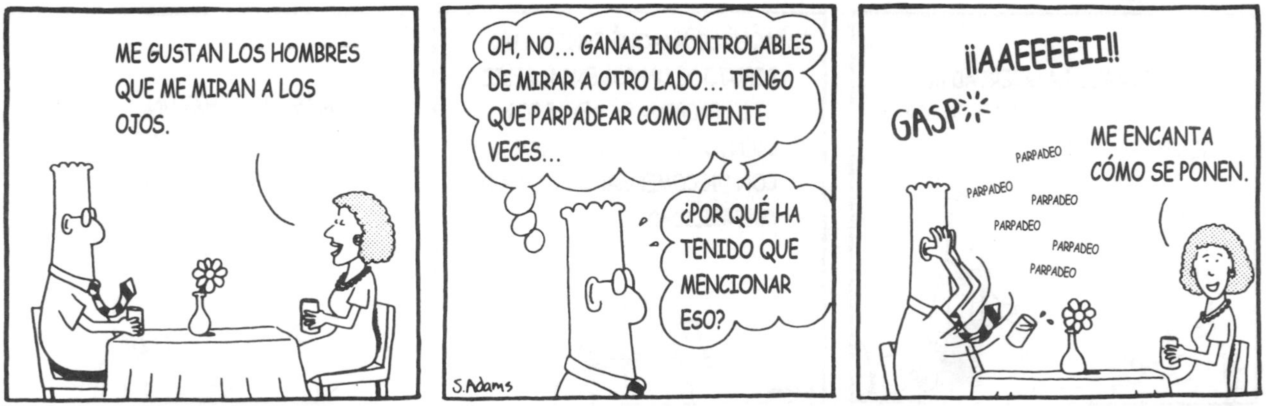
ME GUSTAN LOS HOMBRES QUE ME MIRAN A LOS OJOS.
OH, NO... GANAS INCONTROLABLES DE MIRAR A OTRO LADO... TENGO QUE PARPADEAR COMO VEINTE VECES...
¿POR QUÉ HA TENIDO QUE MENCIONAR ESO?
S. Adams
¡¡AAEEEEII!!
GASP
PARPADEO
PARPADEO
PARPADEO
PARPADEO
PARPADEO
PARPADEO
ME ENCANTA CÓMO SE PONEN.

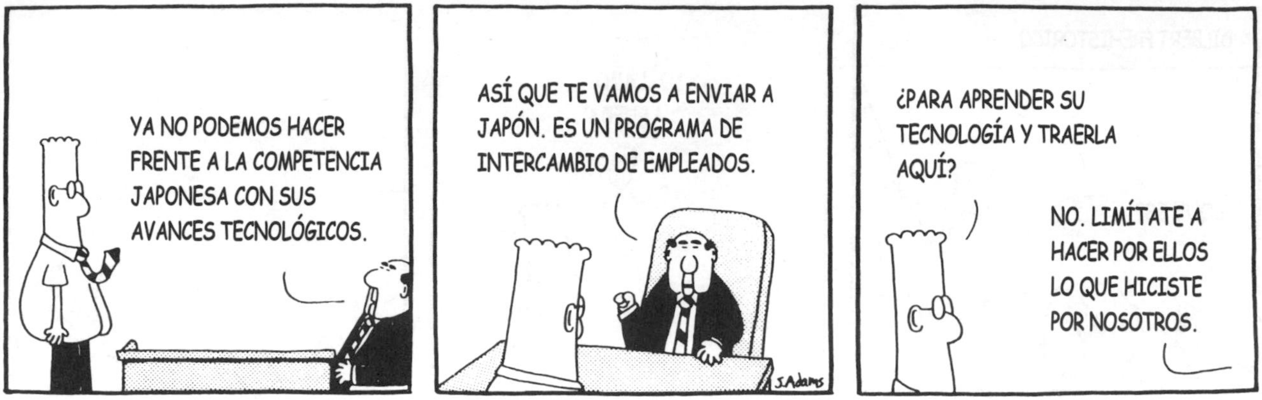
YA NO PODEMOS HACER FRENTE A LA COMPETENCIA JAPONESA CON SUS AVANCES TECNOLÓGICOS.
ASÍ QUE TE VAMOS A ENVIAR A JAPÓN. ES UN PROGRAMA DE INTERCAMBIO DE EMPLEADOS.
S. Adams
¿PARA APRENDER SU TECNOLOGÍA Y TRAERLA AQUÍ?
NO. LIMÍTATE A HACER POR ELLOS LO QUE HICISTE POR NOSOTROS.

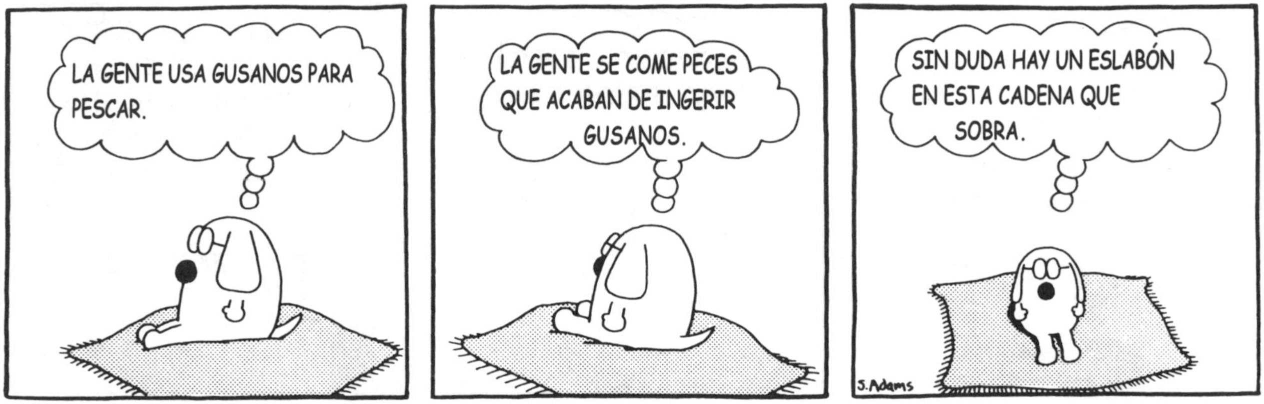
LA GENTE USA GUSANOS PARA PESCAR.
LA GENTE SE COME PECES QUE ACABAN DE INGERIR GUSANOS.
SIN DUDA HAY UN ESLABÓN EN ESTA CADENA QUE SOBRA.
S. Adams

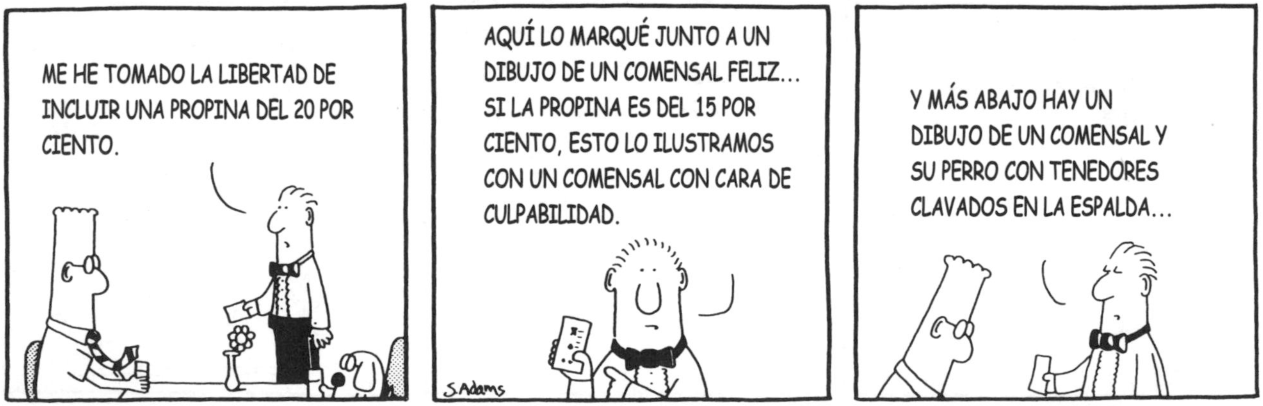
ME HE TOMADO LA LIBERTAD DE INCLUIR UNA PROPINA DEL 20 POR CIENTO.
AQUÍ LO MARQUÉ JUNTO A UN DIBUJO DE UN COMENSAL FELIZ... SI LA PROPINA ES DEL 15 POR CIENTO, ESTO LO ILUSTRAMOS CON UN COMENSAL CON CARA DE CULPABILIDAD.
S. Adams
Y MÁS ABAJO HAY UN DIBUJO DE UN COMENSAL Y SU PERRO CON TENEDORES CLAVADOS EN LA ESPALDA...

¡¡SANTO CHOW-CHOW! ¿TÚ QUÉ ERES?

SOY EL "CONEJO DE POLVO", UN ICONO CULTURAL EN AUGE.

UNA VEZ AL AÑO ME PASEO POR TODAS LAS CASAS Y ESCONDO MONTÍCULOS DE POLVO DEBAJO DE LOS MUEBLES Y ELECTRODOMÉSTICOS.

ME TIENES QUE RENDIR HONORES DECORANDO LAS PUERTAS DE LOS ARMARIOS Y CANTANDO HIMNOS AL POLVO.

¿Y NO REPARTES RE-GALOS? ¿QUÉ SACO YO DE TODO ESTO?

NO; EL CONEJO DE POLVO SÓLO SIMBOLIZA AMOR, BUENA VOLUNTAD Y UNA LIMPIEZA UN TANTO DES-CUIDADA DEL HOGAR.

YA SÉ QUE PARECE EXTREMO, PERO TIENES QUE CORTAR ESTAS COSAS DE RAÍZ.

¡BIEN, REGALOS!

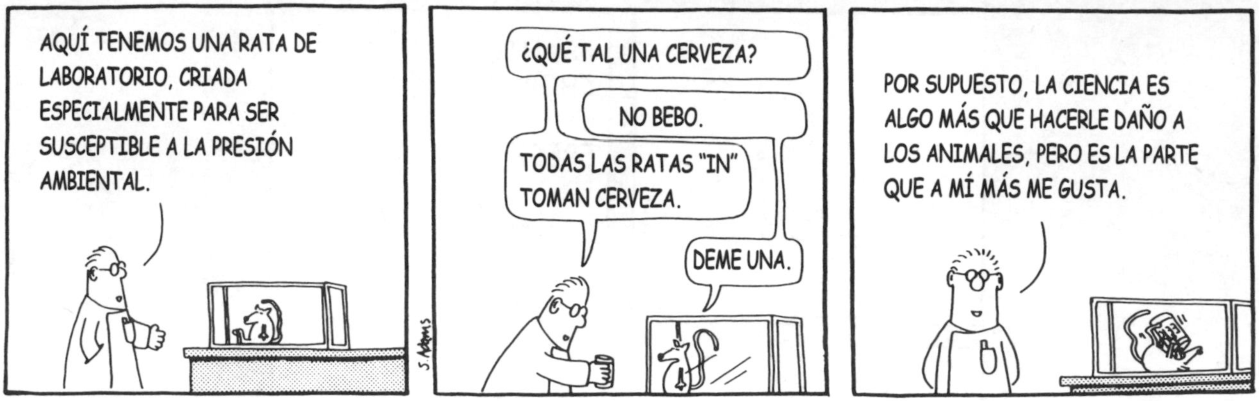
AQUÍ TENEMOS UNA RATA DE LABORATORIO, CRIADA ESPECIALMENTE PARA SER SUSCEPTIBLE A LA PRESIÓN AMBIENTAL.
¿QUÉ TAL UNA CERVEZA?
NO BEBO.
TODAS LAS RATAS "IN" TOMAN CERVEZA.
DEME UNA.
POR SUPUESTO, LA CIENCIA ES ALGO MÁS QUE HACERLE DAÑO A LOS ANIMALES, PERO ES LA PARTE QUE A MÍ MÁS ME GUSTA.

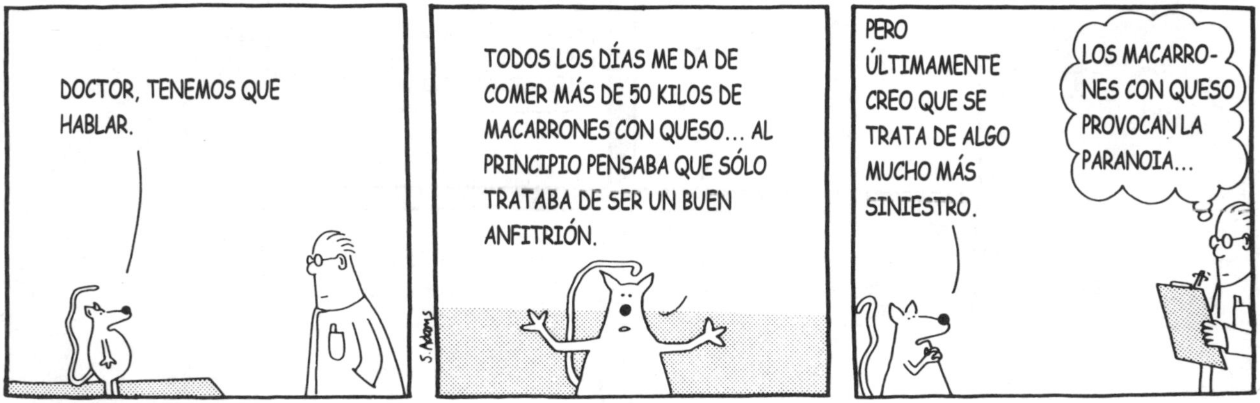
DOCTOR, TENEMOS QUE HABLAR.
TODOS LOS DÍAS ME DA DE COMER MÁS DE 50 KILOS DE MACARRONES CON QUESO… AL PRINCIPIO PENSABA QUE SÓLO TRATABA DE SER UN BUEN ANFITRIÓN.
PERO ÚLTIMAMENTE CREO QUE SE TRATA DE ALGO MUCHO MÁS SINIESTRO.
LOS MACARRONES CON QUESO PROVOCAN LA PARANOIA…

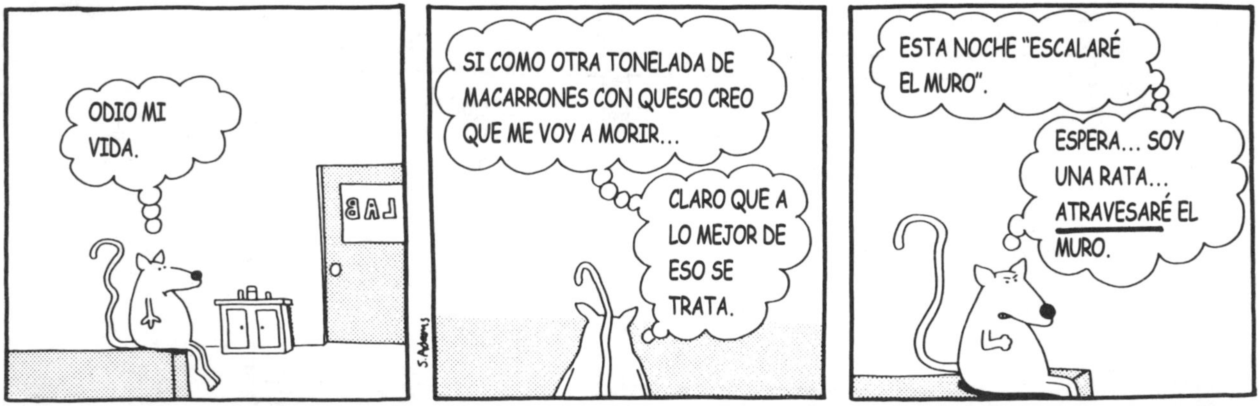
ODIO MI VIDA.
SI COMO OTRA TONELADA DE MACARRONES CON QUESO CREO QUE ME VOY A MORIR…
CLARO QUE A LO MEJOR DE ESO SE TRATA.
ESTA NOCHE "ESCALARÉ EL MURO".
ESPERA… SOY UNA RATA… ATRAVESARÉ EL MURO.

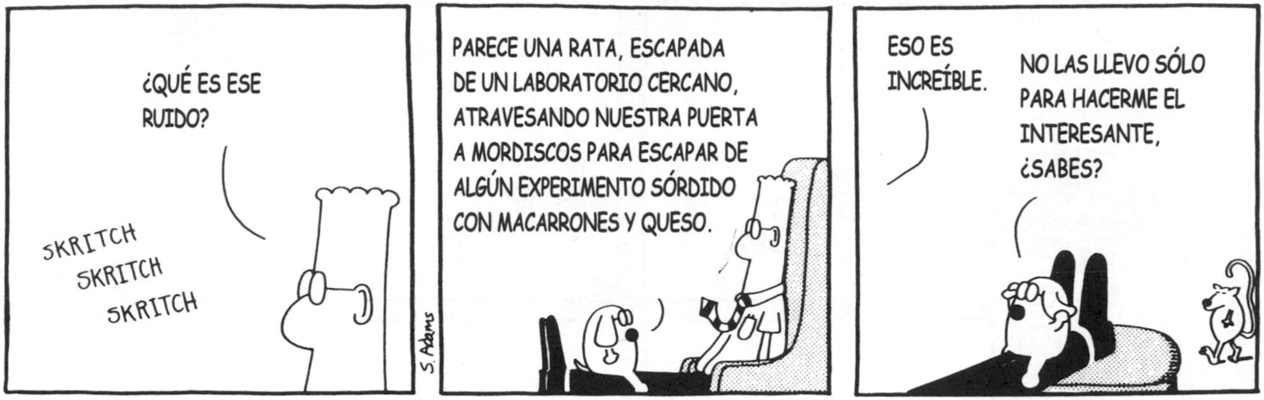
¿QUÉ ES ESE RUIDO?
SKRITCH SKRITCH SKRITCH
PARECE UNA RATA, ESCAPADA DE UN LABORATORIO CERCANO, ATRAVESANDO NUESTRA PUERTA A MORDISCOS PARA ESCAPAR DE ALGÚN EXPERIMENTO SÓRDIDO CON MACARRONES Y QUESO.
S. Adams
ESO ES INCREÍBLE.
NO LAS LLEVO SÓLO PARA HACERME EL INTERESANTE, ¿SABES?

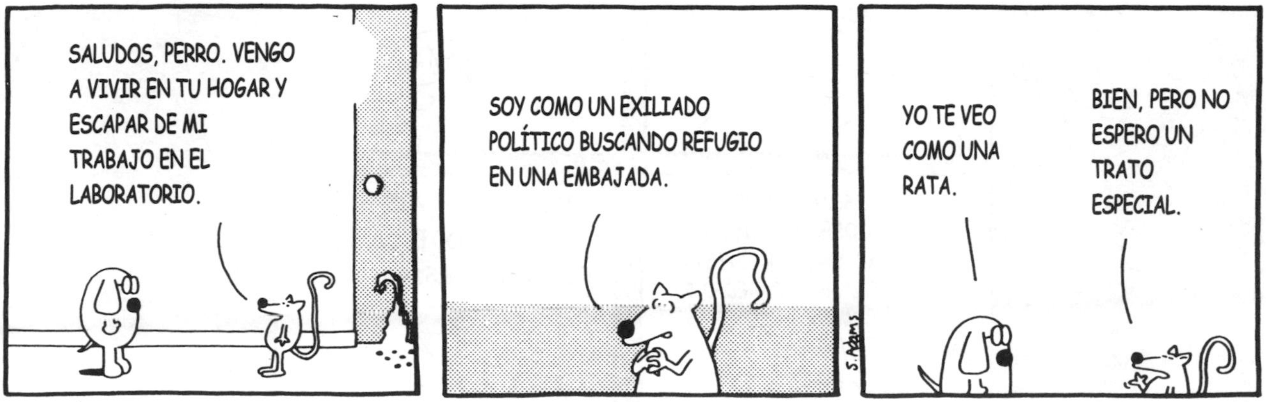
SALUDOS, PERRO. VENGO A VIVIR EN TU HOGAR Y ESCAPAR DE MI TRABAJO EN EL LABORATORIO.
SOY COMO UN EXILIADO POLÍTICO BUSCANDO REFUGIO EN UNA EMBAJADA.
S. Adams
YO TE VEO COMO UNA RATA.
BIEN, PERO NO ESPERO UN TRATO ESPECIAL.

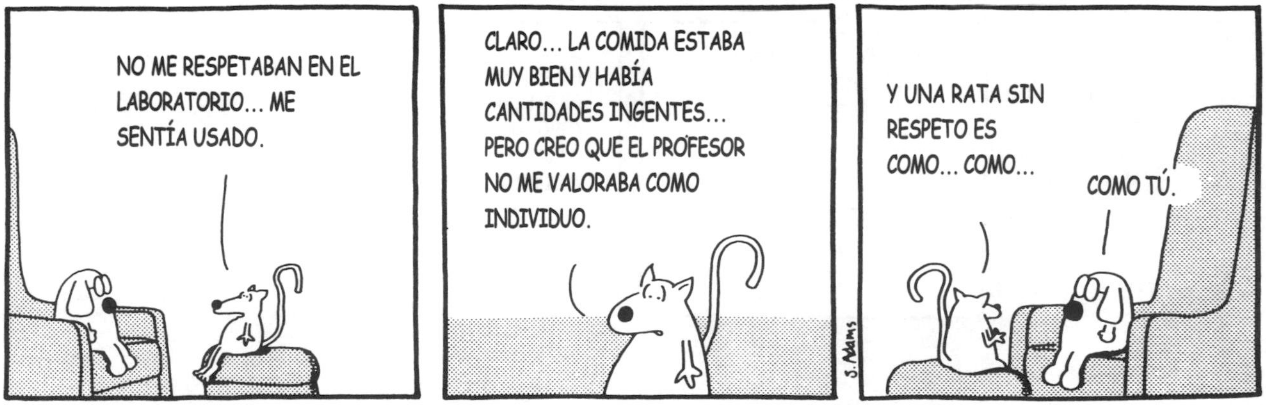
NO ME RESPETABAN EN EL LABORATORIO... ME SENTÍA USADO.
CLARO... LA COMIDA ESTABA MUY BIEN Y HABÍA CANTIDADES INGENTES... PERO CREO QUE EL PROFESOR NO ME VALORABA COMO INDIVIDUO.
S. Adams
Y UNA RATA SIN RESPETO ES COMO... COMO...
COMO TÚ.

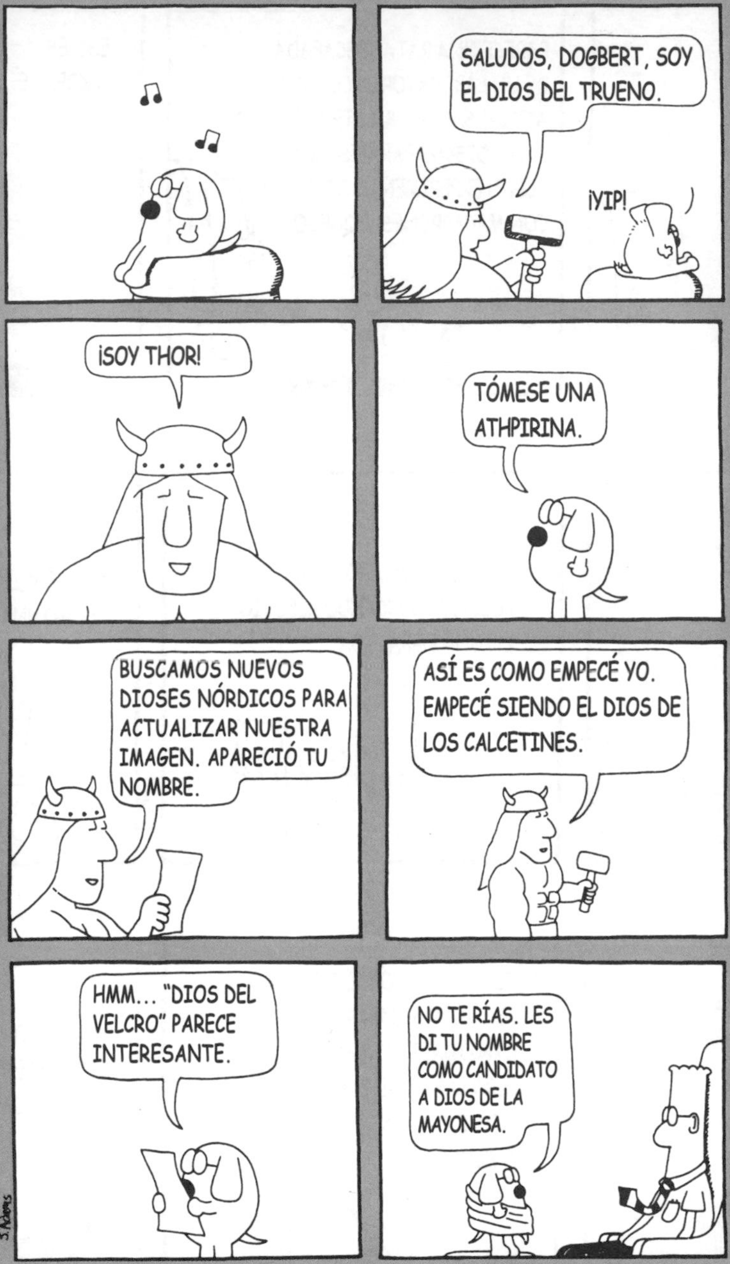
SALUDOS, DOGBERT, SOY EL DIOS DEL TRUENO.
¡YIP!
¡SOY THOR!
TÓMESE UNA ATHPIRINA.
BUSCAMOS NUEVOS DIOSES NÓRDICOS PARA ACTUALIZAR NUESTRA IMAGEN. APARECIÓ TU NOMBRE.
ASÍ ES COMO EMPECÉ YO. EMPECÉ SIENDO EL DIOS DE LOS CALCETINES.
HMM... "DIOS DEL VELCRO" PARECE INTERESANTE.
NO TE RÍAS. LES DI TU NOMBRE COMO CANDIDATO A DIOS DE LA MAYONESA.

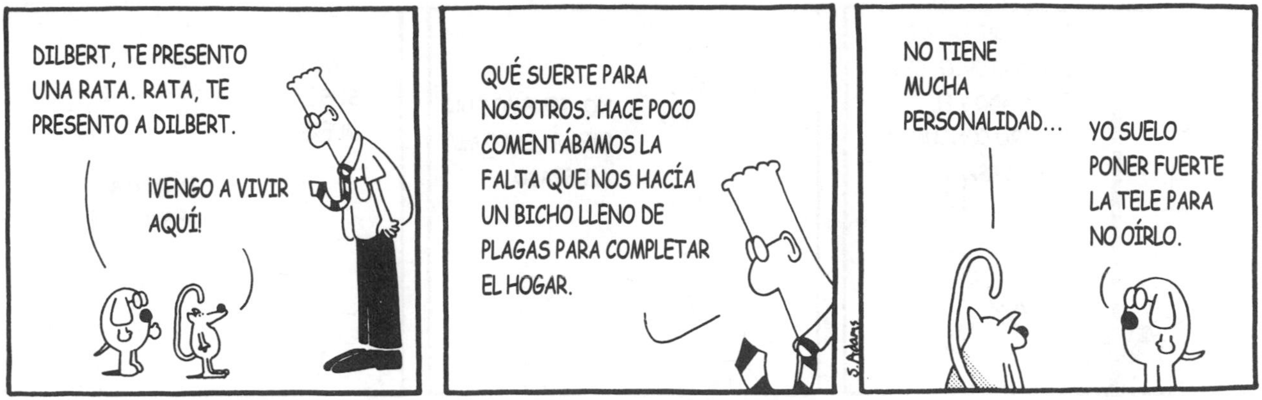
DILBERT, TE PRESENTO UNA RATA. RATA, TE PRESENTO A DILBERT.
¡VENGO A VIVIR AQUÍ!
QUÉ SUERTE PARA NOSOTROS. HACE POCO COMENTÁBAMOS LA FALTA QUE NOS HACÍA UN BICHO LLENO DE PLAGAS PARA COMPLETAR EL HOGAR.
NO TIENE MUCHA PERSONALIDAD…
YO SUELO PONER FUERTE LA TELE PARA NO OÍRLO.
S. Adams

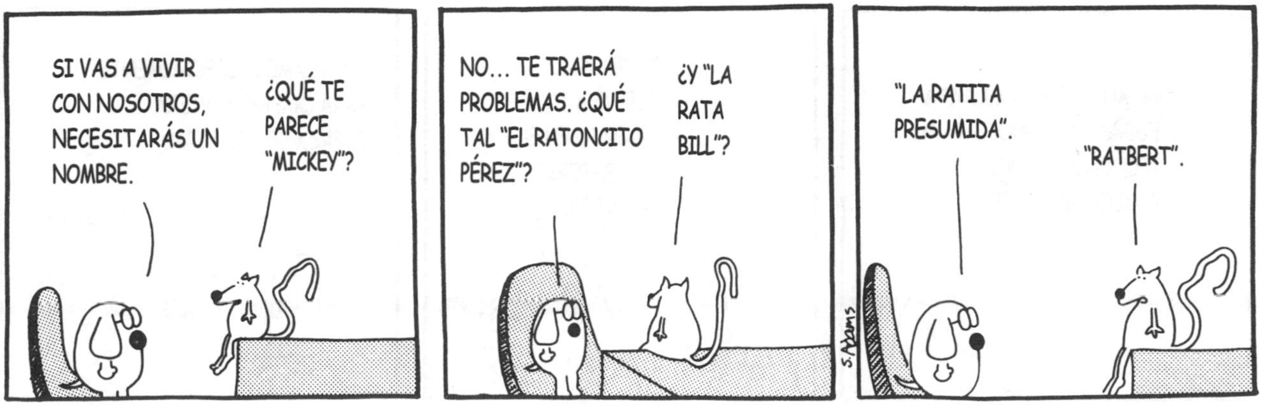
SI VAS A VIVIR CON NOSOTROS, NECESITARÁS UN NOMBRE.
¿QUÉ TE PARECE "MICKEY"?
NO… TE TRAERÁ PROBLEMAS. ¿QUÉ TAL "EL RATONCITO PÉREZ"?
¿Y "LA RATA BILL"?
S. Adams
"LA RATITA PRESUMIDA".
"RATBERT".

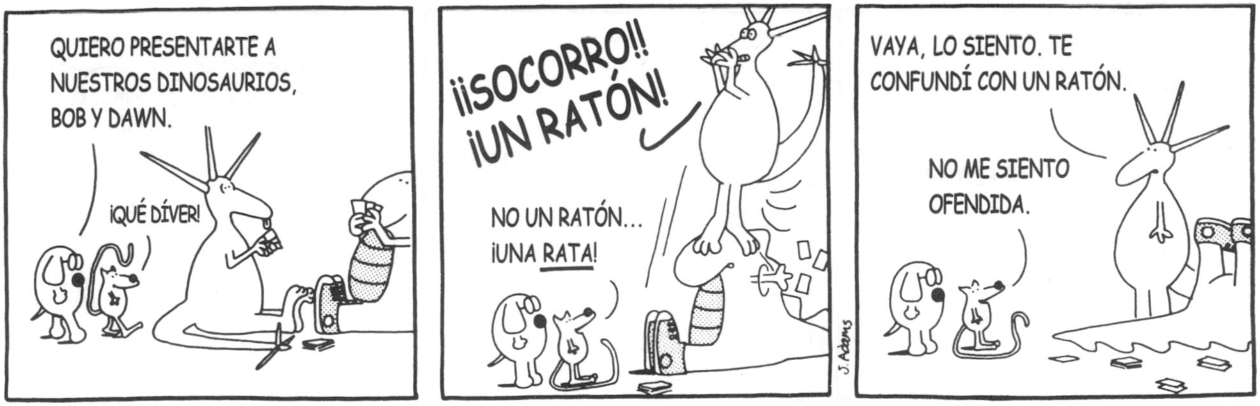
QUIERO PRESENTARTE A NUESTROS DINOSAURIOS, BOB Y DAWN.
¡QUÉ DÍVER!
¡¡SOCORRO!! ¡UN RATÓN!
NO UN RATÓN… ¡UNA RATA!
S. Adams
VAYA, LO SIENTO. TE CONFUNDÍ CON UN RATÓN.
NO ME SIENTO OFENDIDA.

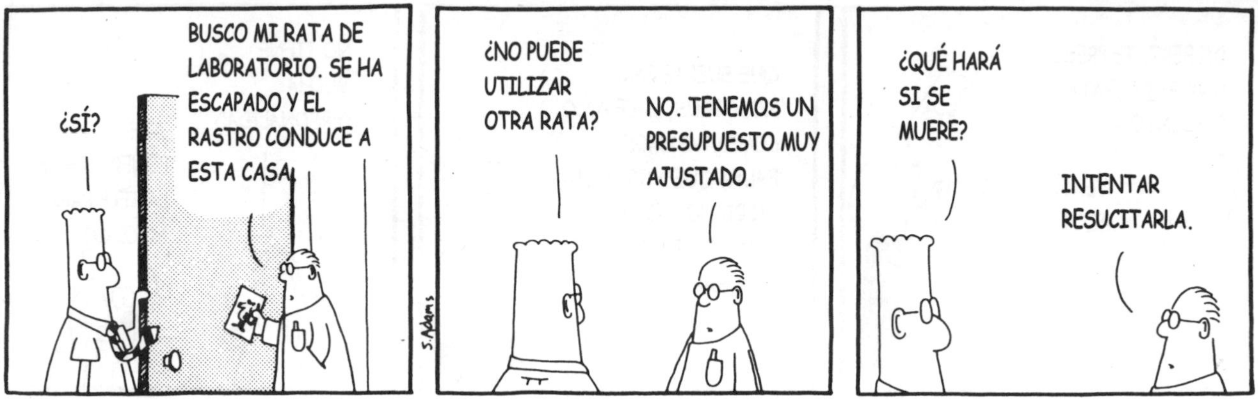
¿SÍ?
BUSCO MI RATA DE LABORATORIO. SE HA ESCAPADO Y EL RASTRO CONDUCE A ESTA CASA.
S. Adams
¿NO PUEDE UTILIZAR OTRA RATA?
NO. TENEMOS UN PRESUPUESTO MUY AJUSTADO.
¿QUÉ HARÁ SI SE MUERE?
INTENTAR RESUCITARLA.

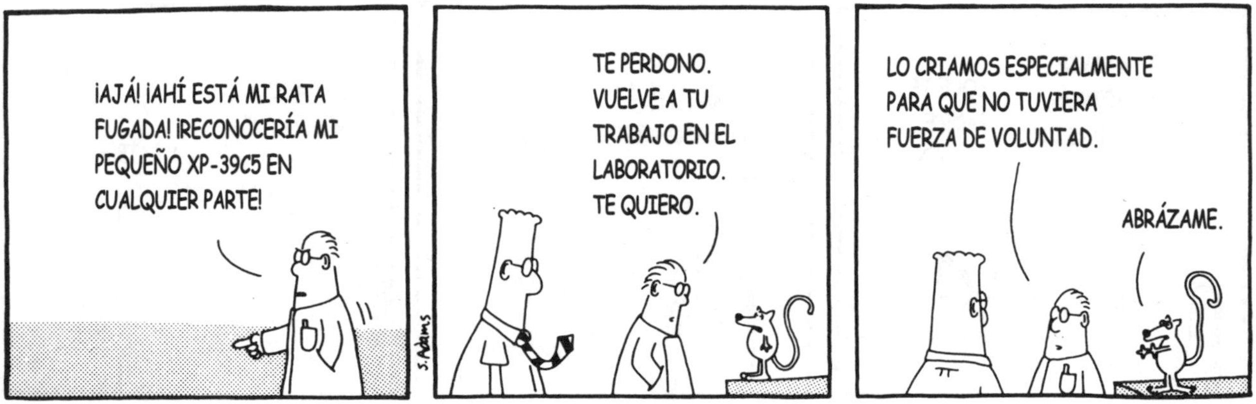
¡AJÁ! ¡AHÍ ESTÁ MI RATA FUGADA! ¡RECONOCERÍA MI PEQUEÑO XP-39C5 EN CUALQUIER PARTE!
S. Adams
TE PERDONO. VUELVE A TU TRABAJO EN EL LABORATORIO. TE QUIERO.
LO CRIAMOS ESPECIALMENTE PARA QUE NO TUVIERA FUERZA DE VOLUNTAD.
ABRÁZAME.

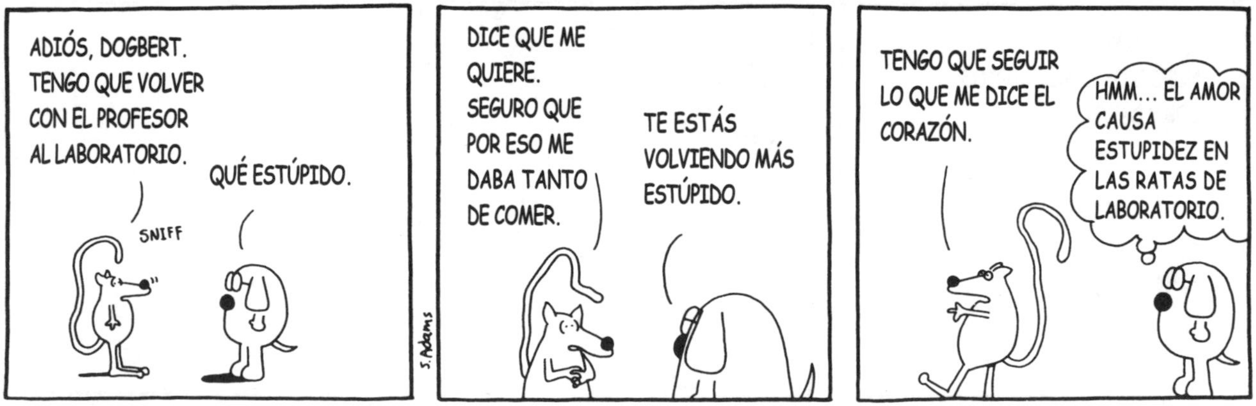
ADIÓS, DOGBERT. TENGO QUE VOLVER CON EL PROFESOR AL LABORATORIO.
SNIFF
QUÉ ESTÚPIDO.
S. Adams
DICE QUE ME QUIERE. SEGURO QUE POR ESO ME DABA TANTO DE COMER.
TE ESTÁS VOLVIENDO MÁS ESTÚPIDO.
TENGO QUE SEGUIR LO QUE ME DICE EL CORAZÓN.
HMM... EL AMOR CAUSA ESTUPIDEZ EN LAS RATAS DE LABORATORIO.